Londra non è cara

(se sai dove andare)

500 IDEE PER RISPARMIARE E GODERSI LA VITA

MONDADORI

QUESTA GUIDA È DEDICATA A:

Quelli che qualche volta hanno pensato di rinunciare, perché "Londra è una città troppo cara".

Quelli che fanno di necessità virtù, scoprendo così la vera Londra dei londinesi.

Quelli che al ristorante turistico preferiscono assaporare cultura alla bancarella del produttore locale o del cibo etnico.

Quelli per cui crisi o precarietà non equivalgono a rinuncia.

Quelli che riconoscono il valore delle cose nella qualità con cui si vive un'esperienza, e non nel suo prezzo.

...perché Londra non è una città ma è tante città, non è uno stile di vita ma è un insieme di stili di vita, in cui si può trovare sempre una dimensione, al meglio delle proprie possibilità.

Qui vi spieghiamo come fare.

SOMMARIO

VIVERE LONDRA (E NON SOPRAVVIVERLA)

"Just look at me
I'm having the time of my life
Or something quite like it
When I'm walking out and about
In London's brilliant parade"

(Elvis Costello, *London's Brilliant*)

Quante volte lo avremo sentito dire che Londra è una città troppo cara, per andarci con pochi euro a disposizione? Certo, considerando che Londra è in testa alle classifiche mondiali fra le città più costose sul pianeta, l'affermazione potrebbe sembrare difficile da smentire... Eppure si può!
Se da una parte Londra è una capitale dell'alta finanza, un agglomerato di tesori storici, d'arte e architettonici che la rendono una meta turistica tra le preferite, se ha vaste aree con una *upper class* aristocratica o milionaria che può permettersi prezzi principeschi per palazzi centralissimi, dall'altra parte esiste la Londra fatta da un insieme di comunità, di culture, di aree abitative con una loro dimensione economica più modesta, con i propri mercati e i propri prodotti; c'è la Londra delle *communities*, con identità radicate nella storia o costruite nel tempo dall'unirsi di storie diverse. C'è una Londra che raccoglie le eredità e le sfide, le elabora e sperimenta nuove soluzioni per una società che includa ed esprima tutti, che sia sostenibile per i suoi abitanti e che possa essere poi un modello sostenibile per altre comunità.
Questa è la Londra dei farmer's market, la rete di mercatini di quartiere che con successo portano in milioni di case prodotti di origine locale e genuini.
Questa è la Londra del fiorente commercio indipendente, che fa dell'unicità la propria forza, e che affronta i colossi commerciali dai ricchi capitali con la ricchezza delle idee e della creatività.
Questa è la Londra delle *transition town*, che non subisce passivamente l'evolversi dei tempi, ma che sperimenta nuovi modelli economici e sociali facendo tesoro delle sue culture e delle sue risorse, perché queste siano accessibili ed ecocompatibili.
Tutto questo succede nella stessa metropoli dell'economia globale e della grande finanza, dei grandi brand commerciali con grandi capitali, ma con clientela anonima.

Ecco allora il modo migliore per risparmiare a Londra: tuffarsi nella comunità, immergervisi e viverne i luoghi, i modi e i tempi; girare per i mercatini di quartiere conoscendo la produzione locale, spesso anche con assaggi gratuiti; visitare i negozi indipendenti che i residenti amano tanto, e scoprire le ragioni di quell'affetto nell'originalità, e nella storia di ogni prodotto. Afferrare le molteplici occasioni gratuite o accessibili a tutti che le comunità progettano e creano, tra cui i numerosi eventi e festival su tutto il territorio; lasciarsi stuzzicare dalle molteplici possibilità di una società così diversificata, esplorando nuovi sapori da tutto il mondo. Un'esperienza, insomma, che la Londra da cartolina turistica dei pacchetti vacanze non offrirà mai: vivere Londra, essere Londra! Per ritornare a casa, poi, non solo con qualche euro ancora in tasca, ma addirittura più ricchi "dentro", perché a Londra risparmiando si impara!

In questa guida abbiamo cercato di mettere insieme la Londra da visitare con quella dei suoi cittadini, offrendovi più riferimenti possibili per la spesa locale, per le occasioni di risparmio, per le curiosità e le attrazioni che meritano attenzione, per le occasioni di festa, di divertimento e di relax aperte a tutti, specialmente a costo zero o minimo perché questa straordinaria città possa essere vissuta, e non "sopravvissuta", come se per un pelo si scampasse a un crack finanziario.

Il capitolo "Tutta mia la città" vuole essere una guida su come muoversi a Londra. Prima di affrontare le singole aree della metropoli è infatti meglio avere un quadro generale dell'organizzazione dei suoi trasporti e della divisione del suo vastissimo territorio.

Segue la descrizione dettagliata dei quartieri e distretti, con la possibilità di orientarsi per soluzioni economiche in ciascuno di essi, dalla spesa agli alloggi, oltre alle occasioni di cultura o di risparmio, o di entrambi. E poiché questa grande città è stata teatro di tante vicende, sia storiche sia bizzarre, raccontiamo anche storie e curiosità e, per ciascun quartiere, forniamo gli indirizzi dei luoghi descritti, indicando anche le fermate metro e le stazioni ferroviarie più vicine.

Nella successiva sezione "Informazioni pratiche" alcune pagine sono dedicate alle "catene del risparmio". Non poteva mancare un paragrafo dedicato a feste o celebrazioni che coinvolgono l'intera città, utile sia per cogliere splendide occasioni di divertimento gratuito sia per prevenire chiusure inaspettate di servizi. Inoltre, visto che per tanti può essere uno dei motivi per venire a Londra, accenniamo anche ai corsi d'inglese.

Il successivo “Salvagente” elenca informazioni fondamentali per ogni necessità, che possono tirarci fuori da qualche guaio, o aiutarci ad affrontare qualche emergenza.

L’ultimo capitolo, “Mamma, ho perso l’aereo”, è dedicato a coloro che volessero considerare di rimanerci, a Londra, ed è bene accennare, da subito, a cosa fare, a cosa evitare.

Infine l’indice di tutti i luoghi, che trovate indicizzati e suddivisi per categoria, con il relativo *postcode*. A differenza del cap (codice avviamento postale) italiano, i postcode inglesi non solo indicano l’area postale di un indirizzo, ma identificano l’edificio stesso, a volte persino la singola porta; pertanto il postcode è l’informazione più precisa e più richiesta da tutte le tecnologie di navigazione o di orientamento, dai GPS per auto alle applicazioni per smartphone, dalla ricerca su Google Maps agli *store finder* dei siti internet di catene commerciali, che dal postcode vi dicono con precisione qual è il punto vendita più vicino. Inoltre ci sono nomi di strade che a Londra si ripetono praticamente in ogni quartiere, come per esempio High Street. Potrebbero esserci quindi decine di 10 High Street, ma ciascuno avrà un suo postcode unico. Così, la prima domanda che potrebbe farvi una compagnia di taxi: “Postcode, Sir/Madam?” non vi coglierà impreparati.

Per concludere, una nota sul nostro lavoro; nello scrivere questa guida ci siamo affidati unicamente alla nostra ricerca indipendente e autonoma, alle esperienze dirette, a testimonianze e feedback raccolti dalla comunità.

Bene, detto questo chiudete pure la valigia e leggeteci anche sull’aereo, pregustandovi una delle città più affascinanti del mondo, consapevoli che vi aspetterà non per prosciugarvi dei sudati risparmi, ma, anzi, per darvi qualcosa che terrete sempre con voi.

Buon viaggio, e buona lettura!

TUTTA MIA LA CITTÀ

ARRIVARE E MUOVERSI A LONDRA

AEROPORTI E COLLEGAMENTI CON LA CITTÀ

I cieli di Londra sono i più trafficati al mondo, con 135 milioni di passeggeri all'anno che sorvolano la città verso o dai sei aeroporti internazionali della città. Per dare un'idea dell'intensità, se vi troverete sulla direttrice degli atterraggi a Heathrow guardando verso la direzione di approccio, vedrete in prospettiva almeno due o tre aerei in avvicinamento, se non di più, dando l'impressione di essere in fila… per aria! A Londra il concetto di traffico aereo ha un senso molto letterale, più simile a come lo intendiamo quando siamo in coda all'ora di punta!

HEATHROW AIRPORT
(www.heathrowairport.com)
Posizionato a ovest della città è l'aeroporto più grande di Londra, da cui partono e arrivano molti dei voli intercontinentali, oltre a essere l'aeroporto londinese di riferimento per la British Airways e per diverse compagnie di bandiera di molte nazioni. Quando si raggiunge questo aeroporto da ovest, viene offerto ai nostri occhi uno spettacolo meraviglioso perché si sorvola a bassa quota il centro di Londra.
La sua vicinanza alla città gli permette di essere servito dalla metropolitana (**Piccadilly Line**) e da numerose linee di bus urbani. Appena arrivati potrete fare quindi l'abbonamento ai mezzi pubblici e il biglietto che vi porterà in città sarà valido anche per farvela girare e visitare. Per chi invece andasse di fretta esiste anche il servizio ferroviario diretto dell'**Heathrow Express**, un treno apposito che in 15 minuti arriva alla stazione di Paddington; in questo caso però viene richiesto un biglietto specifico (l'abbonamento qui non vale). Corsa singola £ 21 per gli adulti e £ 10,50 per i bambini, andata/ritorno rispettivamente £ 34 e £ 17. Veloce quindi, ma decisamente non economico (www.heathrowairport.com/transport-and-directions).

GATWICK AIRPORT

(www.gatwickairport.com)
A sud di Londra si trova il secondo (per dimensioni di traffico) degli aeroporti londinesi.
Anche da Gatwick partono voli intercontinentali, e anche qui fanno scalo alcune compagnie di bandiera. Più distante dal centro e fuori dalle linee di trasporto urbano, è comunque ben collegato da servizi ferroviari e da *coach service* (servizio di pullman).
Il **Gatwick Express** è un treno veloce che collega l'aeroporto con la stazione di Victoria. I biglietti costano £ 19,90 e £ 9,95 per adulti e bambini, che diventano £ 17,75 e £ 8,85 se acquistati online. Se il biglietto lo si fa andata/ritorno le tariffe di adulti e bambini sono rispettivamente £ 34,90 e £ 17,45, che acquistati online diventano £ 31,05 e £ 15,55 (www.gatwickexpress.com).
Ma oltre al servizio espresso dedicato, alla stazione ferroviaria di Gatwick si fermano anche treni su tratte regolari; quindi chi non andasse di fretta può prendere uno dei treni diretti a London Bridge, City Thameslink, London Farringdon and Clapham Junction, con biglietti singoli a una decina di sterline e andata/ritorno a £ 19.
Gli operatori sono First Capital Connect (www.firstcapitalconnect.co.uk) e Southern Railway (www.southernrailway.com).
Il servizio di **coach** easyBus, fra Gatwick e le aree centrali di Earl's Court/West Brompton di Londra, opera alla maniera delle compagnie aeree low cost, per cui prenotando con un certo anticipo o afferrando al volo (è il caso di dirlo) una promozione, si possono trovare biglietti a partire da £ 2 (www.easybus.co.uk).
National Express, il maggiore operatore UK di coach di linea, ha tariffe a partire da £ 8 per sola andata e £ 15 per andata e ritorno, con l'ulteriore comodità di varie fermate a Londra, fra cui qualcuna sarà la più adatta per la vostra destinazione (www.nationalexpress.com).

STANSTED AIRPORT

(www.stanstedairport.com)
Aeroporto preferito delle numerose compagnie low cost (quale Ryanair), si trova a nordest di Londra, a 60 km dal centro e a metà strada quasi da Cambridge. È ben collegato da treni e da varie linee di servizio **coach**. Anche qui c'è convenienza con i bus, dove ritroviamo il servizio di easyBus a partire da £ 2 (www.easybus.co.uk).
National Express (www.nationalexpress.com) e Terravision (www.terravision.eu) sono le altre due compagnie che si occupano di collegare Stansted a Londra via bus, con diverse opzioni su dove scendere, offrendo più fermate in città. I prezzi partono da £ 6 per viaggio singolo, e variano a seconda della destinazione.

Lo **Stansted Express** è un treno che arriva alla stazione di Liverpool Street, costa più del bus, £ 23,40 singola corsa e £ 33,20 per andata e ritorno, ma ha offerte molto interessanti se si prenota con anticipo o se viaggia in compagnia. Per esempio se si prenota in due il singolo biglietto scende a £ 12, e se si è in quattro a £ 8. Prenotando per tempo, se si viaggia da soli si può spendere da £ 8 per il singolo viaggio e £ 16 per andata e ritorno con l'offerta low cost.

LUTON AIRPORT

www.london-luton.co.uk

Simile al precedente per tipologia e servizi, l'aeroporto di Luton è quello di riferimento per EasyJet.

Collocato a nordovest di Londra a 57 km dal centro, è anch'esso servito da servizi di **bus** e di **treno**.

Ritroviamo anche qui il servizio di **coach** easyBus, che con tariffe a partire da £ 2 (sempre prenotando con il dovuto anticipo) vi porterà nella centralissima Baker Street (www.easybus.co.uk). National Express ha promozioni per Luton che partono da £ 5 per corsa singola (www.nationalexpress.com/wherewego/airports/londonlutonairport.aspx), e a queste si aggiunge Green Line, che collega lo scalo aereo con la stazione di London Victoria. Prezzi a partire da £ 10 per corsa singola e £ 17 per andata/ritorno (www.greenline.co.uk/757fares).

Il treno per la stazione di St Pancrass costa £ 13,90 sola andata, e "Anytime Return" (andata/ritorno, con ritorno a qualunque ora e data, entro un mese) a £ 24 (www.london-luton.co.uk/en/traintickets).

LONDON CITY AIRPORT

(www.londoncityairport.com)

Il London City Airport è collocato nel bel mezzo della città di Londra, nell'area delle Docklands.

È quindi perfettamente alla portata dei mezzi pubblici di Londra, serviti dalla **DLR** (Dockland Light Railway) che è parte del network di Transport For London e bene interconnessa alle reti di London Underground e London Overground. La sua fermata DLR è quella di **London City Airport.**

Essendo in città si può inoltre usufruire di numerose linee di bus urbani.

SOUTHEND AIRPORT

(www.southendairport.com)

Un tempo importante scalo a est di Londra, poi passato in secondo

piano, è stato recentemente ristrutturato e prevede ulteriore piani di sviluppo per contribuire a gestire il congestionato traffico aereo londinese. È in uso da parte di compagnie low cost, e già serve con EasyJet una tratta per Venezia. Non è da escludere quindi che potrà avere maggiori collegamenti con l'Italia nel prossimo futuro.
Il **collegamento ferroviario** con le stazioni londinesi di Stratford e Liverpool Street è servito da Greater Anglia, con tariffe sola andata in media sulle £ 14,90 (www.abelliogreateranglia.co.uk).
Il servizio di **coach** Stansted Aircoach X30 lo collega all'aeroporto di Stansted, da cui poi usufruire dei servizi già descritti, ma considerando che il servizio di bus per andare a un altro aeroporto costa quanto il treno, tanto vale andare direttamente verso la città.

IL TRASPORTO PUBBLICO A LONDRA

METROPOLITANA, OVERGROUND, DLR, TRENI, AUTOBUS

Inquadra con il tuo smartphone il codice a lato ed entra nel sito di Transport For London.

Transport For London è il network che coordina e provvede al sistema di trasporti pubblici a Londra. A questo fanno capo tutte le linee di metropolitana (Underground), di Overground, di Docklands Light Railway (DLR), di tram, di autobus, oltre a occuparsi delle linee su fiume, delle strade, dei servizi di assistenza con trasporti speciali per persone non autosufficienti, e così via (www.tfl.gov.uk).

La mappa dei trasporti divide Londra in **diverse zone tariffarie**, identificate in modo concentrico in base alla loro distanza dal centro. Le zone sono quindi chiamate Zone 1, Zone 2, Zone 3, Zone 4, Zone 5, Zone 6, Zone 7-9, G and W. Un biglietto o un abbonamento avrà quindi un prezzo diverso in base al numero di zone che ricopre, distinzione però che riguarda metropolitana e servizi su ferrovia, mentre non viene applicata agli autobus. C'è possibilità di risparmiare, e parecchio, se per esempio si escludono dall'abbonamento le più costose zone 1 e 2 (come farebbe per esempio chi vive in zona 5 e lavora in zona 3), o facendo un abbonamento per i soli autobus. Dalla pagina di TFL su tariffe (*fares*) e pagamenti (*payments*) si possono trovare tutte le tariffe, con e senza l'esclusione di zone

e di mezzi, oltre ai metodi di pagamento presso le biglietterie, presso le macchine automatiche in stazione, oppure online (www.tfl.gov.uk/fares-and-payments).
La **Oyster Card** è una carta elettronica ricaricabile, che può sostituire il classico biglietto cartaceo, e può essere caricata con abbonamenti periodici, biglietti giornalieri o coprire singoli spostamenti.
La carta può anche essere registrata, in modo che in caso di smarrimento non si perde il valore della carica che conteneva, o il prezioso abbonamento. Usando la Oyster Card come *pay as you go* (senza abbonamento, pagando solo il servizio che si sta utilizzando) il biglietto di una singola corsa in bus costa £ 1,45; con la metro/treni/Overground dipende da quante zone si attraversano. La Oyster si usa passandola sui dischi gialli ai cancelletti delle stazioni o nei bus vicino alla postazione dell'autista, e il chip interno permetterà di calcolare tariffe e utilizzo. Chi viaggia *pay as you go* deve considerare che la mattina fino alle 9.30 si paga di più. Con gli abbonamenti, invece, non ci sono variazioni di tariffa per le ore di punta. Prendendo la Oyster Card per la prima volta si paga una cauzione di £ 5, che verrà rimborsata restituendo la card presso qualunque stazione metro (www.tfl.gov.uk/fares-and-payments/oyster).
Tante fermate della metropolitana di Londra risentono ancora di una progettazione che arriva fino a 100 anni fa; purtroppo quelle con progettazione datata risentono di una configurazione poco adatta alla mobilità con carrozzelle, ma diverse fermate sono state rimodernate, offrendo accessibilità al servizio senza gradini, con servizi di ascensori dedicati, e piattaforme che si portano al livello del pavimento del treno. Sulla mappa della metropolitana, reperibile sia online sia in tutte le stazioni, le fermate che adesso garantiscono accessibilità sono contrassegnate da un apposito simbolo. Si noterà anche che stazioni di costruzione più recente, come le espansioni di Underground e Overground, e l'intero modernissimo sistema DLR, sono state già concepite tenendo presente l'accessibilità (www.tfl.gov.uk/maps).

I TAXI DI LONDRA

Tanto celebri quanto i tipici bus a due piani e le cabine telefoniche rosse, i taxi londinesi (*cab*) si riconoscono immediatamente dalla loro forma diversa dagli altri veicoli circolanti. Sono tipicamente neri, ma talvolta alcuni sono completamente ridipinti da qualche sponsor. Usateli con moderazione, perché possono costare parecchio anche per spostamenti brevi, ma hanno il vantaggio di essere diffusi e di

immediata reperibilità. In prossimità di stazioni sono posizionati in fila, e il primo della fila è quello pronto al servizio. Inutile quindi cercare scegliere in base al gusto personale.
Fra tutti i sistemi di trasporto è fra i più cari, ma ne esiste una versione economica, offerta da un'altra tipologia di taxi chiamati *minicab*. Si tratta di auto standard, senza nessuna livrea o insegna di un taxi, tranne un adesivo, solitamente sul lunotto e in alcuni casi qualche numero o targhetta identificativa. I servizi di *minicab* vengono prenotati telefonicamente, e prenotati su richiesta, e il risparmio rispetto ai tradizionali *cab* è notevole, probabilmente nell'ordine di 1/3 o 1/4 del prezzo, in base alla lunghezza dei percorsi. Ricordatevi sempre però di cercarlo voi il servizio di *minicab*, spesso consigliati anche dal locale in cui vi trovate o reperibili su internet. E questo perché è fin troppo facile spacciarsi per un *minicab* alla guida di un'auto ordinaria, e accettando passaggi da sconosciuti si può incorrere in brutte disavventure.

TRASPORTO SU FIUME E BICI A NOLEGGIO

Con un fiume navigabile come il Tamigi e i luoghi d'interesse che sfiora con le sue rive, era impossibile che non vi fosse un **servizio fluviale**. Esistono compagnie che lo offrono come tour turistico, ma esiste un vero e proprio sistema di linea, sempre gestito da TFL. Sulle rive ci sono diversi approdi/fermate del battello; viaggiare su fiume richiede un biglietto a parte non coperto dai normali abbonamenti urbani, ma per chi ha biglietto o abbonamento ai servizi TFL c'è lo sconto (www.tfl.gov.uk/modes/river).

Chi è già stato a Londra le avrà notate di sicuro, o comunque avrà sentito parlare del sistema di bike sharing: troverete le biciclette dislocate in punti diversi della città e potrete depositarle in uno dei tanti stalli presenti in giro per la città.
I costi dipendono chiaramente dal tempo, ma sono contenuti. Occhio però a non sforare, perché a quel punto i sovrapprezzi possono diventare salati (www.tfl.gov.uk/modes/cycling/barclays-cycle-hire).

LE ZONE DI LONDRA

Inquadra con il tuo smartphone il codice a lato ed entra nel sito della città di Londra per esplorare le aree.

1 CENTRAL LONDON
Soho, Chinatown, Leicester Square, Piccadilly, Oxford Street, Bond Street; Covent Garden, Trafalgar Square, Strand; Westminster, Whitehall, St James's; South Bank; Holborn; Bloomsbury, Fitzrovia; Marylebone; Paddington, Maida Vale & Little Venice, St John's Wood; Kensington & Chelsea, Hyde Park, Notting Hill, Bayswater; Belgravia, Victoria, Pimlico; Camden Town, Euston, King's Cross; Clerkenwell, Farringdon, Barbican, Angel; City of London

2 EAST LONDON
Hackney, Shoreditch, Hoxton, Dalston, Stoke Newington; Brick Lane, Spitafields, Whitechapel, Tower Hamlets, Bethnal Green, Stratford; Docklands

3 SOUTH EAST LONDON
Greenwich; Deptford, New Cross, Lewisham, Eltham; Dulwich, Forest Hill, Crystal Palace

4 SOUTH LONDON
Lambeth, Southwark, Borough, Elephant & Castle; Brixton; Clapham, Battersea, Wandsworth

5 SOUTH WEST LONDON
Wimbledon; Richmond upon Thames, Kew Gardens, Hampton Court, Twickenham; Kingston Upon Thames, Sutton

6 WEST LONDON
Hammersmith, Shepherd's Bush, Fulham; Hounslow, Chiswick, Putney; Ealing; Wembley; Harrow

7 NORTH LONDON
Hampstead, Highgate, Muswell Hill, Alexandra Palace, Finsbury Park, Harringay

1 - Central London
City Road, Bishopgate, Duke's Place, Minories, Tower Bridge, Tooley Street, Southwark Street, Stamford Street, York Road, Westminster Bridge, il Tamigi, Warwick Road, west Cross Route, Ladbroke Grove, Kilburn Lane, carlton Hill, Belsize Park, Gordon House Road, Highgate Road, Leghton Road, Caledonian Park, Paradise Park, Canonbury Road

Confine 2 – 7
Essex Road, Green Lane, Seven Sister Road, Tottenham Marshes, Meridian Way, Mollison Avenue

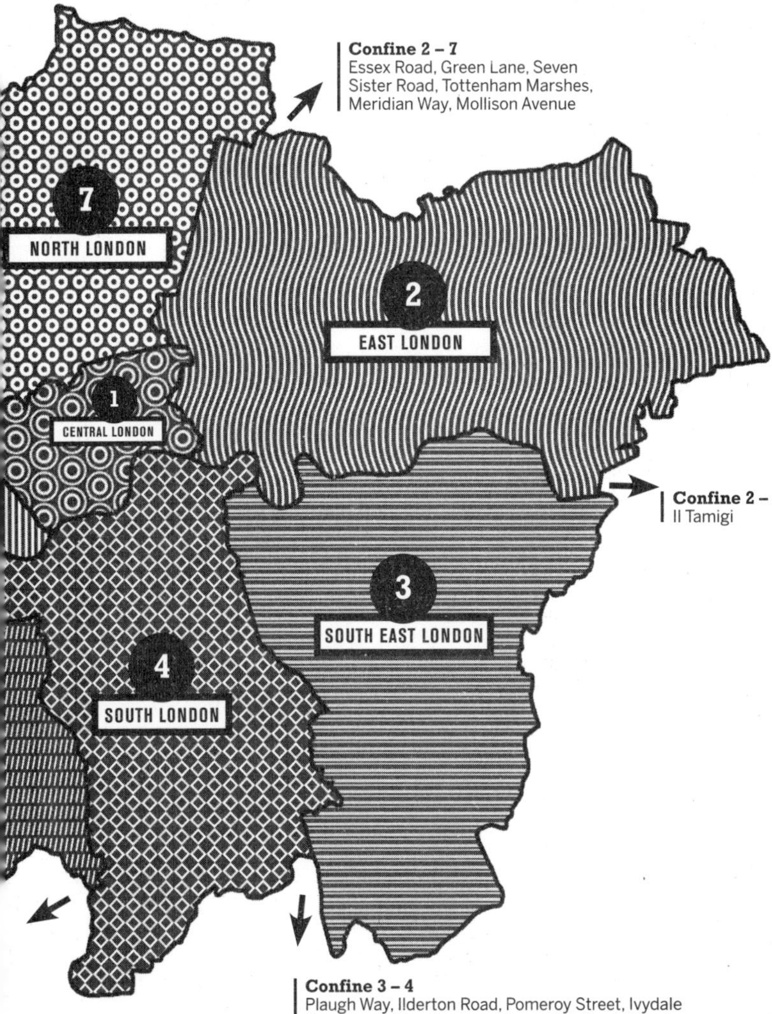

Confine 2 – 3
Il Tamigi

Confine 3 – 4
Plaugh Way, Ilderton Road, Pomeroy Street, Ivydale Road, Brenchley Gardens, Honor Oak Road, Wood Vale, Crystal Palace Parade, South Northwood Country Park, Croydon Road, Addington Court

1

CENTRAL LONDON

LONDON AT A GLANCE. Central London rappresenta al meglio il carattere unico di Londra, un agglomerato di mondo e di mondi, in una dimensione urbana e culturale che intreccia storie e identità da ogni dove, in cui coesistono realtà anche agli antipodi. Il cuore di Central London è il **West End**, con le aree di: Soho, Chinatown, Leicester Square, Piccadilly, Oxford Street, Bond Street, Covent Garden, Trafalgar Square, Strand, Westminster, Whitehall, St James's, South Bank, Holborn, Bloomsbury e Fitzrovia. Il termine West End compare all'inizio del XIX secolo per indicare le aree a ovest di **Charing Cross**, in cui erano sorti palazzi lussuosi, negozi di pregio e luoghi d'intrattenimento, mentre quartieri più vicini alla City, come Holborn e Covent Garden, più poveri, furono rivalutati soltanto in seguito.

SOHO, CHINATOWN, LEICESTER SQUARE, PICCADILLY, OXFORD STREET, BOND STREET

DA NON PERDERE

Il carattere unico e straordinario di **Soho** sta nel suo mix di creatività e di vita notturna fra eleganza e trasgressione. Ex territorio di caccia favorito ai tempi di Enrico VIII (il nome stesso deriva da un richiamo per i cani da caccia), si trasformò radicalmente con l'insediamento delle persone fuggite dal Grande Incendio del 1666 e rimaste senza casa, seguito da ondate d'immigrazione, conferendole da subito quel carattere anarcoide impresso ancora oggi. È stata al centro di tanti movimenti artistici e musicali, e nei suoi locali si è scritta tanta storia del rock; inoltre è conosciuta anche come area tra le preferite per produzioni cinematografiche, media e post produzione; in alcune epoche è stata associata alla prostituzione e all'industria a luci rosse, di cui oggi restano testimonianza solo i vari sexy shop. Allo stesso modo è indissolubilmente legata ai teatri e all'industria dell'intrattenimento: con il suo carattere libero e anticonvenzionale non poteva che essere Soho la culla per la crescente comunità gay, che dagli anni Ottanta è riuscita a conquistare il meritato riconoscimento, e che oggi arricchisce ulteriormente l'area con locali ed eventi di qualità. Ricchissima di ritrovi notturni, luoghi di spettacolo, ristoranti, bar e club, sembra che Soho non dorma mai, sette giorni su sette e per ogni mese dell'anno, infaticabile nelle sue notti. Stile, **negozi e shopping** di giorno, **intrattenimento**, **musica** e **vita notturna** la sera, Soho è da vivere momento per momento nei suoi mille angoli e vicoli, per tutte le 24 ore.

C'è una parte di **Soho** in cui, svoltato l'angolo, sembra di trovarsi all'improvviso proiettati in un altro continente. Il ripetersi di cabine rosse, taxi neri e scene londinesi si interrompe all'improvviso, e si viene accolti da lanterne, draghi, pagode, una porta in mezzo alla strada che sembra l'ingresso di una città proibita, insegne private di negozi ma anche pubbliche (come quelle con i nomi delle strade) che si sdoppiano e parlano sia in inglese sia in cinese: è la **Chinatown** di Londra. È piena di ristoranti, negozi, supermarket e attività inerenti alla Cina di ogni tipo.

Il punto in cui la troviamo oggi non è la sua sede originaria, che si trovava invece a est di Londra presso **Limehouse**, in una comunità legata ai commerci dell'epoca. I bombardamenti della Seconda guerra

mondiale costrinsero molti a lasciare quella parte di Londra. Dopo la guerra l'arrivo di nuovi migranti dalla Cina fu imponente.
È però solo negli anni Settanta che Chinatown cominciò a formarsi, ampliandosi ristorante dopo ristorante. Oggi ve ne sono concentrati circa ottanta, con esempi di autentica cucina asiatica, che si può avere occasione di provare e gustare con le numerose offerte a buffet. Già così caratteristica negli ordinari giorni dell'anno, Chinatown esplode di colori, suoni e danze in occasione del **Capodanno Cinese**, quando nelle sue vie e per le vie di Soho, fino al grande palco su Trafalgar Square, sfilano draghi e acrobati, musicisti e processioni in costume tradizionale, accompagnati da ritmi e rituali. Il Capodanno Cinese è una bellissima opportunità di entrare più profondamente in contatto con una realtà a volte remota pur vivendo nella stessa città. Incantevoli i concerti di strumenti tradizionali, le danze eleganti e coloratissime, e le evoluzioni mozzafiato degli acrobati del drago.

FAI LA SPESA GIUSTA

Se avete appena messo piede nel West End, una delle zone dal valore commerciale più alto al mondo, e cominciate a sentire un languorino, niente panico. Anche qui si possono trovare buone occasioni per fare una spesa che non procurerà allarme al vostro conto bancario.
Il **Berwick Street Market** è un mercatino di frutta, verdura, alimentari e articoli vari, nel cuore di Soho. Si trova sull'omonima via, è aperto dal lunedì al sabato dalle 9 alle 18 e lo si può raggiungere dalle fermate metro **Oxford Circus**, **Piccadilly Circus**, **Tottenham Court Road** e **Leicester Square**. Oltre al mercato la via offre una parata di negozi, bar e ristorantini. È quindi sicuramente un ottimo punto di partenza per fare la spesa a Soho. Piccola curiosità per rockettari navigati: la via è quella che si vede nella copertina del disco degli Oasis *What's The Story? Morning Glory* del 1995.

Menzione speciale la merita **Chinatown**, che con i suoi supermercati asiatici permette una spesa alternativa e varia a prezzi normali da supermarket.

MANGIA BENE E BEVI MEGLIO

Per un robusto english breakfast, abbondante ed economico, c'è **The Stockpot**, al 18 Old Compton Lane, tra le fermate metro **Leicester Square** e **Tottenham Court Road**. Il suo aspetto immutato da

OGGI MI VOGLIO ROVINARE

Shopping con i reali. Si vi andasse di fare shopping con la famiglia reale, **Fortnum and Mason** è il negozo di Piccadilly presso cui spesso si sono riforniti. Aperto nel 1707 è un vero e proprio pezzo di storia: la qualità è esclusiva e i prezzi spesso elevati in questo bellissimo negozio che si estende su vari piani, rifiniti di gran lusso. I prodotti alimentari sono di primissima scelta, e il loro assortimento di cioccolatini è straordinario. Caratteristico l'antico orologio all'esterno, che allo scoccare delle ore si anima con dei personaggi che suonano una campana. Di Fortnum and Mason sono anche spettacolari le vetrine, che attirano l'attenzione di curiosi e turisti da tutto il mondo. Lo si raggiunge dalle stazioni metro **Piccadilly Circus** o **Green Park**, al 181 Piccadilly (www.fortnumandmason.com).

Soho anni Sessanta sembra per fortuna rispecchiato anche dai prezzi molto economici, che sembrano anch'essi rimasti ad altri tempi, con piatti principali a sole £ 4,50 e offerte a £ 7,50 per 2 portate. A Londra incontreremo spesso i *caff* (locali spesso rustici e minimali decorati a piastrelle), che servono le classiche colazioni inglesi e la cui utenza è tipicamente la *working class* dell'area. Soprannominati dagli Inglesi *greasy spoon* (cucchiaio unto) per le preparazioni spesso a base di fritture non sempre leggere, hanno prezzi sempre accessibili e porzioni adeguate. Forniscono pasti economici e fanno vivere allo stesso tempo un aspetto della quotidianità inglese (www.stockpotlondon.co.uk).

L'**Hummus Brothers** è all'88 Wardour Street, fermate metro **Tottenham Court Road/Leicester Square**, e come il nome suggerisce incentra il suo menù sull'uso di hummus in deliziose preparazioni mediterranee, i cui prezzi molto contenuti per i piatti principali si aggirano sulle £ 4 per le porzioni piccole, e sulle £ 5 per quelle standard (www.hbros.co.uk).

Strana e curiosa sensazione di aeroporto al ristorante sushi **Kulu Kulu** al 76 Brewer Street, a pochi passi da **Piccadilly Circus**; è stato il primo sushi bar di Londra con cibo portato da un nastro trasportatore, che percorre un lungo bancone attorno al quale siedono 30 clienti, a cui sono concessi 45 minuti a testa per consumare il pasto. Pur se inusuale e "cronometrato" ha dei prezzi che giustificano tutto, fra le £ 2 e le £ 4 per le principali portate (www.kulukulu.co.uk).

Koshari Street, al 56 St Martin's Lane, è un locale di ispirazione egiziana, che propone il suo tipico piatto koshari a base di lenticchie, riso, vermicelli, ceci e salsa a £ 4,50; offerta "combo" di due portate e una bibita a partire da £ 7. In una rara combinazione di risparmio e di accurata selezione di ingredienti genuini, il Koshari Street è particolarmente attento all'origine dei prodotti, prendendo l'olio d'oliva dalla Sicilia, le spezie da produttori tradizionali di conserve del Libano, i succhi di frutta sono vera frutta spremuta, e così via. Fermata metro **Leicester Square** (www.kosharistreet.com).

Grande convenienza e atmosfera scandinava alla **Scandinavian Kitchen**, al 61 Great Titchfield Street: è sia un negozio con assortimento di seicento prodotti provenienti dalla Scandinavia, sia un delicatessen in cui gustare sul posto qualche piatto pronto. I loro prezzi sono economicissimi, dagli *open sandwich* a £ 2,25 l'uno o £5, 95 per tre pezzi, hotdog a £ 2,95, piattone di polpette con ben tre insalate a £ 6,95, zuppe sempre sotto le £ 3, e così via. Insomma, vista l'ambientazione e per dirla come gli Abba, "Mamma Mia" che affare! Fermata metro **Oxford Circus** (www.scandikitchen.co.uk).

Lo Spuntino, al 61 Rupert Street, fermata metro Piccadilly Circus, è uno di quei locali per uno spuntino veloce, sbocconcellando un panino, un mini burger o delle squisite polpette prima di riprendere la visita della città. Nel menù c'è anche l'**American breakfast** con uova, bacon, pancake e toast. I prezzi partono da £ 5.

Sempre in zona, al **Nordic Bakery**, 14a Golden Square, le tradizioni si sposano agli odori e ai sapori delle deliziose specialità scandinave. Ottimo il caffè accompagnato da panini, focacce e dolci di farina di grano tenero e farina di segale. L'arredamento è tutto in legno con tavoli e sedie caratteristici, e un'accurata selezione di oggetti senza tempo, ispirati alle grandi innovazioni artistiche di Alvar Aalto e Kaj Franck (www.nordicbakery.com).

Da **Paul Rothe & Son**, al 35 Marylebone Lane, fermata metro **Bond Street**, ci sono, per poche sterline, tante varietà di pasti leggeri, snack, succhi di frutta e bevande analcoliche (www. paulrotheandsondelicatessen.co.uk).

Tra la Oxford Circus e Piccadilly Circus, al 92 Berwick Street, segnaliamo il **Beatroot Cafè**: la particolarità di questo posto è che, oltre ai panini e agli snack preparati giornalmente, propone una ricca varietà di piatti vegetariani e vegani. Si mangia bene e si spende poco (www.beatroot.org.uk).

La **Patisserie Valerie**, 105 Marylebone High Street, fermata metro **Bond Street**, è uno storico locale fondato nel 1930 da una signora belga di nome Valerie, che si trasferì a vivere a Londra portando con sé i segreti della cucina del suo paese. Oltre ai pasticcini, si possono assaggiare torte squisite e particolari per ogni occasione. Da non sottovalutare il gelato di primissima qualità: ce n'è per tutti i gusti. I prezzi si aggirano sulle £ 4 (www.patisserie-valerie.co.uk).

Cibo e atmosfera niente male al **Cafè Crêperie**, al 26 James Street, fermata metro **Bond Street**, specializzato nella preparazione di crêpes dolci o salate con diverse farciture (www.stchristophersplace.com/eat-and-drink/cafe-creperie).

Un buon panino nostrano o buon caffè si possono gustare al **Bar Italia**, storico bar italiano al 22 Frith Street, aperto dalla famiglia Polledri, che ancora lo gestisce, nel 1949; è talmente legato alla scena di Soho che negli anni Novanta la famosa band britpop Pulp gli ha dedicato la canzone *Bar Italia*, a chiusura del loro album *Different Class* del 1995, consacrandone la presenza nella *Cool Britannia* di quegli anni (www.baritaliasoho.co.uk).

Il **Pret A Manger** al 27-28 Great Marlborough Street, fermata metro **Oxford Circus**, fa parte di una catena di fast food britannica con ingredienti freschi o precotti. Questa compagnia ha prezzi contenuti e una presenza capillare sul territorio in tutte le high street della città; potrà essere utile quindi ritrovarla in ogni zona (www.pret.com).

È quasi un'istituzione per gli italiani (e non solo) che vogliono un'ottima pizza il ristorante e pizzeria **Sartori** al 15 Great Newport Street, fermata metro **Leicester Square**. A detta di molti connazionali è tra le pizzerie migliori di Londra, e si sa che sul cibo noi italiani siamo tutti esperti, almeno quanto lo siamo come commissari tecnici della nazionale di calcio. Un così ampio consenso da parte di un pubblico così competente ed esigente è indice di grande qualità: **vera pizza napoletana**, napoletani anche il pizzaiolo e la ricetta, prezzi nella media delle pizzerie, incluse quelle non italiane. A conti fatti, un rapporto qualità prezzo decisamente favorevole. Ottimi anche i prelibati antipasti che accolgono invitanti i clienti all'ingresso, per non parlare delle altre portate (www.sartori-restaurant.com).

Si vuole invece trovare il vero hamburger inglese, che sia pure a un prezzo onesto? La migliore e più azzeccata risposta sembra averla l'**Honest Burger** al 4a Meard Street, fermate metro **Leicester**

Square e **Piccadilly Circus**, che offre deliziosi hamburger cucinati con maestria, preparati con grande varietà di condimenti e salse e serviti con le inseparabili patatine fritte. Prezzi allineati a quelli dei pub a partire da £ 8, ma questo è un luogo di specialisti dell'hamburger: una scelta conveniente oltre che di qualità (www.honestburgers.co.uk).

Bi Bim Bap è il nome di un economico ristorante coreano che propone il tipico Bibimbap, piatto a base di riso che spazia in una miriade di variazioni e gusti. Quasi tutte le pietanze si attestano sulle £ 6,45, e sempre e comunque sotto le £ 7, facendone una buona occasione di gusto con risparmio. Ha due sedi, e quella di Soho è all'11 Greek Street, fermata metro **Tottenham Court Road** (bibimbapsoho.co.uk).

Il **Dehesa**, 25 Ganton Street, fermata metro **Oxford Circus**, offre un perfetto mix tra la cucina italiana e quella spagnola. Oltre alla tradizionale paella, pietanza di carne e pesce tutta da assaporare, non rinunciate alle ottime tapas, antipasti e stuzzichini della cucina mediterranea a partire da £ 5 (www.dehesa.co.uk).

Oh, mamma santissima, che voglia di fritto! La cucina cinese del **Bar Shu**, al 28 Frith Street, propone tanti piatti classici della cucina cinese a prezzi che non vanno oltre le £ 15: gnocco fritto con pomodoro, pollo fritto, maialino in agrodolce. Ingredienti freschi, profumati e insaporiti da spezie. Per finire un buon tè al gelsomino, rinfrescante e digestivo. Fermata metro **Leicester Square** (www.barshurestaurant.co.uk).

Prezzi contenuti anche per il ristorante cinese **Cha Cha Moon** al 18-21 Ganton Street, nei pressi di Oxford Circus; piatti principali sotto le £ 8 e grandi piatti da condividere in due a £ 15, in un ambiente piacevole (www.chachamoon.com).

Per chi è vegetariano o vegano il **Mildred's**, 45 Lexington Street, è il posto più indicato, dove mangiare piatti semplici e genuini. È considerato uno dei migliori ristoranti vegetariani di Londra ed è stato anche uno dei primi a lanciare il menù vegetariano (£ 8 - £ 11). Fermata metro **Piccadilly Circus** (www.mildreds.co.uk).

Il ristorante indiano **Rasa** sorprende per la squisitezza del cibo prettamente orientale e per l'ottimo rapporto qualità/prezzo. Si trova al 6 Dering Street, fermata metro **Oxford Circus**. Se vi piacciono i cibi speziati non esitate. Il Rasa è famoso per la cordialità e la qualità del cibo (www.rasarestaurants.com).

Piacevole e sotto certi aspetti anche allegro è il **Comptoir Libanais**, al 59 Broadwick Street. Propone una cucina libanese con piatti di carne, riso e contorni di verdure che sfrutta ampiamente anche i cereali, i legumi e le nocciole. La ricetta speciale è la limonata fatta in casa, con aggiunta di succo di melograno e fiori d'arancio, limone e lime, menta e zenzero. I prezzi per un pasto completo si aggirano intorno alle £ 7. Inoltre sono in vendita diverse specialità gastronomiche, confezionate sottovuoto. Fermata metro **Piccadilly Circus** (www.lecomptoir.co.uk).

Ideale per evadere dalla città con bambini al seguito è il **Rainforest Cafè**, 20 Shaftesbury Avenue, fermata metro **Piccadilly Circus**. Il nome stesso del locale suggerisce la scenografia... Non è un ristorante qualsiasi, perché mangiare una piatto di spaghetti o un'insalata in compagnia di coccodrilli, serpenti e scimpanzé non è cosa da tutti i giorni! Prezzi dalle £ 12 alle £ 20, compreso il peluche in vendita nello shop (www.therainforestcafe.co.uk).

Al **Little Social**, 5 Pollen Street, si fondono la cucina francese e quella britannica, attraverso un delizioso mix di curiose ricette. Il bistrot si sviluppa su tre piani e dispone di diverse tipologie di sale interne, dove si respira un'atmosfera di tranquillità ed eleganza informale. Buoni gli antipasti, la cacciagione e i piatti di stagione, il tutto innaffiato da un'attenta selezione di vini. Il menù a base di pesce è ottimo. È abbastanza caro e bisogna stare un po' attenti ai prezzi, ma si può scegliere anche una sola portata. I prezzi partono da £ 8. Fermata metro **Oxford Circus** (www.littlesocial.co.uk).

OGGI MI VOGLIO ROVINARE

Ristoranti da paperoni. Il West End è disseminato di ristoranti esclusivi. Un esempio potrebbe essere lo **Sketch Restaurant**, 9 Conduit Street, dotato di sale splendide di grande atmosfera, in cui persino i bagni sono degni di una visita turistica, per poterne ammirare l'incredibile design spaziale, in cui i servizi igienici sono all'interno di camere a forma di uovo, con porta in stile capsula spaziale, e illuminate all'esterno da una luce surreale. Antipasti anche a £ 50 danno idea del tenore che avrà la serata, che non potrà non estendersi alle sale bar, tra cui una in stile quasi modulo lunare sotto quei bagni spaziali, e altre invece dalla suggestiva atmosfera creata da luci e arredi. Fermata metro **Oxford Circus** (www.sketch.uk.com).

Un po' di Ungheria in Inghilterra da **The Gay Hussar**, al 2 Greek Street, fermata metro **Tottenham Court Road**. Se avete voglia di carne, pomodoro e spezie piccanti, quindi parliamo anche di gulash, il tutto servito con contorno di verdure su un meraviglioso piatto di porcellana, questo è il posto che fa per voi. I prezzi sono abbordabili e non superano le £ 15 sterline a portata; ma i prezzi dei vini sono proibitivi, meglio non aggiungerli all'ordinazione (gayhussar.co.uk).

Strabiliante pasticceria giapponese al 44 Piccadilly, fermata **Piccadilly Circus**: **Minamoto Kitchoan** prepara i tipici dolci wagashi, saporiti come tipico nella cucina nipponica. Insoliti per noi ma davvero buoni, da provare e da gustare (www.kitchoan.com).

HOTEL E OSTELLI

Si possono trovare stanze con prezzi a partire da £ 25 al **4 Star Hostel Piccadilly**, ostello al 91 Jermyn Street, fermata metro **Piccadilly Circus**, nel cuore di Soho (www.4starhostel.com).

L'**YHA Oxford Street** è un ostello che ha anche opzioni di camere private. Prezzi sulle £ 34 per un posto letto e £ 80 per la camera privata. Ha buoni standard di qualità e pulizia nella sua categoria, e fa parte della catena di ostelli YHA, attiva sin dagli anni Trenta come associazione benefica, intenta nella promozione della conoscenza e della formazione di giovani, attraverso i viaggi e l'indipendenza. È sito al 14 Noel Street, fermata metro **Oxford Circus** (www.yha.org.uk).

SHOPPING & BEAUTY

I "punti caldi"del "quadrilatero della moda" sono **Oxford Circus** e **Regent Street**, centri nevralgici delle attività commerciali di **Soho**. Lungo queste strade troverete di tutto, dai grandi magazzini alle colossali catene di abbigliamento, dall'economica **Primark** (www.primark.co.uk) alle boutique con abiti firmati. Nell'area di **Bond Street** si concentrano molte boutique dei nomi più altisonanti della moda, con prezzi spesso proibitivi.
Non mancano i negozi turistici, dove una felpa con il logo dei **Rolling Stones** può costare anche £ 30, per cui fate molta attenzione a non farvi accalappiare.

Se volete invece sentire l'atmosfera della Old London, spendendo qualcosa in più nell'acquisto di capi eleganti e chic, la galleria

Burlington Arcade al 51 Piccadilly fa al caso vostro; regina incontrastata di tutte le gallerie della città, fu inaugurata nel 1819 (www.burlingtonarcade.com).

C'è poi **Bond Street**, illuminata dalle curatissime vetrine dei negozi più esclusivi delle grandi firme della moda, fino ad arrivare a **Carnaby Street**, tra i punti di riferimento, negli anni Sessanta, della *Swinging London*, che pure mutata nello stile continua a puntare su proposte originali e creative nei suoi negozi.

Selfridges è un grande magazzino al 400 di Oxford Street, che tratta prodotti di ogni genere, orientati solitamente a una fascia medio alta di mercato, attenta allo stile e alle mode, all'eleganza, al design e alla qualità. La sede di Oxford Street è il secondo grande magazzino più grande del Regno Unito, dopo Harrods, e le sue vetrine sono famose per la loro arte nella composizione e nell'impatto visivo e scenografico; sono ammirate con attenzione dal pubblico come pure da stilisti e operatori della moda, che vi intravedono gli sviluppi

OGGI MI VOGLIO ROVINARE

Top boutique. Nel caso abitaste qui e voleste arredare il vostro castello, o se voleste regalare oggetti per la casa che garantiscono un gran figurone, **Aram**, al 110 Drury Lane, è uno dei negozi di arredamento più prestigiosi, che ha segnato la storia dello stile. Grazie alle sue innovazioni è ritenuto fra i responsabili dell'estinzione dei classici modelli floreali di certi arredi **chintz** inglesi di un tempo. Un negozio che può essere visitato come una galleria d'arte moderna. Fermata metro **Holborn/Temple** (www.aram.co.uk).

Stiliste di grido. Al 30 Bruton Street si trova la boutique di **Stella McCartney**, un insieme di alta moda e di approccio etico, con profumi e scarpe apprezzabili anche dagli animalisti (quelli che possono permetterselo almeno) e sartoria che confeziona su misura. Fermata metro **Bond Street/Green Park**, a meno che non arriviate con lo chauffeur personale (www.stellamccartney.com). In questo caso ditegli di portarvi subito dopo con la vostra Rolls Royce al 44 Conduit Street, dove ad aspettarvi c'è nientemeno che **Vivienne Westwood**, responsabile della moda punk degli anni Settanta e Ottanta, e ancora intenta a stupire con le sue creazioni, sempre imprevedibili. Fermate metro **Bond Street/ Oxford Circus** (www.viviennewestwood.com).

delle nuove tendenze. Professionisti, giornalisti, bloggers e turisti da tutto il mondo le fotografano (www.selfridges.com/London).

Nella piazza di **Leicester Square**, diventata famosa per i suoi teatri e i cinema, un negozio **M&M's** – produttore di confetti al cioccolato e alla nocciola – mette allegria. Nel punto vendita su più livelli vedrete uno dei primi autobus rossi degli anni Cinquanta che funge da entrata all'"isola dei dolci", da dove potrete anche salire e scendere scattando delle foto. Oltre alle classiche leccornie, un'infinità di articoli, dal portachiavi alle T-shirt a tanti altri oggetti come tazze, peluche e calendari sono liberamente esposti. Raccomandato solo ai bambini golosi (www.mmsworld.com).

Muji, al 41 Carnaby Street, è una boutique low cost giapponese. Interi ripiani di oggetti per la casa (anche mobili per l'arredamento), per l'ufficio, abbigliamento uomo e donna dove il prezzo è proporzionato alla qualità del lavoro sartoriale e dei tessuti scelti. Non si tratta del "solito stile", no, c'è una nota orientale in più che rende gli oggetti davvero originali. Per chi ama il minimalismo questo è il posto giusto (www.muji.co.uk).

Non passa certo inosservata l'imponente facciata in stile simil Tudor di **Liberty**, che vende di tutto dalla moda di design a borse e accessori, fino anche a oggetti per la casa, cosmetici e prodotti di bellezza. Famosi i loro distintivi tessuti stampati, i *Liberty prints*. Unica nota dolente è che anche i prezzi tendono a essere imponenti quanto il maestoso edificio (www.liberty.co.uk).

Di tenore (e fascia di prezzo) simile il **Dover Street Market**, negozio a più livelli di moda, gioielli e accessori, certamente da visitare che si abbia voglia di spendere o solo di ammirare stile e design in un ambiente diverso dai soliti negozi. Lo si trova al 17-18 Dover Street, fermata metro **Green Park** (www.doverstreetmarket.com).

Da **Bravissimo**, al 28 Margaret Street, si possono acquistare completini intimi coordinati, reggiseni, slip, lingerie, a prezzi eccezionali e con molte offerte promozionali. Il negozio è davvero grande, di conseguenza, è essenziale avere a disposizione un po' di tempo per girarlo tutto (www.bravissimo.com).

Di tipo simile, ma ancora più originale, personalizzato ed esclusivo è il negozio accanto **Agent Provocateur**, fondato dal figlio di Vivienne Westwood, all'1 di Berwick Street, fermata metro **Oxford Circus** (www.agentprovocateur.com).

Vetrina di talenti emergenti del design è **Beyond The Valley**, con abbigliamento, gioielli e accessori che potrebbero essere lo stile di domani, al 2 Newburgh Street, fermata metro **Oxford Street**.

Per gli amanti dei libri il grande bookstore **Foyles**, al 107 Charing Cross Road, si estende su vari piani, a pochi passi dalla fermata metro **Tottenham Court Road**; tratta pubblicazioni di qualunque settore fino alle più specializzate, include al suo interno una caffetteria in cui gustare gli acquisti letterari sorseggiando un caffè. Molto fornito il reparto dischi, con lo spazio Ray's Jazz dedicato a performance live (www.foyles.co.uk).

Hamleys, al 188-196 di Regent Street, è un grande magazzino a più piani che vende esclusivamente giocattoli, dai pupazzi di morbido peluche alle bambole, dalla modellistica ai giochi tecnologici più innovativi; vi si trovano ogni tanto dimostratori-intrattenitori con giochi nuovi e trucchi; si va dalle idee regalo più piccole di qualche sterlina fino a veri e propri galeoni di pirati, castelli e cottage da costruire in giardino, che possono costare svariate migliaia di sterline. Tappa obbligata se si è a Londra con bambini, anche se è talmente ricco, divertente, giocoso, piacevole e coinvolgente che c'è quasi il rischio che siano poi i vostri figli a cercare di trascinarvi fuori di lì. Fermata metro **Oxford Circus** (www.hamleys.com).

Negozio unico e imperdibile per gli appassionati di fumetto è il **Forbidden Planet** al 179 di Shaftesbury Avenue, fermate metro **Tottenham Court Road** e **Covent Garden**. Un eden fumettistico che spazia dai manga giapponesi a fumetti rari e oscuri, dalla fantascienza, al fantasy e all'horror. Con fumetti e oggetti da collezione di ogni tipo c'è davvero da perdersi del tutto, completamente assorbiti dalle tante dimensioni di quegli eroi di carta. Fate attenzione ai numerosi negozi per turisti sparsi nella zona, i prezzi sono letteralmente alle stelle! (www.forbiddenplanet.co.uk).

Per chi volesse trovare anche a Londra una libreria italia, c'è a Piccadilly **The Italian Bookshop**, all'interno e parte integrante dell'**European Bookshop** al 5 Warwick Street. Si trova a breve distanza dalla fermata metro **Piccadilly Circus**, e offre la possibilità di comprare libri e dvd italiani, dai classici alle pubblicazioni più recenti. L'Italian Bookshop è inoltre un punto di riferimento culturale importante, poiché ospita frequentemente autori e registi, anche molto affermati, organizzando continuamente incontri e presentazioni a ingresso gratuito (www.italianbookshop.co.uk).

Preferite invece avere Oscar Wilde o Lord Byron come compagni di lettura? È un po' come ci si sente da **Hatchards**, il negozio di libri più antico di Londra fondato nel 1797. I due grandi scrittori sono stati fra gli affezionati sostenitori della storica libreria, che nel tempo è stata anche tra le preferite di autori e personaggi famosi per offrire copie autografate delle loro opere. Vi hanno luogo presentazioni ed eventi culturali, sia gratuti sia a pagamento (fra le £ 5 e le £ 8 di solito). Si trova al 187 Piccadilly, a metà fra le fermate metro **Piccadilly Circus** e di **Green Park** (www.hatchards.co.uk).

INDIRIZZI PER DIVERTIRSI

Nella centralissima **Soho**, a soli 50 metri da **Leicester Square**, **The Zoo Bar & Club**, al 13-17 Bear Street, è aperto dalle 16 alle 3.30 del mattino. Locale su due livelli, sempre affollato, con tanta buona musica, un bar ristorante e tre piste, due dedicate alla dance e una ai concerti live. Il cibo è buono e anche abbastanza economico. Il biglietto d'ingresso costa £ 5 se ci si mette in guest list, o £ 7 in caso contrario, ma in entrambi i casi include comunque 1 drink (una birra o un bicchieredi vino) (www.zoobar.co.uk).

Il **Bar Soho**, al 23-25 Old Compton Street, ha la fama di essere uno dei migliori della zona. Rispetto ai tanti bar dei dintorni è anche il più economico (se si escludono i superalcolici). Qui si viene per sorseggiare un pinta di birra e mangiucchiare in assoluta tranquillità. Dalle 19 in poi parte la musica, anche dal vivo, e il bar si trasforma. Se riuscite ad arrivare al bancone è un miracolo (www.barsoho.co.uk).

Per chi, invece, vuole andare a colpo sicuro e passare la serata ascoltando musica black, soul e r&b, il **Bar Rumba** è il posto più indicato. Molto grande, con due piste da ballo, si trova a due passi da **Piccadilly Circus**, sulla 36 Shaftesbury Ave. Il biglietto d'ingresso costa £ 10 (www.barrumbadisco.co.uk).

Troverete musica indie, blues e rock per passare una serata diversa al **12 Bar Club**, Denmark Street, fermata metro **Tottenham Court Road**. Piatti tipici e drink nella norma, atmosfera e musica dal vivo incredibili (www.12barclub.com).

Musicisti del calibro dei R.E.M e dei Pearl Jam si sono esibiti al **The Borderline**, Orange Yard, Manette Street, fermata metro **Tottenham Court Road**. Il locale è noto per essere uno dei principali trampolini di lancio per band esordienti di ogni genere musicale. Non molto grande, ha un'atmosfera intima e coinvolgente allo stesso tempo: luce soffusa, buona musica e drink a prezzi ragionevoli. Di grande successo anche le serate club del locale, in cui i dj suonano indie, rock, alternativa, rock classico, post punk (www.mamacolive.com/theborderline).

Essendo il cuore della Londra dei teatri, degli spiriti ribelli e alternativi, e avendo adottato Carnaby Street come la passerella della *Swinging London*, questa parte di Londra non poteva non essere protagonista dell'epopea del rock e del pop.
Identità creativa e artistica impressa ancora oggi, come in **Denmark Street** dove ogni negozio, porta dopo porta, è un negozio di strumenti, di musica, di accessori musicali o di spartiti musicali, sopra o sotto i quali, in alcuni casi, ci sono anche i laboratori che riparano o personalizzano gli strumenti. Uno di questi negozi in particolare, al numero 4 della via, ha ancora oggi la vecchia insegna **Regent Studios**: lo era davvero uno studio di registrazione, e in particolare era quello in cui i Rolling Stones incisero il loro primo disco nel 1964.

Qualche porta più in là si è scritta un'altra grande storia: il numero 6 è oggi una porta verde, dietro la quale un'altra porta fa accedere a degli uffici. Sulle pareti interne di quell'ufficio si vedono ancora i disegni

OGGI MI VOGLIO ROVINARE

Club cool. Ci sono nel West End club esclusivi riservati solo ai membri, la cui iscrizione costa di per sé svariate centinaia di sterline l'anno. Se avete la fortuna di un amico socio può farvi entrare, ecco pronto il colpo di grazia definitivo alle vostre finanze: preannunciato solitamente da una insolita fila di auto incolonnate, il cui prezzo è difficilmente sotto le £ 100.000, al 40 Jermyn Street, c'è l'ingresso discreto del **Tramp**, locale probabilmente dal nome più ironico al mondo, visto che "tramp" significa "vagabondo". Per dare idea di dove siete capitati, personaggi come Peter Sellers, Joan Collins, Liza Minnelli qui hanno offerto il rinfresco per le loro nozze; leggende raccontano di una Shirley MacLane dormire su un tavolo, Keith Moon degli Who ballare per terra completamente nudo, Mel Brooks mettersi ad abbaiare sotto i tavoli. Fermata metro **Green Park** o **Piccadilly Circus**. Occhio se al tavolo arriva una bottiglia di vodka: dividendola anche fra più di 10 persone potrebbe costarvi oltre £ 50 a testa. Anche se non con la testa, si tornerà a casa con il portafoglio leggero. Missione compiuta, ci siamo rovinati! (www.tramp.co.uk).

di un giovane Johnny Rotten, che riproduce in forma di caricatura i membri dei Sex Pistols e il loro produttore Malcolm McLaren: qui infatti suonavano, provavano e costruivano la rivoluzione del **punk**. Prima di loro Jimi Hendrix era solito fare registrazioni in alcuni seminterrati della via, e in Denmark Street Elton John scrisse *Your Song*.

A proposito di Jimi Hendrix, un paio di strade più in là c'è il **Ronnie Scott's**, al 47 Frith Street: fu l'ultimo posto in cui il musicista suonò, prima di morire. Il Ronnie Scott's è un leggendario jazz club, da cui sono passati tutti i nomi più celebri di questo genere musicale. Il mercoledì sera al Ronnie's Bar, versione ridotta del locale, la jam session è un appuntamento fisso con musicisti sempre di altissimo livello (www.ronniescotts.co.uk).

Da queste parti un altro locale ha scritto la storia della musica, il **Marquee**, che si trovava originariamente in Charing Cross Road, da cui vennero lanciate le carriere di Rolling Stones, **Pink Floyd** e di buona parte di tutti i più grandi artisti di quella generazione (www.themarqueeclub.net).

I Pink Floyd inoltre erano band residente all'**UFO club** in Tottenham Court Road, nell'interrato di un edificio che oggi ha lasciato il posto a un cinema.

Di enorme portata storica il **100 Club**, che ancora esiste, e che si trova al numero 100 di Oxford Street. Fu la culla del punk inglese, e vide nella sua sala gli esordi dei Clash, dei Sex Pistols, di Siouxsie & The Banshees, di una nuova generazione e di una nuova tendenza, dopo la quale l'industria musicale non sarebbe stata mai più la stessa.

SPAZIO ALLE CULTURE

Il **Prince Charles Cinema** ha in cartellone tutto l'anno film di culto, restrospettive su generi cinematografici, artisti o epoche, capolavori che sfuggono alla grande distribuzione ma di grande pregio, oltre naturalmente alle produzioni correnti di Hollywood e del cinema *mainstream*. Il cinema offre biglietti a sole £ 5, e ancora a £ 1,50 per chi si abbona. Si trova vicinissimo alla fermata **Leicester Square** (www.princecharlescinema.com).

Si potrebbe a ragion veduta pensare che concerti di classica e recitals qui nel cuore di "Theatreland" debbano costare un occhio della testa... Niente di più errato! Alcune chiese in quest'area hanno

L'ECO DEL RISPARMIO

Last minute tickets. Se vi capita di passare nel West End e volete vedere uno spettacolo, ma ahimè non avete fatto in tempo a comprare i biglietti, niente paura. Nella piazza di **Leicester Square** c'è il chiosco della **tkts**, dove potete chiedere informazioni e acquistare i biglietti di quasi tutti gli spettacoli a metà prezzo. **The Lodge**, Leicester Square (www.tkts.co.uk).

un fitto programma di concerti ed eventi, dalla classica alla musica corale, dalla lirica a generi più contemporanei. **St James's Church** a Piccadilly, al 197 Piccadilly, ha programmi diurni e serali: i recitals diurni sono per lo più gratuiti, o con una donazione suggerita di sole £ 3,50. Fermata metro **Piccadilly Circus** (www.sjp.org.uk).

Schema simile per la chiesa di **St Giles-in-the-Fields**, nei pressi della fermata metro **Tottenham Court Road** al 60 St Giles High Street (stgilesonline.org). Anche qui si alternano concerti e recital, molti dei quali gratuiti, come presso la chiesa di **St Martin-in-the-Field** a **Trafalgar Square** (www.stmartin-in-the-fields.org).

ARTE E ARCHITETTURE A KM 0

Piccadilly Circus è una sorta di teatro all'aperto, con i suoi maxischermi a led posizionati all'angolo tra Shaftesbury Avenue e Glasshouse Street. Al centro della piazza, che fa da snodo al traffico cittadino e dalla quale partono le vie commerciali della città, troneggia una fontana circolare con una statua raffigurante **Eros "l'Angelo della Carità cristiana"**, una delle prime opere realizzate in alluminio.

La piazza fu costruita nel 1819 e nel 1916 fu aperto al pubblico il corrispondente tratto della stazione metropolitana di **Piccadilly Circus**. Nonostante la sua eccentricità essa è considerata il "cuore morale" della metropoli inglese, perché è proprio da qui che partirono le manifestazioni di protesta contro le scelte del governo e da qui prese il via la contestazione giovanile del 1968. La piazza si è trasformata in un punto di ritrovo degli emarginati e, in seguito, del movimento dark-gothic, di derivazione post punk. Malgrado tutto non ha perso il suo fascino, anzi è uno dei luoghi turisticamente più vivaci e più visitati.

COVENT GARDEN, TRAFALGAR SQUARE, STRAND

DA NON PERDERE

Trafalgar Square è la piazza di Londra con la P maiuscola. Tutto ciò che viene celebrato o manifestato qui è parte, o lo diventa universalizzandosi, della coscienza collettiva di Londra. Per questo è la piazza delle manifestazioni per eccellenza, dalla protesta allo spettacolo, e dei giorni speciali di Londra e delle sue comunità.

A Trafalgar Square ogni anno il **West End Live Festival** celebra la vita e la cultura del West End, proponendo in piazza gratuitamente assaggi dei suoi spettacoli, dei suoi teatri, dei suoi musei, con un grande palco e tanti stand informativi (www.westendfestival.co.uk).

Sempre con cadenza annuale, Trafalgar Square, insieme alla vicina Chinatown diventa anche il cuore del **Capodanno cinese**. Per l'occasione la piazza e Soho si vestono di draghi e lanterne, di auguri cantonesi e mandarini; sulla piazza un grande palco mette in scena il grande patrimonio di arte, musica e spettacolo della Cina, mentre fra il pubblico, e per le vie di Soho, gira un drago formato da acrobati. Tutti gli eventi in piazza e in strada sono gratuiti e il sito di Chinatown può aggiornarvi sulle celebrazioni (www.chinatownlondon.org).

Sempre in questa grande piazza si svolge ogni anno, nel mese di ottobre, il **Diwali Festival**, il bellissimo e suggestivo "festival della luce" della comunità indiana, in cui è tradizione tenere dei lumi accesi. La celebrazione in Trafalgar Square, sempre gratuita, offre musica, balli tradizionali e contemporanei, arte e (delizioso) cibo (www.diwaliinlondon.com).

Negli stessi giorni del Diwali, Trafalgar Square è anche luogo della celebrazione della cultura africana, con il suo enorme apporto alla cultura britannica e internazionale. L'**Africal Festival** porta in piazza i ritmi e le danze dell'Africa, i colori, i sapori e le tante culture di questo continente. Dal sito dell'amministrazione della città si può tenere un occhio su questo e su tutti gli eventi che vengono organizzati durante ogni periodo dell'anno (www.london.gov.uk/get-involved/events).

La fermata metro più vicina a Trafalgar Square è **Charing Cross**.

FAI LA SPESA GIUSTA

A Covent Garden si può trovare del buon pane fresco presso la bakery **Le Pain Quotidien**, situata all'interno dello stesso **Covent Garden Market**, The Piazza, Covent Garden. Panetteria di ispirazione francese con ingredienti genuini e di qualità, prepara tutti i giorni ottimo pane e vari prodotti da forno.

All'interno del Thomas Neal's Centre, al 29-41 Earlham Street, si trova l'**Euphorium Bakery**. Fermata metro **Covent Garden**.

Per tutti i generi di ogni giorno ci si può recare al **Mirana's Of London**, al 28 Endell Street, Covent Garden, stessa stazione metro. Di tipo simile, e utile per la spesa quotidiana, **The Convenience Store**, al 19 Lancaster Place, Covent Garden, che è invece più vicino alla fermata metro **Temple**.

MANGIA BENE E BEVI MEGLIO

Sushi low cost disponibile, grazie alla presenza di una sede di **Kulu Kulu** al 51-53 Shelton Street, con i suoi convenienti piatti "nastrotrasportati". Fermata metro **Holborn** (www.kulukulu.co.uk).

Il **Monmouth Coffe Company** si trova al 27 Monmouth Street; all'interno si respira un'atmosfera calda, invitante al limite dell'intimità. Il caffè è ottimo e le paste fresche, ben lievitate e ben cotte, sono preparate con ingredienti genuini. Prezzi nella norma. Fermata metro **Covent Garden** (www.monmouthcoffee.co.uk).

Il **Poetry Cafè**, 22 Betterton Street, fermata metro **Covent Garden**, non è solo una caffetteria ma un'istituzione, una sorta di centro culturale, dove si può ascoltare musica e leggere poesie ogni sera davanti a un folto pubblico. Ci sono toast, torte e dolci, una tazza di tè o caffè. I prezzi si aggirano fra le £ 4 e le £ 7. Forse è un po' caro, ma gli scaffali pieni di libri, l'atmosfera gradevole e la connessione wi-fi rendono questo luogo ancora più comodo e speciale.

Una bella sosta al **Gaby's Deli**, 30 Charing Cross Road, vi farà conoscere le specialità della cucina mediorientale. Con £ 10, sarete serviti con enormi porzioni e cibo delizioso: i falafel, l'hummus, la crema araba di ceci, e il manzo accompagnato dalle insalate fresche vi faranno apprezzare i sapori di questa cucina basata su ingredienti molto semplici e genuini. Fermata metro **Charing Cross**.

Nelle vicinanze della Royal Opera House si trova il **Kastner & Ovens**, al 52 Floral Street. Considerato da molti il paradiso del cibo, vi stupirà con la ricca scelta di antipasti, riso, stufati, insalate e dolci. Si mangia bene e si spendono poche sterline. Vale la pena farci una capatina per assaggiare piatti inconsueti (www.kastner&ovens.co.uk).

Il **Gordon's Wine Bar** è un'istituzione per gli intenditori di vini, o per i semplici curiosi che vogliono assaggiare vini pregiati o esotici, difficilmente reperibili altrove. I prezzi son ovviamente molto variabili; il Gordon's offre inoltre dell'ottimo cibo biologico e casareccio, che compensa con prezzi convenienti qualche capriccio enologico. Al 47 Villiers Street, è esattamente di fronte all'uscita della fermata metro **Embankment**, e a pochi passi anche dalla fermata metro **Charing Cross** (www.gordonswinebar.com).

Per libare nei lieti calici mentre si consuma un buon pasto mediterraneo, il ristorante **Sarastro** è un vero e proprio tributo all'opera lirica, con interni e arredamenti che richiamano un teatro d'opera e in varie occasioni anche con l'intrattenimento di cantanti lirici.

Il menù ha prezzi allineati con quelli di un buon ristorante dell'area, ma di certo l'atmosfera è assolutamente unica e suggestiva, e attrae artisti e appassionati dalla vicina Convent Garden Opera House. Si trova al 126 Drury Lane e la fermata della metro più vicina è **Covent Garden** (www.sarastro-restaurant.com).

Anche qui troverete l'onnipresente **Pret A Manger**, al 65 Long Acre, fermata metro **Covent Garden**. Si tratta di una catena di fast food

OGGI MI VOGLIO ROVINARE

Il ristorante più vecchio. Nato nel 1798 da un'idea di **Thomas Rule**, il **Rules Restaurant** è il più antico ristorante di Londra. Si trova al 35 Maiden Lane, fermata metro **Covent Garden**. Il risultato degli sforzi compiuti a favore della conservazione del locale è notevole: il pavimento è ricoperto da un ricco tappeto rosso a motivi floreali; le statue e i quadri raffiguranti paesaggi d'epoca sui muri, i divani in velluto rosso e la musica di sottofondo donano all'intero ambiente un'atmosfera rilassante e molto elegante. È stato il ristorante preferito di Laurence Olivier, Graham Green e Henry Irving. Vi viene servita la cucina tradizionale inglese con ostriche, torte e budini. Prezzi elevatissimi (www.rules.co.uk).

britannica con ingredienti freschi o precotti, facile ed economica soluzione per spuntini al volo (www.pret.com).

Un buon ristorante vegetariano è il **Food for Thought**, 31 Neal Street, che propone piatti molto delicati per poche sterline, come la vellutata di piselli e menta, una crema molto rinfrescante, o le lasagne verdi ripiene di zucchine, melanzane e peperoni rossi con strati di pasta e salsa di pomodoro condita con besciamella e formaggio. Il profumo delizioso dei soufflé alla mela e al rabarbaro, ma anche alla cannella, ci riportano alla memoria le nostre nonne intente a preparare qualche dolcetto. Consigliatissima la macedonia, rigorosamente di frutta fresca e di stagione. Fermata metro **Covent Garden** (foodforthought-london.co.uk).

Per gli amanti della cucina inglese, il **Porter English Restaurant**, 17 Henrietta Street, fermata metro **Covent Garden**, ha nel suo menù diverse specialità: consigliata la zuppa di verdure con crostini e l'ampia scelta di tortini di carne e di pesce, decisamente speciali. Ottima la Shepherd's pie. Buona la carta dei dolci, tra cui spiccano il budino al cioccolato e la torta di mele. I prezzi non superano le £ 15 (www.porters.uk.com).

A due passi da Trafalgar Square e dalla National Gallery si trova il **Cafè in the Crypt**, St Martins in the Fields (entrata su Duncannon Road), fermata metro **Charing Cross**. Situato nella cripta della chiesa di St Martin, è un ambiente insolito ma molto piacevole. Offre una cucina variegata di ottima qualità. Si mangia e si spende poco, dalle £ 5 alle £ 10.

HOTEL E OSTELLI

A Covent Garden si trova un hotel della catena **Travelodge**; questa catena opera in modo simile alle compagnie aeree low cost, per cui i prezzi sono continuamente variabili e partono da offerte scontatissime a seconda dell'anticipo con cui si prenota e di eventuali promozioni. Si consiglia quindi di tenere d'occhio il loro sito, e approfittare di qualche buona offerta per trovare alloggio in un hotel con buoni standard nel cuore di Londra e nell'area del mercato e della fermata metro **Covent Garden**, all'indirizzo 10 Drury Lane.

Maggiori possibilità di alloggio si trovano nell'attigua e più ampia zona di Holborn (www.travelodge.co.uk).

SHOPPING & BEAUTY

Camminando lungo la Long Acre, all'11, segnalato dall'insegna **Neuhaus Chocolates**, si trova il negozio di cioccolato belga noto in tutto il mondo per la sua produzione. Il fondatore di questo impero, **Jean Neuhaus**, è l'inventore delle prime praline. La cioccolata è un po' cara, ma merita per la sua qualità. Fermate metro **Leicester Square** e **Covent Garden** (www.neuhaus-online-store.com).

Lo shopping è anche sinonimo di novità e voglia di evasione, per questo vi suggeriamo una visita al **Benjamin Pollock's Toyshop**, che oltre a essere un museo è un negozio di giocattoli, sito al 44 The Market, fermata metro **Covent Garden**. Il negozio, che ha più di 130 anni, fu inaugurato nel 1880, in un momento felice per i giocattoli. Purtroppo col passare del tempo e il conseguente avvento della tecnologia nessuno lo ha più considerato. Negli ultimi anni, con la moda vintage che ha rianimato l'interesse per gli oggetti del passato, il **Benjamin Pollock's** ha ripreso finalmente il suo scettro (www.pollocks-coventgarden.co.uk).

Suggestivo e curioso, il negozio per veri appassionati del tè inglese, il **Twinings Museum** si trova al 216 Strand, fermata metro **Covent Garden**. Sono passati trecento anni da quando **Thomas Twining** inaugurò il primo punto vendita impegnato nella diffusione della cultura del tè (già importato nel 1662 dalla principessa Caterina di Braganza, moglie di Carlo I d'Inghilterra), che il signor Twining volle introdurre nella società inglese. All'interno, oltre alla ricca esposizione di tutte le varietà di tè confezionato o in bustine, anche in vendita, si possono ammirare le vetrine in cui sono conservati antichi

T'AGGIUSTO IO

Belli e puliti con poche sterline. al **Covent Garden Coin OP Launderette**, si ha la possibilità di lavare e asciugare i propri indumenti in qualsiasi momento. Sì perché può sempre succedere di sporcarsi o di sudare troppo. E la soluzione c'è: il **servizio di lavanderia a gettoni** o, per meglio dire, le **Launderette self service**, sono sparse su tutto il territorio. Le consideriamo comodissime per chi non si è portato in viaggio, oltre al bagaglio, la lavatrice. Con un costo ragionevole di £ 2 circa, il vostro guardaroba sarà di nuovo pronto per essere indossato. Il servizio è disponibile **7 giorni su 7** dalle 8.00 alle 21.30. La trovate al 33 Betterton Street, fermate metro **Leicester Square**e **Covent Garden**.

STORIE E PERSONE

Ciak, si gira! Tra Leicester Square e Covent Garden troneggia il monumento dedicato alla scrittrice di gialli inglese Agatha Christie. Di Agatha Christie si è scritto tanto, ma resteranno un mistero insoluto gli undici giorni in cui scomparve. Passati quei giorni fece ritorno a casa come se nulla fosse. Oggi si crede che sia stato il tradimento del marito e la conseguente richiesta di divorzio a farla fuggire, o un incidente stradale che le procurò un vuoto di memoria. Una cosa è certa: lei non rivelò mai i motivi o i luoghi della sua fuga. Nel 1979 è stato girato il film "Il segreto di Agatha Christie", con Vanessa Redgrave e Dustin Hoffman.

documenti, frammenti e oggetti appartenuti alla famiglia Twining. Iil bar annesso si presta a una vera e propria degustazione, alla quale è difficile rinunciare (twinings.co.uk).

Lo **Screen Face** è un emporio con quantità industriali di trucchi, accessori e prodotti per la pelle. A due passi da **Covent Garden**, è ubicato al 48 Monmouth Street (www.screenface.co.uk).

INDIRIZZI PER DIVERTIRSI

Visitare i locali della zona o concedersi un giro di Londra con il **Ghost Bus Tours**? Si tratta di uno dei giri panoramici serali più curiosi della città, con la caccia ai fantasmi e ai luoghi dove si sono consumati delitti efferati. L'autobus parte da **Northumberland Avenue**, con sosta di fronte al **Grand Hotel**, tutti i giorni alle 19.30 e alle 21: inizia il percorso da Westminster Abbey, passando per Downing Street, St Paul Cathedral, la Tower di Londra, il Tower Bridge e il London Bridge. Non si escludono sorprese a bordo del bus, con talentuosi attori che fanno rivivere le tetre atmosfere della città. Biglietti adulti £ 20, bambini e studenti £ 14. Fermata metro **Charing Cross** (www.theghostbustours.com).

Per un drink dissetante e rinfrescante è il caso di passare al **Belushi's Bar** in Russell Street: ogni particolare dell'arredamento rende l'atmosfera calda e accogliente, con un repertorio di funk, blues e rock dagli anni Sessanta ai giorni nostri. Vi si può anche mangiare ed è tutto abbastanza economico. C'è anche un menù vegetariano, ma non all'altezza delle aspettative. Fermata metro **Covent Garden** (www.belushis.com/bars/london).

STORIE E PERSONE

Il West End, dove batte il cuore di Londra. È "il distretto ovest"... Ma a ovest di che cosa, visto che quest'area è universalmente considerata il centro di Londra? E persino il palazzo reale e gli edifici governativi sono un po' più a ovest... dell'"ovest". Chissà in quanti se lo chiedono, in riferimento all'area più centrale, più famosa e più celebrata della capitale britannica. "Good question", approverebbe il gentleman inglese accanto a noi alla fermata del bus di **Trafalgar Square**, che ci sta osservando incuriosito dalla nostra aria intensa e assorta, rapita da questo intricato enigma. Il **West End** è un'area senza veri e propri confini geografici, che tende a identificare quella parte di **Central London** che concentra le maggiori attrazioni turistiche, edifici istituzionali, importanti negozi e attività commerciali, un notevole numero di teatri, molti dei quali rappresentano musical e teatro commerciale di successo. La tipologia di produzione messa qui in scena viene chiamata appunto "West End theatre", e la presenza concentrata nell'area fa associare al West End anche il nomignolo di "Theatreland", la terra dei teatri, paragonabile alla Broadway di New York.

SPAZIO ALLE CULTURE

Dopo aver lasciato l'isola pedonale di **Leicester Square** ci si imbatte in un reticolo di vie, la Long Acre, la Garrick Street e, per ultima, la King Street, che dà accesso alla suggestiva piazza di **Covent Garden** con i suoi ampi portici in stile neoclassico. Opera dell'architetto inglese **Inigo Jones**, che sembra abbia tratto ispirazione dalla **Piazza Grande** del centro di **Livorno**, fu portata a compimento nel 1630 su commissione di Francis Russell, IV conte di Bedford. Tra le colonne all'interno del complesso, il mercato e i negozietti rallegrano l'ambiente. Il mercato ortofrutticolo e le bancarelle, anche di antiquariato, richiamano una grande quantità di gente, che si aggira tra gli spazi ambulanti dei musicisti e degli artisti di strada. Il borgo è incorniciato dalla chiesetta anglicana di **St Paul Church** o **Chiesa degli Artisti**, all'interno della quale vi sono i memoriali dedicati agli attori inglesi Charlie Chaplin, Stanley Holloway, Boris Karloff (famoso Frankenstein dei film hollywoodiani degli anni Trenta) e Vivien Leigh, la Rossella O'Hara di *Via col vento*.

Di fronte troviamo il **Museo dei Trasporti**, ricco di pezzi pregiati, che traccia la storia dei mezzi di trasporto dalle origini ai giorni nostri (www.ltmuseum.co.uk).

Sulla **Bow Street** si presenta in tutto il suo splendore la **Royal Opera House**, uno dei più importanti teatri dell'opera del mondo (www.roh.org.uk).

Per i fans di James Bond e di cinema ha sede a Covent Garden il **London Film Museum**, che espone auto e gadget usati nei film dell'agente segreto più famoso al mondo, oltre ad altre attrazioni legate al cinema. Anche George Lucas lo ha onorato, volendo celebrare qui il trentennale di Guerre Stellari. Collocato al 45 Wellington Street, è vicino alla stazione metro **Covent Garden** (londonfilmmuseum.com).

Spazio molto ricco e suggestivo è la **Somerset House**. L'imponente struttura neoclassica, palazzo governativo, è anche sede di musei e di mostre, e l'enorme cortile interno è caratterizzato da coreografiche fontane. Lo stesso cortile diventa sede di festival di musica, di proiezioni di cinema all'aperto, e persino di una pista di pattinaggio d'inverno. È a Strand accanto al Waterloo Bridge, e la fermata metro più vicina è **Temple** (www.somersethouse.org.uk).

ARTE E ARCHITETTURE A KM 0

La piazza di **Trafalgar Square**, oltre a ospitare la **National Gallery**, è ornata al centro dalla colonna dedicata all'ammiraglio britannico **Lord Horatio Nelson**, eroe e vincitore, grazie alle sue sottili strategie, nella battaglia di Trafalgar, il 21 ottobre del 1805, contro la flotta navale franco-spagnola. L'evento permise all'Inghilterra di accrescere la propria supremazia in mare, ma, allo stesso tempo, si prese uno dei suoi figli più cari. Lord Nelson morì proprio durante questa battaglia colpito da un franco tiratore. Fu riportato in patria e sepolto con tutti gli onori nella cattedrale di **St Paul**.

Il progetto della **National Gallery** prende vita da un'idea dell'architetto **John Nash** il quale, in seguito, verrà sostituito dal più giovane collega **William Wilkins**. La prima sala vide la luce nel 1824 e il museo si ampliò in seguito con la realizzazione, negli anni seguenti e attraverso non poche difficoltà, delle altre stanze. L'edificio ospita una ricca collezione di dipinti e opere dalla metà del XII secolo al secolo scorso: la sezione italiana comprende opere di Piero della Francesca, Botticelli, Leonardo da Vinci, Michelangelo, Bellini, Raffaello, Tiziano, Caravaggio, Canaletto; quella olandese ospita opere di Rembrandt, Vermeer e Van Gogh; tra i francesi si annoverano opere di Monet, Seurat, Cézanne; tra gli inglesi spiccano

STORIE E PERSONE

Orgoglio e Pregiudizio. Anche se **Jane Austen** non viveva a Londra, andava spesso a far visita al fratello **Henry** e a sua moglie. C'è da dire che lo stesso fratello cambiò casa diverse volte e che solo una di queste, quella sita al 10 Henrietta Street, fermata metro **Leicester Square**, si è conservata e mantenuta integra nel tempo. È facile dunque immaginare la **Austen** impegnata nella stesura di uno dei suoi celebri romanzi o, semplicemente, dedita alla scrittura delle sue lettere. I suoi fan saranno felici di conoscere questo indirizzo e al contempo passeggiare per le vie di **Soho** e **Covent Garden**, un tempo frequentate dalla romantica scrittrice inglese. Ricorderete tutti il film del 2007 "Becoming Jane - Il ritratto di una donna contro", diretto da **Julian Jarrold**, con **Anne Hathaway** e **James McAvoy**, il racconto semibiografico che ripercorre gli anni della giovinezza della scrittrice.

Turner, Gainsborough, Stubbs; la sezione spagnola ospita opere di Velázquez mentre quella tedesca capolavori di Holbein. Nel celebre dipinto dell'artista inglese **William Turner** *La battaglia di Trafalgar* viene rappresentata la nave di Lord Nelson, la Victory, sulla cui cima dell'albero maestro compare una bandiera con il famoso messaggio "England expects that every man will do his duty". **Ingresso gratuito** (www.nationalgallery.org.uk).

Charing Cross è considerato ufficialmente il centro di Londra: questo si deve al re Edoardo I, la cui moglie Eleonora di Castiglia nel 1290 si ammalò e morì in viaggio mentre cercava di raggiungerlo in Scozia. Il re riportò le sue spoglie a **Westminster**, facendo erigere dodici croci in ognuno dei luoghi in cui il lungo corteo funebre si fermò lungo il percorso di ritorno. Uno di questi era Charing Cross, da cui il riferimento alla croce nel nome, e che nel tempo divenne riferimento geografico, fino ai giorni nostri. L'originale non esiste più, ma in epoca vittoriana se ne costruì una riproduzione, posizionata davanti alla stazione ferroviaria di Charing Cross, dov'è ancora oggi. Sul luogo originario della croce di Eleonora c'è adesso una statua equestre di Carlo I, e il sito viene ancora utilizzato come riferimento per prendere le misure delle distanze di Londra dalle altre località geografiche.

WESTMINSTER, WHITEHALL, ST JAMES'S

FAI LA SPESA GIUSTA

Buon pane appena sfornato presso **Stiles**, 6 Strutton Ground, oltre a dolci e biscotti, e i sempre utili panini già pronti per il frenetico centro della città. Fermata metro **St James's Park**.

Prezzi forse un po' superiori rispetto al supermarket, ma con garanzia di qualità nella cura nella selezione dei prodotti presso **La Bottega**, negozio e delicatessen italiano in cui trovare le nostre migliori specialità, dai pomodori di Pachino alla pasta di Gragnano, dalle marche di biscotti a cui siamo più affezionati ai prodotti di aziende artigianali e di nicchia. In quest'area li si trova al 20 Ryder Street, fermata metro **Green Park** (www.labottega.co.uk).

Con ben duecento anni di tradizione alle spalle **Paxton & Whitfield**, negozio di formaggi da tutto il mondo, particolarmente specializzato in quelli francesi e britannici. Vera e propria istituzione per gli amanti del formaggio del Regno Unito, al 93 Jermyn Street, fermata metro **Piccadilly Circus** (www.paxtonandwhitfield.co.uk).

MANGIA BENE E BEVI MEGLIO

La curiosa struttura dell'**Inn the Park** invita a inoltrarsi nel centrale **St James's Park**, un'oasi immersa nella natura dove sedersi e mangiare qualcosa di fronte a un laghetto. Una volta arrivati la vista è fantastica, sembra di trovarvi attraccata una nave da crociera o addirittura una navicella spaziale. L'effetto è artisticamente gradevole, ci si può sistemare dentro o fuori, dipende dalla temperatura. Qui si consiglia di consumare solo l'ottimo english breakfast, il resto è deludente. Fermata metro **Westminster** (www.innthepark.com).

HOTEL E OSTELLI

Il **Surtees Hotel**, 94 Warwick Way, è dotato di camere pulite e dotate dei comfort standard. La sua posizione centrale è vicinissima alla stazione di Victoria, dove si trova la maggiore concentrazione di siti storici e religiosi. Prezzi a partire da £ 41. Fermata metro **Victoria** (www.surtees-hotel.co.uk).

ARTE E ARCHITETTURE A KM 0

A due passi dal **St James's Park** (area di Westminster) si trova il **Cabinet War Rooms**, o **Churchill War Rooms** di **Winston Churchill**, Primo Ministro del Regno Unito nel 1940 e nel 1951. Il bunker di Churchill è un percorso "quasi" obbligatorio per tutti gli appassionati di storia del secondo conflitto mondiale. È infatti in queste stanze che Winston Churchill e il suo staff vissero e lavorarono per mettere a punto la strategia di guerra che sconfisse la Germania nazista. L'ambiente è rimasto immutato; persino la disposizione dei mobili è la stessa e riesce a trasmettere un indubbio fascino. Clive Steps King Charles Street, fermata metro **Westminster**. Biglietto £ 14 (www.iwm.org.uk).

La superba cattedrale di **Westminster Abbey** domina la città e ne rappresenta il monumento più importante dell'architettura gotica; è sede delle incoronazioni dei sovrani del Regno Unito. Adiacente a essa troviamo la **Torre dell'orologio**, il **Big Ben**, e il **Palazzo di Westminster**, sede del parlamento inglese, che si affaccia direttamente sulla riva settentrionale del Tamigi. Costruita intorno al 1045, Westminster Abbey venne consacrata nel 1050. La pianta è a croce latina, con una navata centrale e due laterali. Dietro all'altare, un'abside semicircolare accoglie una serie di cappelle con le tombe di personaggi illustri fra cui quelle di Elisabetta I, regina d'Inghilterra, e Maria Stuarda, regina di Scozia. Nel pavimento lastricato di tombe di marmo riposano (solo per citarne alcuni) Charles Darwin, Oscar Wilde, Laurence Olivier e Charles Dickens. All'ingresso della navata centrale vi è la tomba del Milite Ignoto, in memoria dei soldati caduti nelle guerre. Da una delle due navate laterali si accede a un chiostro a pianta rettangolare, grande e luminoso. Nel complesso troverete un punto di ristoro dove potervi godere il silenzio e la pace del luogo. Prezzi dei biglietti £ 18. Riduzioni over 60 e studenti £ 13, gratuito per i bambini fino ai 10 anni. È aperta tutti i giorni, domenica esclusa, dalle 9.30 alle

T'AGGIUSTO IO

Tacchi come nuovi. Mentre camminavate per Londra vi si è incastrato il tacco nell'asfalto o tra due sanpietrini? Premesso che visitare una città con i tacchi alti è indice di una buona dose di masochismo, potete trovare un buon calzolaio, **Shoe Masters**, al 75a Victoria Street, fermata metro **St James's' Park**. Aperto da lunedì al venerdì dalle 8.15 alle 17.30.

16.30. 20 Deans Yard, fermate metro **Westminster** e **St James's Park** (www.westminster-abbey.org).

A PIEDI NUDI NEL PARCO

Adiacente a St James's Park è il palazzo di **Buckingham Palace**, residenza ufficiale londinese del monarca britannico. Ogni anno tra luglio e settembre alcune delle 600 stanze vengono aperte al pubblico. Davanti al palazzo si trova il **Queen Victoria Memorial**, dedicato alla regina Vittoria, da dove è possibile vedere la residenza, e da cui è possibile assistere alla cerimonia del **Cambio della Guardia** tutti i giorni dalle 11.15 (www.royal.gov.uk/theroyalresidences/buckinghampalace/buckinghampalace.aspxh e www.changing-the-guard.com)

Una passeggiata nel parco di **St James's Park** permette di ammirare lo splendido paesaggio e le ampie zone verdi ravvivate da fontane. L'area è un vero e proprio paradiso terrestre, popolato da scoiattoli, lepri e pellicani; ricco di luoghi romantici come il laghetto all'interno del parco, dove si trovano due isole, la **Duck Island** e la **West Island**. Dal ponte che attraversa la grande distesa d'acqua c'è una veduta bellissima, sia guardando verso Buckingham Palace che verso la Horse Guard Parade, dietro cui fa capolino il London Eye (www.royalparks.org.uk/parks/st-jamess-park).

SOUTH BANK

DA NON PERDERE

Se non soffrite di vertigini e le altezze non vi fanno paura, una gita sulla ruota del **London Eye** garantisce un panorama spettacolare della città. La solida struttura lucente, alta 135 metri, si affaccia sul fiume Tamigi di fronte a Westminster, accanto alla stazione di Waterloo. Progettata dallo studio di architettura **Marks Barfield**, la sua costruzione è iniziata nel 1998 ed è stata terminata nel 2000. Il London Eye è stato immaginato come una grande ruota di bicicletta i cui raggi partono dal centro, con ai lati delle capsule ovoidali, trentadue in tutto, del peso di dieci tonnellate ciascuna, che possono contenere fino a venticinque persone. Riverside Bldg, County Hall, Westminster Bridge fermata metro **Waterloo**. Biglietto adulti £ 19,20, bambini (4-15 anni) £ 12,30, bambini fino a 4 anni gratis (www.londoneye.com).

FAI LA SPESA GIUSTA

Non lontano dalla **Waterloo** station (da cui ci si arriva con la metro) c'è spesso un **mercato alimentare** ricco di leccornie in cui è anche possibile fare assaggi.

Sempre in zona il **Borough Market**, mercato alimentare di prodotti biologici, etnici, esotici, dove trovare anche cibi rari, o anche quelli italiani di nicchia, che nei negozi non si trovano facilmente, fermata metro **London Bridge**.

MANGIA BENE E BEVI MEGLIO

Tutto intorno alla **Royal Festival Hall**, ci si imbatte in graziosi locali, ristoranti e caffetterie, tra cui **Caffè Vergnano 1882**, che fa caffè, cappuccino, coppe di caffè con panna e cioccolate straordinarie (www.caffevergnano1882.co.uk).

HOTEL E OSTELLI

Nelle vicinanze del Westminster Bridge, nel cuore di South Bank, **The Walrus Hostel**, ha tutte le caratteristiche di un buon ostello.

Il personale che lo gestisce è gentile e disponibile, e le camere sono luminose e spaziose. Prima colazione e connessione wi-fi sono inclusi nel prezzo. L'ostello ha inoltre un pub interno dove vengono serviti caffè, tè, e offre una ricca selezione di vini, birre artigianali e cocktail. Inoltre, da martedì a sabato dalle 15 alle 19 si può gustare il **Sexy Cocktail** per sole £ 4. Prezzi a partire da £ 31. Lo trovate al 172 Westminster Bridge, fermata metro **Waterloo** (www.walrussocial.com).

SHOPPING & BEAUTY

Nelle vicinanze del London Television Centre, si incontra l'incredibile **Gabriel's Wharf**, un cortile intorno al quale ci sono negozi indipendenti di artigianato, di moda, gallerie di pittura, maglierie artigianali, e gastro pub. Davvero splendide le originalissime vetrine di questi negozi unici (southbanklondon.com). Il lungo fiume in questo punto si apre con una piazzetta e con una passerella che si protende sul Tamigi. Di sera la piazzetta si illumina con soffuse luci blu sugli alberi, facendone un luogo romantico e incantato.

STORIE E PERSONE

Le finestre a forma di dado. La OXO Tower è una sorta di furberia del marketing. È sempre stato proibito mettere cartelloni pubblicitari in vista sul Tamigi deturpandone il panorama; qualcuno alla OXO (casa produttrice di dadi per il brodo) pensò allora a un'architettura le cui finestre fossero sagomate in modo da formare il logo. Alla base della OXO esposizioni d'arte ci sono sale con esposizioni e gallerie d'arte mentre al piano di sopra si trovano negozi particolari che vanno dall'oggettistica alle gioiellerie. In cima alla torre si trovano un bar e un ristorante; è caro, ma consumare un drink o una cena con la vista straordinaria di quella porzione di Londra ripaga del conto salato (www.oxotower.co.uk).

La Scheggia italiana. Un altro elemento architettonico da vedere è **The Shard** di **Renzo Piano**, nella sua imponente struttura di vetro alta 300 metri. È soprannominato dagli inglesi "scheggia di vetro" perché ha una forma piramidale irregolare. Dalla sua cima si può ammirare uno dei panorami più belli della città. Il grattacielo dell'architetto italiano è attualmente il più alto in Europa.

IL MOMENTO MIGLIORE PER...

More London. È lo spazio attorno alla **City Hall**, il "municipio" della Greater London di forma semisferica; è un'area pubblica nella quale durante tutto l'anno si svolgono eventi gratuiti. Di questo spazio fa parte anche **The Scoop**, l'anfiteatro di 1000 posti all'aperto, permanentemente a disposizione del pubblico. Ogni anno d'estate, fra la fine di giugno e l'inizio di luglio, si svolge qui il festival gratuito **More London Free Festival**, con performances nell'anfiteatro, spettacoli di danza, mostre d'arte e di fotografia, arti prodotte dalla comunità locale, teatro, musica. Fermate metro **Tower Hill** o **London Bridge**.
Sul sito potete trovare informazioni e programma degli eventi (www.morelondon.com).

ARTE E ARCHITETTURE A KM 0

South Bank offre una meravigliosa **passeggiata** che va dal London Eye fino a London Bridge, passando per luoghi di cultura e locali, godendo sempre di una vista mozzafiato. Andando verso est, accanto al London Eye c'è un ampio spazio, in cui in prossimità del fiume si trova spesso una giostra e nel periodo di Natale vi è ospitato un mercatino alla tedesca. D'estate invece viene allestito uno spazio per spettacoli (per diverse edizioni a forma di mucca ribaltata a pancia in su) dal cabaret al burlesque.

Quindi si arriva davanti alla **Royal Festival Hall**, un luogo di cultura con spazi per concerti e performance e, allo stesso tempo, un palazzo per la gente, con centinaia di tavoli e sedie a disposizione di tutti e internet gratis. E in tanti lo usano come un ufficio facendo meeting, mentre col wi-fi si può andare anche in videoconferenza. Il calendario di eventi prevede musica, poesia, teatro, con attenzione all'innovazione e alle grandi tematiche.

Proseguendo lungo il fiume si trova una **struttura per lo skating**, utilizzata dai ragazzi della zona per le loro acrobazie, e il **National Theatre**, importantissima istituzione per il teatro, con eventi di grande rilievo e qualità (www.nationaltheatre.org.uk).

Superato il London Bridge ci si avvia verso la **City Hall**, dalla caratteristica forma quasi a semisfera, e sede del sindaco della Greater London e del suo consiglio comunale.

Qui si stagli lo spettacolare **Tower Bridge**, iconico e unico, al termine di una passeggiata iniziata dall'altra icona altrettanto famosa: il Big Ben.

SPAZIO ALLE CULTURE

Più avanti si incontra il **Globe Theatre**, fedele ricostruzione di un teatro del tempo di Shakespeare (www.shakespearesglobe.com), e quindi la **Tate Modern** (www.tate.org.uk), con la sua eccezionale collezione di arte moderna e contemporanea. Di fronte a questa il **Millennium Bridge**, il ponte che porta direttamente alla **St Paul's Cathedral**.

Poco prima del London Bridge ci si imbatte in un galeone del XVI secolo, riproduzione dell'imbarcazione di Francis Drake, e quindi nella **Southwark Cathedral** (cathedral.southwark.anglican.org), fondata prima della Torre di Londra.

L'ECO DEL RISPARMIO

Teatro e libri. South Bank è un luogo di cultura straordinario, con i suoi teatri e le sue hall; riesce a essere persino luogo straordinario di risparmio, con occasioni come quella offerta dal **National Theatre** che, con l'aiuto di alcuni sponsor, vende abbonamenti per sei spettacoli a sole £ 15 (www.nationaltheatre.org.uk/series/travelex-%C2%A315-tickets-2014). Si svolgono inoltre iniziative gratuite nella hall del teatro: è bene quindi tenersi aggiornati sui loro programmi.

Anche il vicino **Southbank Centre** regala annualmente tantissimi eventi e spettacoli gratuiti, in alcune delle sue sale come negli spazi circostanti. Offre inoltre accesso a internet gratuito e numerose postazioni con tavoli e sedie per improvvisare (o allestire a costo 0) meeting e incontri. Occasione sia di cultura sia di risparmio sotto il ponte di Waterloo Bridge, sempre a South Bank, il **mercatino dei libri** si tiene quotidianamente all'aperto. Si vendono libri usati, con la possibilità di trovare testi fuori catalogo o libri desiderati ma difficili da trovare anche a £ 1. Presente tutti i giorni e in ogni periodo dell'anno (www.southbankcentre.co.uk).

HOLBORN, BLOOMSBURY, FITZROVIA

FAI LA SPESA GIUSTA

Proprio non vi va di fare la spesa ma neppure di andare al ristorante? Il **Grill Market**, con il suo servizio take away fa al caso vostro! Fornitissimo, con insalate fresche e saporite, la tavola dedicata ai formaggi e le carni alla griglia servite con le verdure miste che ne esaltano le caratteristiche nutrizionali (tutti alimenti rigorosamente freschi). La gentilezza del personale e il prezzo non eccessivo fanno di questo posto una tappa fissa per chi ama la buona cucina. È al 10 Theobalds Road Lane, fermate metro **Chancery Lane** o **Holborn**.

Un banco ricco di frutta fresca di stagione lo trovate al Twyford Place; è quello che ci vuole per depurarsi, rinfrescarsi e rafforzare le difese immunitarie in modo naturale. Stiamo parlando della **1st Class Fruits** che, oltre a vendere i suoi prodotti all'angolo della strada, fornisce bar e ristoranti. Aperto da lunedì al venerdì dalle 8 alle 18. Fermata metro **Holborn**.

MANGIA BENE E BEVI MEGLIO

Se mentre ci si trovasse in giro per le vie di **Fiztrovia** dovesse scappare un impellente desiderio di mangiare qualcosa, una soluzione decisamente appropriata potrebbe essere l'originale e curioso **The Attendant**. Realizzato nei locali di ciò che dall'epoca vittoriana agli anni Sessanta è stato un bagno pubblico, non fa mistero delle sue origini, col bancone che si poggia sugli antichi orinatoi ottocenteschi in porcellana. Qui troverete caffè artigianali, croissant, dolci, sandwich e tante varietà di insalate da consumare in atmosfera un po' surreale e dadaista che avrebbe sicuramente apprezzato anche il maestro del Surrealismo Marcel Duchamp. Buoni i prezzi fra le £ 3 e le £ 5 per panini o piatti caldi. L'indirizzo è 27a Foley Street, fermata metro **Goodge Street** (www.the-attendant.com).

Poco distante e alla **stessa stazione metro** c'è al 91 Charlotte Street, il bar **Italia Uno**, che serve caffè e prodotti italiani, delicatessen, panini, e offre un banco di salumeria italiana. Per chi anche da Londra volesse seguire gli eventi italiani, soprattutto quelli sportivi, nel bar e nella saletta sottostante ci sono diversi schermi sintonizzati su canali televisivi del Bel Paese. Un'istituzione per tanti tifosi italiani a Londra che vi si recano per seguire la propria squadra. Sicuramente un riferimento per la comunità italiana a Londra.

Sono davvero buone e a buon prezzo le pizze di **Italian Coffee Company**, ICCo, al 46 Goodge Street, fermata metro **Goodge Street**. Grandi quanto basta, sottili, croccanti e ricche. Lo staff è cordiale e il caffè ottimo. Modalità **hi-tech** per il servizio della pizza: anziché avere servizio ai tavoli, al momento dell'ordine e del pagamento viene consegnato un ricevitore a distanza, che vibra e si illumina di led blu quando la pizza è pronta per essere ritirata al banco. La pizza al tempo del wi-fi...

Pochi inglesi e tanti clienti nipponici vengono a mangiare da **Abeno**, al 47 Museum Street, fermata metro **Tottenham Court Road**, sicuramente sinonimo di qualità. Onestamente, ci sono pietanze che costano anche £ 50, ma il menù è ampio e vi si trovano cibi per tutte le tasche preparati con ricette tipiche della cucina orientale. Prezzi da £ 9 (www.abeno.co.uk).

Sempre nella stessa zona troviamo il **Wagamama**, 4a Streatham Street, un altro ristorante di cucina orientale, noto per le sue specialità giapponesi cucinate espresse. Non vi aspettate un locale dall'atmosfera e dall'arredamento orientali. È affollatissimo, ma il cibo è buono ed economico. Portata principale a partire da £ 7. Fermata metro **Tottenham Court Road** (www.wagamama.com).

Tipico pub britannico è lo storico **The Fitzroy Tavern**, 16 Charlotte Street, che offre ottima cucina (un po' pesantina) con tortini di carne, petti di pollo, patate e verdure. La birra è buonissima e l'accogliente atmosfera del locale aiuta a mettere subito a proprio agio i clienti.

IL MOMENTO MIGLIORE PER...

Festeggiare il vostro compleanno. Chi lo dice che non dobbiamo festeggiarlo in modo speciale anche in terra britannica? Il **Zebrano Carnaby**, al 14-16 Ganton Street, **offre un pacchetto compleanno** che comprende una bottiglia di Prosecco, un piatto di antipasti sfiziosi, 1 cupcake e tre palloncini colorati, al prezzo di £ 25. Dunque, prenotate il vostro compleanno con **Zebrano**! Fermata metro **Oxford Street** (www.zebranobars.com).

Porzioni abbondanti per le quali non spenderete più di £ 10. Il locale è stato in passato un punto di ritrovo di George Orwell e Dylan Thomas. Fermata metro **Goodge Street**.

All'**Honey and Co.**, gestito da una coppia, potrete assaggiare una **colazione all'israeliana** che si aggira intorno alle £ 6. Consigliamo il sabich, un panino ripieno di melanzane con salsa tahin e uovo fritto, e il rotolo di salsiccia Merguese con harissa (salsa a base di peperoncino rosso piccante) o i pezzettini di pollo fritti alla crema. La notevole varietà di insalate e la feta completano il pasto. Il resto del menù e più caro, non ne vale la pena. Lo troverete al 25a di Warren Street, fermata metro **Warren Street** (honeyandco.co.uk).

Per gli amanti della cucina indiana c'è il ristorante **Chettinad**, 16 Percy Street, fermata metro **Goodge Street**, il cui menù difficilmente raggiunge le £ 10, anche per le portate più ricche. Ampia scelta di piatti sotto le £ 5 (chettinadrestaurant.com).

HOTEL E OSTELLI

A Fitzrovia si trova l'ostello **YHA London Central**, al 104 Bolsover Street. Le fermate metro più vicine sono **Great Portland Street/ Regent's Park** a nord, oppure **Oxford Circus** da sud. I posti letto partono da £ 23 e le camere private da £ 61 (www.yha.org.uk).

Vicino alla fermata metro **Warren Street**, nel cuore del West End, il **Fitzroy Hotel**, 41 Fitzroy Street, dispone di camere semplici con bagno e prima colazione a £ 43 (www.fitzroy-hotel.net).

L'**LSE Carr-Saunders Hall**, al 18-24 Fitzroy Street ha interessanti prezzi a partire da £ 33 ed è una delle strutture alberghiere gestite dalla London School Of Economics, che ha sede a Holborn. Fermata metro **Warren Street**. L'**LSE High Holborn**, con camere a partire da £ 47, si trova al 178 High Holborn, fermate metro **Covent Garden/Holborn**. L'**LSE Passfield Hall** è nella stessa area all'1-7 Endsleigh Place. Fermata metro, National Rail e Overground **Euston** (www.lsevacations.co.uk).

Proprio a ridosso del British Museum si trova l'**Astor Museum Hotel**, alloggio a basso costo a partire da £ 23, attivo da ben 40 anni. Parte di una catena indipendente a gestione familiare, ha la sua sede di Holborn al 27 Montague Street. fermate metro **Holborn** e **Russell Square** (www.astorhostels.co.uk/our-hostels/museum).

STORIE E PERSONE

The Bloomsbury Group. Le vie di **Bloomsbury** e **Holborn** conservano un gran numero di case di epoca vittoriana e piccole aree verdi come **Russell Square** o il **Lincoln's Inn Fields**. Nella più vicina **Gordon Square**, alle spalle della London University, spicca un palazzo costruito in mattoni rossi su quattro piani in cui si trasferirono a vivere, agli inizi del XX secolo, le sorelle **Virginia** e **Vanessa Stephen**. Proprio qui si sviluppò l'intensa vita culturale e artistica voluta dai membri della famiglia Stephen, insieme al gruppo di amici costituito da Edward Morgan Forster, Roger Fry, Duncan Grant, John Maynard Keyenes, Lytton Strachey, Dora Carrington e Ralph Partridge, oltre a Clive Bell, che sposerà Vanessa, e Leonard Woolf, che sposerà Virginia. Diverranno il "gruppo di Bloomsbury", che si riuniva tutti i giovedì sera nella casa delle due sorelle per discutere di qualunque argomento, lontano da ogni conformismo. Malgrado i conflitti mondiali e il reclutamento di alcuni di loro, il gruppo continuerà a resistere; solo con il suicidio di **Virginia Woolf** (1941), diventata celebre per i romanzi "La signora Dalloway" e "Gita al faro", si sfalderà definitivamente.

La **Pickwick Hall**, con tariffe a partire da £ 20, è un ostello al 7 Bedford Place. Fermate metro **Russell Square** e **Holborn** (www.pickwickhall.co.uk).

Di grande convenienza lo **Smart Russell Square**, al 71-72 Guilford Street, è attaccato alla stazione metro e ha costi minimi che partono da £ 8 (www.smartrussellsquare-london.com).

Centrale ed economico, il **Gresham Hotel Bloomsbury**, sito al 36 Bloomsbury Street, fermata metro **Tottenham Court Road**, vicino al British Museum, dispone di camere insonorizzate, semplici e pulite con prezzi a partire da £ 33 (www.londongreshamhotel.com).

Nelle vicinanze troviamo il **Ridgemount Hotel**, 65-67 Gower Street, fermata metro **Goodge Street**: gestito da molti anni dagli stessi proprietari, conserva ancora oggi lo stile tradizionale. Pulito e confortevole, ha prezzi a partire da £ 78 (www.ridgemounthotel.co.uk).

A conduzione familare l'**Hotel St Athans**, 20 Tavistock Place, fermata metro **Russell Square**, è perfetto per una sosta di qualche giorno. Prezzi delle camere a partire da £ 32 (www.stathanshotel.com).

Proseguendo sulla stessa via troviamo il **Goodwood Hotel**, 38-40 Tavistock Place, che applica la tariffa di £ 35 per notte (www.goodwood-hotel.com).

Girato l'angolo il **Lonsdale Hotel**, al 9-10 Bedford Place, offre camere pulite e confortevoli e ambiente familiare, a partire da £ 34 (lonsdale-london.hotel-rez.com).

Considerato uno dei più popolari ostelli di Londra, il **Generator London Hostel**, al Compton Place, 37 Tavistock Place, fermata metro **Russell Square**, dispone di oltre 800 posti letto e la sua posizione è centralissima. Prezzi a partire da £ 24 (www.generatorhostels.com).

SHOPPING & BEAUTY

Una meta ambita per lo shopping sfrenato, sul genere di H&M, è il **New Look**, sito al 233 High Holborn, che offre una vasta gamma di articoli e accessori moda sparsi nei reparti su più piani. La qualità non è eccellente, ma le tendenze che fanno la moda di una stagione sono create anche per concedersi qualche novità a poco prezzo. Fermata metro **Holborn** (www.newlook.com).

In cerca di timbri decorativi? Il **Blade Rubber Stamps**, 12 Bury Place, è specializzato nella produzione di timbri normali in gomma,

STORIE E PERSONE

A casa di Charles Dickens. Dimora dello scrittore **Charles Dickens**, che vi trascorse alcuni anni della vita, dal 1837 al 1840, con la moglie Mary e i tre figli, è la casa in stile georgiano, oggi museo, al 48 di Daughty Street, fermata metro **Russell Square**. Probabilmente vi videro la luce David Copperfield e Oliver Twist, personaggi di un mondo immaginario, ma credibile e realistico, della Londra ottocentesca. La casa offre una visita alla camera da letto dei coniugi Dickens, alla sala da pranzo, all'angolo-studio con lo scrittoio (carte e archivio dello scrittore) e un'ampia poltrona di cuoio. **Cimeli** e **oggetti** a loro appartenuti, compresi gli abiti dell'epoca, sono esposti nell'abitazione. Nella casa museo vi è una **caffetteria** dove poter gustare un buon caffè. Biglietti adulti £ 6 sterline, bambini £ 4,50 (www.dickensmuseum.com).

L'ECO DEL RISPARMIO

Libri di seconda mano. Per cercare un libro non più reperibile nei negozi, o per trovarne di interessanti a prezzi molto economici, **Skoob** è considerato un tempio del libro usato, che spazia dai romanzi all'economia, dalla politica alle scienze, dalla filosofia alla psicologia. Perfetto quindi per potersi realizzare la propria biblioteca personale, spendendo pochissimo. È al 66 The Brunswick, angolo con Marchmont Street, stazione metro Russell Square (www.skoob.com).

autoinchiostranti e timbri a secco. Un negozietto da non perdere per i più curiosi, anche senza comprare nulla. Fermata metro **Holborn** (www.bladerubberstamps.co.uk).

ARTE E ARCHITETTURE A KM 0

Una volta superata **Russell Square** vicino all'omonima fermata metro, percorrendo la Montague Street si accede a Great Russell Street, dove il **British Museum** apre i suoi cancelli attraverso la spettacolare architettura dall'ampio colonnato e una larga scala all'ingresso principale. Fondato nel 1753 dal medico e scienziato **sir Hans Sloane**, è uno dei musei più importanti del mondo, con esposizioni di opere eccezionali divise per sezioni geografiche: l'Europa, il Medio Oriente, l'Antico Egitto, l'Antica Grecia e Roma, le Americhe e l'Asia.

Oltrepassato l'ingresso ci si trova nella **Great Court**, che ha le dimensioni di una piazza: una grande cupola di vetro sovrasta la struttura (progettata nel 2000 dall'architetto **Norman Foster**) e fa di essa una delle più grandi piazze coperte del mondo. Tutto intorno sono disseminate panchine per sedersi, negozietti di souvenir, un punto informazioni e una gradevole caffetteria su più piani, dove potrete concedervi una pausa con una bevanda calda o una bibita fresca. **Ingresso gratuito** (www.britishmuseum.org).

MARYLEBONE

FAI LA SPESA GIUSTA

Ogni domenica a Marylebone si tiene il locale **farmer's market**. Dalle 10 alle 14 presso il Cramer Street Car Park, le bancarelle propongono prodotti genuini locali e cibo biologico, dalla carne a insalate, dai funghi alle ostriche, ce n'è per tutti i gusti e i palati. L'occasione giusta per approvvigionarsi di prodotti freschi e salutari per la settimana, o assaggiare sul posto. Fermata metro **Baker Street** (www.lfm.org.uk).

Tutti i sabati dalle 11 alle 17 si tiene il **Cabbages & Frocks Market**, che mette insieme moda, design, prodotti alimentari salutari, caffetterie e cupcakes, per una giornata all'insegna del gusto. St Marylebone Parish Church, Marylebone High, fermata metro **Baker Street** (www.cabbagesandfrocks.co.uk).

La Fromagerie, al 2-6 Moxon Street, è considerato uno dei migliori negozi di formaggio del Regno Unito; grandissima scelta di formaggi di qualità, da produzioni artigianali e regionali, con intere stanze da attraversare per scegliere i propri formaggi preferiti, facendosi magari consigliare dagli esperti del negozio, che sapranno dirvi i migliori vini da accostare a ciascun formaggio. In vendita anche selezioni di biscotti, suddivisi in base al formaggio a cui si associano (www.lafromagerie.co.uk).

Al 8-10 Moxton Street, il **Ginger Pig** è un pluripremiato negozio di carni da veri intenditori, che oltre alla selezione dei migliori tagli, offre anche la possibilità di consumare sul posto specialità preparate da loro. Affidarsi alla loro conoscenza ed esperienza può riservare grandi sorprese di gusto. Organizzano corsi professionali per chi volesse riscoprire l'antica arte e il mestiere della produzione e vendita di carne con tecniche artigianali, e pubblicano un loro libro di ricette. Il loro sito internet è una vera enciclopedia di tutte le varietà e i tipi di taglio e delle tecniche migliori di cucina (www.thegingerpig.co.uk).

MANGIA BENE E BEVI MEGLIO

Una soluzione molto interessante non lontano da Marylebone per mangiare tanto spendendo poco è il **Mandalay** al 444 di Edgware Road, che sembra combinare il concetto del *caff* britannico con la cucina burmese; piatti veloci ed economici con in più uno sfizioso gusto esotico, a prezzi davvero contenuti. Fermata metro **Edgware Road** (www.mandalayway.com).

Il **Tasting Café at La Fromagerie** è una piccola caffetteria ricavata nel negozio La Fromagerie. In ogni momento della giornata, che sia colazione, pranzo, il tè pomeridiano o uno spuntino pre-teatro, permette di gustare sul posto, con menù a tema, una grande varietà di formaggi. Fermate metro **Baker Street**, **Regent's Park** e **Great Portland Street** (www.lafromagerie.co.uk/tasting-cafe).

Nella zona di **Marylebone** il **The Golden Hind**, al 73 Marylebone Lane, fermata metro **Bond Street**, serve un ottimo fish and chips. Per i residenti locali è una vera istituzione, i prezzi sono contenuti e l'ambiente è luminoso e gradevole (www.goldenhinde.com).

Molto amato dai residenti anche il **Busaba Eathai** al 8-13 Bird Street, fermata metro **Bond Street**. Piatti thailandesi gustosi e raffinati che, compresi per lo più fra le £ 7 e £ 10, non sono neanche eccessivamente cari, e ne fanno una buona scelta. Molto bello anche l'ambiente, dal design moderno e accattivante (busaba.com).

Fra i tanti pub dell'area **The Windsor Castle** è insolito e un po' eccentrico nello stile, ma di classe, con caminetti veri e un'atmosfera intima e piacevole. Buone birre e tipica cucina da pub, con prezzi nella media. Al 98 Park Road, fermate metro **Baker Street** e **Marylebone** (www.the-windsorcastle.co.uk).

OGGI MI VOGLIO ROVINARE

Il tè delle 5. Prendere un afternoon tea al **The Reform Social And Grill** è la quintessenza della "British experience", con la scelta delle varietà di tè, un apposito menù di complemento e l'atmosfera giusta per sentirsi in un istante che più British di così non si può. Il pacchetto afternoon tea costa complessivamente £ 26, e anche il normale menù del ristorante-grill è un po' caro; ma può valere la pena fare uno strappo una volta tanto, per saggiare fino in fondo la cultura britannica del tè delle 5, nei suoi sapori e nei suoi rituali. E dopo averlo sperimentato non ci sarebbe da stupirsi nel ritrovarsi poi regolarmente a farsi un tè alle 5 come gli inglesi. Tuttavia, visti i ritmi di lavoro attuali, questa tradizione pomeridiana va scomparendo.

Non può mancare neanche qui la famosa catena di fast food britannica **Pret A Manger**, che dalle parti di **Regent's Park** è al 211-213 Baker Street, fermata metro **Baker Street** (www.pret.com).

HOTEL E OSTELLI

Non tra gli ostelli più confortevoli di Londra ma ideale per chi sta qualche giorno, l'**International Students House** (ISH), 229 Great Portland Street, fermata metro **Great Portland Street**, disponibile per soggiorni brevi per un massimo di tre settimane. La maggior parte delle camere ha letti a castello e la connessione wi-fi gratuita. Camere da £ 22, doppia da £ 45 (www.ish.org.uk).

Il **Phoenix Hostel**, al 6 Daventry Street, fermate metro **Marylebone** e **Edgware Road**, è situato all'uscita di Regent's Park, a pochi passi dal museo delle cere di Madame Tussauds e dal London Zoo. Ristrutturato di recente offre stanze da £ 26 a notte (www.phoenixhostel.co.uk).

Il **Brazen Backpackers Hostel**, al 69 Lisson Street, fermata metro **Edgware Road**, si trova in un'ottima posizione vicino a Hyde Park, Regent's Park, Oxford Street e Marylebone. Le stanze sono disponibili a partire da £ 12,50 (www.brazenbackpackers.co.uk).

Il **Berkeley Court Hotel** al 22 Upper Berkeley Street, offre stanze a partire da £ 52. È a breve distanza dalla fermata metro **Marble Arch**, rendendolo un buon punto per percorrere da lì Oxford Street oppure per andare a Hyde Park (berkeleycourthotellondon.com).

Sistemazioni semplici e senza tanti fronzoli all'**Hostel 639**, al 639 Harrow Road, a 15 minuti di cammino dalle fermate metro **Marylebone** e **Edgware Road**. Colazione e connessione wi-fi inclusi nel prezzo a partire da £ 11.

SHOPPING & BEAUTY

È vero che a Londra sono tantissimi i negozi turistici dove si possono trovare simpatici gadget e souvenir delle band inglesi più amate, ma il **London Beatles Store**, al 231/233 Baker Street, è un vero e proprio tempio beatlesiano: il primo e unico shop che possiede manifesti, locandine e oggetti originali anni Sessanta. Fermata metro **Baker Street** (www.beatlesstorelondon.co.uk).

L'area di Marylebone è molto quotata per lo shopping ed è ricca di negozi indipendenti e originali, spesso eleganti. Anche se non prettamente una libreria specialistica sui viaggi, la **Daunt Books** è un importante punto di riferimento per le pubblicazioni di questo tipo; imponente nei suoi tre livelli e suggestiva nel suo bellissimo decoro "edoardiano" di inizio Novecento, offre una vastissima scelta di guide, mappe, dizionari, libri di storia, politica e fiction, organizzati a seconda del Paese trattato: l'Italia è fra i più rappresentati con Francia, USA e Gran Bretagna. Bene assortiti anche gli altri reparti, dalla narrativa alle biografie o al giardinaggio. 83 Marylebone High Street la sua sede, **Baker Street** la sua fermata metro (www.dauntbooks.co.uk).

La filosofia del negozio di ottica **Mallon & Taub**, boutique dell'occhiale incentrata su stile, moda e design, è ben descritta nel loro motto: "Vestire l'occhio, e divertirsi nel farlo"; montature e modelli di occhiali di design, alla moda o assolutamente originali. Se state pensando a un paio di occhiali potrebbe essere l'occasione di vestire i vostri occhi. Si trova al 35d Marylebone High Street, fermate metro **Baker Street** e **Regent's Park** (www.mallonandtaub.com).

Nelle vicinanze **John Simons** provvede ampio assortimento di abbigliamento maschile in salsa vintage al 46 Chiltern Street, Marylebone (www.johnsimons.co.uk).

Un negozio che può farvi perdere la testa è il **Cadenhead's Whisky Shop & Tasting Room** al 26 Chiltern Street nei pressi di **Baker Street**, dove si possono assaggiare e acquistare varietà di whisky anche di grandissimo pregio (www.whiskytastingroom.com).

Prodotti di bellezza e cosmetici in gran quantità si trovano presso **John Bell & Croyden** al 50-54 Wigmore Street, raggiungibile da **Oxford Street** (www.johnbellcroyden.co.uk).

T'AGGIUSTO IO

Pit stop in farmacia. Camminando tutto il giorno per la città si possono formare vesciche o calli fastidiosi da curare. Oppure ci troviamo nella condizione di dover combattere un forte raffreddore o una tosse... Qualora pensassimo di rivolgerci a una **farmacia**, nel quartiere di Marylebone ce n'è una fornitissima, la **Bliss Chemist**, 5-6 Marble Arch, **aperta tutti i giorni fino alle 24**. Fermata metro **Marble Arch**.

Profumi e prodotti di bellezza anche da **Fresh** al 92 Marylebone High Street, vicino a **Baker Street** (www.fresh.com).

Ancora più specializzato sui profumi è **Le Labo**, con la sua personalissima linea di fragranze. Si trova all'8a Devonshire Street, fermate metro **Baker Street/Regent's Park** (lelabofragrances.com).

SPAZIO ALLE CULTURE

Anne Marie Grosholtz, conosciuta come **Madame Tussaud**, nacque a Strasburgo nel 1761. La madre Anne Made, rimasta vedova molto giovane e con una bambina da crescere, decise di trasferirsi a Berna, dove iniziò a lavorare come governante presso la famiglia del dottor Philippe Curtius. Il dottor Curtius, oltre a essere un medico, aveva la passione di realizzare modelli anatomici in cera. Nel 1765 si recò a Parigi, dove aprì il primo laboratorio per la creazione di figure a dimensione naturale. Marie e sua madre lo raggiunsero due anni più tardi. Nel 1770 venne inaugurata la prima mostra di quello che un giorno sarebbe diventato il primo e il più grande museo delle cere del mondo, il **Madame Tussauds**. Fin da bambina Anne Marie dedicò tutti i suoi sforzi a imparare i segreti del mestiere "rubando con gli occhi" e diventando, negli anni successivi, allieva e collega di Curtius. Le sue prime statue di cera furono quelle di Jean-Jacques Rousseau e di Voltaire. Nel 1795 sposò **Francois Tussaud** e dal matrimonio nacquero due figli, Joseph e Francois. Nel 1796 il dottor Curtius morì lasciandole in eredità il laboratorio, ma la rivoluzione francese era ormai alle porte e Anne Marie, colpevole di aver frequentato il mondo dell'aristocrazia francese, rischiò di finire sulla ghigliottina. Fu la sua arte a salvarla quando le fu imposto di lavorare per il nuovo regime.

T'AGGIUSTO IO

Rimettersi in forma. Un buon massaggio fa sicuramente sentire bene. Nella centralissima via di Oxford Street, al civico 400, il grande magazzino **Selfridges** ospita al 5° piano il centro benessere **Cobella Saloon Spa**. Personale qualificato e competente vi garantirà un servizio attento e rilassante per tutta la durata del trattamento. I prezzi variano a seconda del massaggio prescelto e della durata della seduta. Prezzi a partire da £ 40/70 (45/90 minuti). Fermata metro **Bond Street** (www.cobella.co.uk/selfridges).

Nel 1802 si recò a Londra con il figlio più piccolo, ma per via delle guerre napoleoniche fu costretta a rimanere in Inghilterra. Non si perse d'animo e continuò a portare avanti la professione inaugurando la prima mostra dei modelli di cera nel 1835, a Baker Street. Riuscì a ricongiungersi al resto della famiglia solo nel 1822. **Madame Tussaud** morì nel 1850 all'età di 88 anni. Il museo raccoglie un gran numero di statue di cera dedicate a personaggi legati alla storia, al cinema e alla musica ed è ubicato a Marylebone Road, fermata metro **Baker Street**. Biglietto adulti £ 30; bambini £ 25,80. Se decidete di acquistare il **biglietto online** potete **risparmiare fino al 25%** (www.madametussauds.com/london).

ARTE E ARCHITETTURE A KM 0

"Elementary, my dear Watson!" (Elementare, Watson!). Ecco, così immaginiamo la scena finale di un film con l'ispettore **Sherlock Holmes** e l'amico e collega **Dr. Watson**. Molto suggestiva e ben concepita è la **casa museo** sita al 221b di Baker Street, dove vissero tra il 1881 e il 1904 i due personaggi creati dalla penna di **Sir Arthur Conan Doyle**. Ma poi, sono realmente esistiti? Sembra proprio di no! È possibile che il signor Conan Doyle si sia ispirato a un ispettore di polizia, ma la probabilità che siano realmente esistiti è pari a zero. Molti sono i visitatori della casa che vorrebbero tanto che fossero veri e che pongono sempre lo stesso quesito: "Sono esistiti?". No, ci dispiace, non sono mai esistiti. Tuttavia la casa di epoca vittoriana, pur non essendo mai a loro appartenuta, riserva delle belle sorprese, poiché è stata ricostruita valorizzando l'ambientazione di fine Ottocento, così superbamente descritta dall'autore di gialli e fantasy: lo studio con il caminetto e la poltrona dell'ispettore Holmes, la camera da letto del Dr. Watson e un insieme di oggetti appartenuti ai due famosi inquilini renderanno la vostra visita soddisfacente e, se non altro, vi offrirà una bella immersione tra i misteriosi oggetti del passato. Biglietto adulti £ 10, bambini (sotto i 16 anni) £ 8. Fermata metro **Baker Street** (www.sherlock-holmes.co.uk).

La **Wallace Collection** è un museo meno conosciuto di Londra, ma non per questo di minore interesse. Derivato dalla collezione personale del marchese Richard Seymour-Conway, rimase nella casa ceduta al figlio illeggittimo sir Richard Wallace, la cui vedova infine decise di donare i tesori d'arte contenuti alla nazione e alla collettività. La residenza di Sir Wallace è oggi un **museo gratuito**, che ha al suo interno splendide opere di grandi pittori da tutta Europa, tra cui Tiziano, Canaletto, Delacroix, Corot, van Dyck, Gainsborough, de Hooch, solo per citarne alcuni. Si raggiunge da Bond Street ed è presso l'**Hertford House**, Manchester Square.

A PIEDI NUDI NEL PARCO

Tra i parchi più nobili di Londra vi è il **Regent's Park**, progettato da **John Nash**, uno dei più importanti architetti inglesi del XVIII secolo; è disseminato di fontane e aiuole fiorite e ornato di roseti (Queen Mary's Gardens), rocce e ruscelli. Un ponte, il Clarence Bridge, attraversa il lago Boating, immerso nel verde. Oltre alle aiuole, curatissime, vi sono filari di alberi secolari di grande pregio che fanno di questa immensa area verde il luogo preferito dagli inglesi. Qui si trascorre il tempo libero dedicandosi anche a diverse attività sportive. Non per niente gli sport più praticati sono calcio,il cricket e jogging.

Nella parte nord del parco si trova il **London Zoo**, aperto al pubblico nel 1847, che ospita centinaia di specie animali e vegetali: un vero paradiso anche dal punto di vista ornitologico, con oltre 650 specie di uccelli che vivono all'interno della struttura. Visitabile dalle 10 alle 16.30. Biglietti adulti £ 26; bambini £ 18,50, bambini fino a 3 anni ingresso gratuito. I ragazzi minori di 16 anni non possono entrare se non sono accompagnati. Inoltre fate attenzione all'ora, poiché il parco è frequentato anche dal **Dr. Jekyll** che si trasforma in **Mr. Hyde** (*Lo strano caso del dottor Jekyll e del signor Hyde* è il celebre romanzo dello scrittore scozzese Robert Louis Stevenson, www.zsl.org/zsl-london-zoo).

PADDINGTON, MAIDA VALE & LITTLE VENICE, ST JOHN'S WOOD

DA NON PERDERE

Il **Regent's Canal** è un sinuoso serpente d'acqua che parte da Birmingham e confluisce nel Grand Union Canal di Londra, fino ad abbracciare il Tamigi e il porto della capitale inglese. Costruito nel 1812, un tempo costituiva la via preferenziale ai traffici commerciali che, con l'avvento della ferrovia, diminuirono notevolmente fino ad arrestarsi definitivamente con l'inizio degli anni Sessanta. Il lungo canale che attraversa il Regent's Park e Maida Vale, nel distretto di Westminster, è chiamato "**Little Venice**" per la sua somiglianza con la città lagunare. Onestamente bisogna ammettere che più che Venezia, l'intera area ricorda alcune città del Nord Europa, formate da un intrico di innumerevoli canali e corsi d'acqua. Ai lati del canale sorgono i magazzini di un tempo, case dalle facciate colorate, ristoranti e caffè sull'acqua, passeggiate con percorsi pedonali e piste ciclabili che fiancheggiano i **Rembrandt Gardens**, con aiuole verdi e curate lungo le siepi, arbusti fioriti e panchine in legno. È un parco molto frequentato durante l'estate e fino all'autunno, soprattutto dai giovani, che amano trascorrere il proprio tempo libero praticando attività sportive o prendendo il sole nelle comode sedie a sdraio.

Infine, una tappa obbligatoria al **London Canal Museum**, sito al 12-13 New Wharf Road: vi farà conoscere le origini di questo magnifico posto turisticamente poco conosciuto, attraverso la storia dei canali e delle condizioni di vita delle famiglie che vi hanno abitato nei due secoli passati. Biglietti adulti e bambini £ 2,50. Fermata metro **Warwick Avenue** (www.canalmuseum.org.uk).

FAI LA SPESA GIUSTA

Per comprare del pane fresco a Maida Vale si può andare alla **Baker & Spice**, bakery al 20 Clifton Road, fermata metro **Warwick Avenue** (www.bakerandspice.uk.com) mentre vicino alla fermata metro **Westbourne Park**, si trova la bakery **Paul Tregeser**, al 203 Shirland Road, dove si trova pane appena sfornato in vari formati.

Sheepdrove Organic Farm è il negozio per la carne che, come suggerisce quell'organic nel nome, è orientata verso un prodotto genuino, di produzioni selezionate. È in 5 Clifton Road, vicino alla fermata metro **Warwick Avenue** (www.sheepdrove.com).

Sicuramente invitante e ben augurante col suo nome il delicatessen **Bon Appetit** di 73 Castellain Road, nei pressi della fermata metro **Maida Vale**. Vi si trovano piatti freddi pronti e vi si possono acquistare formaggi e altri prodotti (www.bonappetit.com).

Non lascia spazio a dubbi sulla scelta del cibo il negozio di alimentari **Organic Grocer** al 17 Clifton Road, fermata metro **Warwick Avenue**, votato al cibo biologico.

Nei pressi della metro **St John's Wood** il nome inequivocabile **The Bread Shop** ci indica un panificio, con varietà di tipologie di pane oltre per esempio a preparazioni di pasta sfoglia con o senza farcitura, al 65 St Johns Wood High Street (www.breadshop.co.uk).

La **Maison Blanc** oltre al pane si occupa di dolci, paste e torte. Ha anche una sala da tè sul retro, nella quale consumare sul posto (www.maisonblanc.co.uk).

Pesce fresco al 414 Edgware Road, presso la pescheria **Red Sea**; fermata metro **Edgware Road**.

MANGIA BENE E BEVI MEGLIO

Tra i tanti punti di ristoro che si affacciano sul Regent's Canal il **Summer House Café**, Blomfield Road, è indicato per l'ottimo brunch che non supera le £ 10. Se invece desiderate un vero pranzo, sappiate che potreste anche arrivare a spenderne 40. Attenzione alla carta dei vini e dei cocktails, i prezzi sono molto alti (www.thesummerhouse.co).

Un piccolo locale rustico ma dove si mangia bene è il **Daniela's Lounge**, 49 Shirland Road, fermata metro **Warwick Avenue**. Prepara buone colazioni e piatti gustosi, anche della tradizione italiana, utilizzando prodotti bio.

Dalla stessa stazione metro ci si può portare al 451 Edgware Road, per gustare le specialità coreane di **Gogi** (www.gogi-restaurant.com).

Nei pressi della fermata metro **Royal Oak** il ristorante polacco **Antony's** al 54 Porchester Road, offre sia ricette prettamente polacche sia curiose e interessanti commistioni fra scuole di cucina europee diverse, dimostrando anche sulla tavola il potenziale di un'Europa che unisce e fonde culture e tradizioni.

Val bene la pena di unificare, nell'idea di un'**esperienza mediorientale a Edgware Road**, la miriade di ristoranti e shisha bar su questa via, nel tratto fra le fermate metro **Marble Arch** e **Edgware Road**. La concentrazione è tale che, un po' come succede a Chinatown col cinese, in questo tratto molti negozi e ristoranti nelle loro insegne hanno la dicitura in arabo oltre che in inglese. Ristoranti come il **Dar Marrakesh** (dar-marrakesh.co.uk), l'iraniano **Banoo**, l'iracheno **Azmar**, il libanese **Assaha**, il **Fiamma** che racchiude scuole mediterranee,

STORIE E PERSONE

Rock Around the Block: Abbey Road. A pochi minuti a piedi dalla stazione St John's Wood c'è una via fra le più famose al mondo, probabilmente con la segnaletica più famosa al mondo: **le strisce pedonali di Abbey Road**, protagoniste della copertina di un album dei Beatles. Approcciando la Abbey Road si noterà subito che il tranquillo e quasi inesistente traffico di quest'area a un certo punto sembra a volte incepparsi, con guidatori molto pazienti che aspettano i turisti che si scattano la foto in mezzo alla strada. Al di là delle strisce si trova un muretto basso che dovrebbe essere bianco, ma che è totalmente ricoperto di graffiti lasciati da chi passa da qui come tributo ai dischi immortali che sono stati registrati nell'edifico oltre il muretto: gli Abbey Road Studios. Unici al mondo per il percorso che hanno segnato e nell'identificarsi con la storia della musica stessa, gli studi sono non solo testimoni ma anche protagonisti di quella storia. Qui dentro, oltre a registrare, si sono sperimentate tecniche di registrazione e si sono sviluppate tecnologie; all'epoca ciò che serviva per produzioni in crescente evoluzione e non esisteva lo si costruiva, gettando le basi delle tecniche di registrazione moderne, dal multitraccia all'effettistica e alle tecniche di ripresa. Tanti album storici e tanti nomi illustri sono passati di qui; fra gli "utenti" più celebri dello studio si annoverano i **Beatles** con innumerevoli registrazioni, e i **Pink Floyd** che, fra tutte, qui hanno tessuto le trame sonore di un capolavoro come "The Dark Side Of The Moon", aiutati anche da un ingegnere del suono che diventerà celebre a sua volta, **Alan Parsons**.

il **Fatoush** che riporta al Libano, l'egiziano **Halal of Marble Arch**, l'iraniano **Kandoo**, e così via... solo per citarne alcuni, danno l'idea dell'incredibile viaggio verso il Vicino Oriente che si può fare mentre si passeggia per Edgware Road, "assaggiando" culture e tradizioni, espandendo la propria percezione della cucina mediorientale come un crocevia di sapori e di spezie, di linguaggi del gusto, impressi anche nel nostro sud Europa.

HOTEL E OSTELLI

A due passi dalla fermata metro **Paddington**, il **St George Hotel**, al 46 Norfolk Square, dispone di 20 camere, colazione inclusa, a partire da £ 58.

Stessa fermata metro per lo **Shakespeare Hotel**, 22-28 Norfolk Square: ci sono camere offerte al prezzo di £ 49, inclusa la prima colazione e la connessione wi-fi (www.shakespearehotel.co.uk).

SHOPPING & BEAUTY

Maida Vale non è tipicamente una zona di shopping, però riesce a sorprendere con dei gioiellini sparsi e imprevedibili, come **Pipa**, all'1 Formosa Street, fermata metro **Warwick Avenue** (pipalondon.co.uk). È una boutique di grande eleganza e gusto, dai prezzi forse un po' altini ma ripagati da stile e qualità.

Molto più votata allo shopping la High Street di St John's Wood; **1 Square One** è un negozio di abbigliamento maschile al 51a St Johns Wood High Street, fermata metro **St John's Wood**, che tratta uno stile casual, e vende marche come Diesel o Armani (squareonelondon.com).

Bruno invece realizza gli abiti su misura, al 96 St Johns Wood High Street, fermata metro **St John's Wood** (www.brunomenswear.com).

Lo **Square One** per donna è al 43 St Johns Wood High Street, e punta su stili alla moda e di tendenza (squareonelondon.com).

Se la vostra fidanzata nel bel mezzo di St John's Wood High Street dovesse citarvi "Caro, dicevi sempre quella frase, sul bacio e sull'amore, come un apostrofo... vero?", state attenti! Forse sta cercando di convincervi a farle un regalo presso **Apostrophe**, boutique francese

T'AGGIUSTO IO

Ops, mi si è rotta un'unghia! O se avete bisogno anche solo di una limatina e una passatina di smalto, potete fare un salto a **Casa Spa Paddington**, il luogo ideale per la manicure professionale (ed è anche a buon prezzo!). Un servizio di manicure basilare parte dalle £ 12.
439 Edgware Road, fermata metro **Edgware Road** (www.casaspa.co.uk).

chic al civico 90 dai prezzi non proprio contenuti (da cui la necessità di ricorrere ad armi di persuasione non convenzionali).

Accento francese e chic anche per **Comptoir Des Cotonniers**, High Street, che offre uno stile grazioso, femminile e molto elegante pur senza seriosità, a prezzi più alla portata e proporzionati per il livello di design e di qualità; sempre sulla stessa High Street ma al numero 9, e sempre raggiungibile dalla fermata metro **St John's Wood** (www.comptoirdescotonniers.com).

L'invito è di esplorarle un po' tutte queste boutique indipendenti di grande personalità, sulla High Street, poiché sono davvero tante a meritare attenzione.

KENSINGTON & CHELSEA, HYDE PARK, NOTTING HILL, BAYSWATER

DA NON PERDERE

Chi chi bum chi chi bum: è arrivato il **Carnevale** di **Notting Hill**! Stiamo parlando del più famoso carnevale caraibico, che dal 1965 si festeggia tutti gli anni l'ultimo weekend del mese di agosto. In questi giorni, le strade sono piene di sfilate, musica vivace, danze, maschere stravaganti; e le strade della capitale sono piene di gente che guarda scorrere le bande in costumi allegri e colorati. Ovunque le bancarelle offrono dolci, specialità etniche, giochi e tanti premi. Si tratta di uno spaccato di storia e cultura che mette in mostra le sue usanze e le sue tradizioni attraverso questa festa annuale, spettacolare e coinvolgente.

FAI LA SPESA GIUSTA

Nel 2004, **The Hummingbird Bakery**, ha aperto il suo panificio al 133 Portobello Road. Squisiti tortini e dolci americani sono a vostra disposizione, giusto per fare una sosta. Sembra sia molto frequentato dalle star inglesi, anche perché Notting Hill, negli ultimi venti anni, ha raggiunto una certa popolarità, che va ben oltre il mercato di Portobello Road. Fermata metro **Notting Hill Gate** (hummingbirdbakery.com).

Al 63-97 Kensington High Street, fermata **Kensington High Street**, vi troverete davanti il **Whole Foods Market**, uno degli empori alimentari più forniti della città, una sorta di tempio del cibo. Prodotti alimentari biologici, artigianato, insieme a tutti quei frutti di gastronomia freschi, danno la sensazione di trovarsi in tutte le parti del mondo perché la scelta e la varietà di cibo è tanta e diversa. All'interno vi è anche un ristorante, ma l'opzione migliore e più economica è senz'altro quella di farsi un giro per i banchi stracarichi di cibo (www.wholefoodsmarket.com).

MANGIA BENE E BEVI MEGLIO

Atmosfera molto cordiale e gradevole al **Tea Clipper**, tipico pub inglese situato in un'ottima posizione vicino a Hyde Park e ai musei più importanti dell'area, al 19 Montpelier Street, fermata metro **Knightsbridge**. Si consiglia il piatto nazionale fish and chips e gli hamburger della casa. Prezzi sotto le £ 10 (www.teaclipperknightsbridge.com).

Le crêpes servite al **Cafè Crêperie**, a Exhibition Road, sono spettacolari. Innanzitutto l'ambiente è accogliente, elegante e luminoso. Seduti nelle comodissime sedie, tutto quello che dovete fare è guardare il menù e ordinare: crêpes dolci e salate ripiene di nutella, marmellata, frutti vari, nocciole, cioccolato, gelato, crema pasticcera, insomma, un trionfo di gusti e sapori che vi addolcirà di sicuro la giornata, oltre a darvi le forze per continuare la visita della città. Non potete spendere più di £ 6. Fermata metro **South Kensington**.

Clarke's Kensington, al 124 Kensington Church Street, fermata metro **Notting Hill Gate**, non è solo un ristorante, ma anche una panetteria con ogni tipo di prelibatezza, stuzzichini e dolci. Bella la vetrina dei prodotti, sempre ben fornita, per uno spuntino veloce e un panino farcito con ingredienti di altissima qualità. Il menù alla carta è piuttosto caro, ma i prodotti sono a vostra disposizione, se non altro per fare un dono a un amico o a un parente, che siamo certi gradirà il vostro pensiero (www.sallyclarke.com).

Ottima la pizza italiana al ristorante **Made In Italy/Luna Rossa** al 190-192 Kensington Park Road, una strada parallela a Portobello Road. Il forno a legna e i bravi pizzaioli assicurano una pizza di alto livello, che viene servita sempre al metro quando l'ordine è di due pizze o più. Prezzi di poco più cari di altre pizzerie italiane altrettanto buone, ma di grande qualità. Fermata metro **Ladbroke Grove** (www.madeinitalygroup.co.uk/restaurants-lunarossa).

La cucina orientale è un connubio di sapore e salute al ristorante **Itsu**, situato al 118 Draycott Avenue, vetrina di incredibili opzioni gastronomiche squisite e appetitose, pensato proprio per accontentare quella clientela che, stanca del solito sushi, desidera mangiare qualcosa di diverso a basso contenuto calorico.
Si consigliano le deliziose spremute di frutta e verdura. Dalle £ 5 alle £ 10. Fermata metro **South Kensington** (www.itsu.com).

Da **Vingt Quatre**, 325 Fulham Road, fermata metro **South Kensington**, potete mangiare a tutte le ore del giorno e della notte: il locale infatti è aperto 24 ore su 24. La cucina internazionale viene preparata in uno spazio piccolo e affollato, però è l'unico posto in grado di offrire un buon hamburger american style anche alle 4 del mattino. Non supera le £ 12 (www.vq24hours.com).

Al **The Shed**, 122 Palace Gardens Terrace, vi sembrerà quasi di trovarvi in aperta campagna, in mezzo a orti e barili, dove i fratelli Oliver e Richard Gladwin, originari del Sussex, hanno aperto un tipico locale mangereccio, con tanti tipi di carne, salumi, verdure e formaggi del West Sussex. In questa incantevole "area contadina" dove il tempo sembra essersi fermato, i prezzi sono davvero alla portata di tutti. Fermata metro **Notting Hill Gate** (www.theshed-restaurant.com).

Giusto dietro l'angolo il **Geales Notting Hill**, 2 Farmer Street, specializzato in piatti a base di pesce, propone il già noto e molto british fish and chips e salmone cucinato con una copertura di erbe aromatiche accompagnato da patate. Per poche sterline non potrete che uscirne soddisfatti (www.geales.com).

Piccolo e sempre strapieno, diremmo anche "chiassoso", l'**Halepi Restaurant & House**, 18 Leinster Terrace, fermata metro **Queensway**, specializzato nella cucina ellenica e mediterranea, offre piatti a base di carne, pesce e verdure saltate in padella. Le abbondanti insalate con la feta, abbinata all'inconfondibile gusto dell'olio di oliva e spezie, sono uno dei contorni più gettonati della casa. I prezzi variano da £ 4,75 a £ 11 (www.halepi.co.uk).

Nella galleria Saatchi si trova la **Brasserie**, dove potrete gustare un ottimo tè delle cinque. I prezzi del menù, è vero, sono un po' elevati, ma visto che l'ingresso alla galleria è gratuito, vale la pena fermarsi e gustare le specialità della casa, soprattutto i dolci – consigliamo il doppio strato di pancakes ai mirtilli. Duke of York's HQ, King's Road, fermata metro **Sloane Square**.

My Old Dutch Pancake House, 221 King's Road, fermata metro **Sloane Square**, è un ottimo posto per iniziare la giornata con una buona e abbondante colazione che viene a costare dalle £ 4 alle £ 10 (www.myolddutch.com).

HOTEL E OSTELLI

L'area di Kensington consente di spostarsi comodamente da una parte all'altra di Londra. Situato sulla 59 Holland Road, fermata metro **Kensington** (Olympia), l'**Holland Inn Hotel** è un albergo a buon prezzo con camere a partire da £ 23. È vicino a molti siti turistici, visto che si trova nel cuore dell'elegante Kensington, quartiere residenziale di belle case, ben collegato con i mezzi pubblici che in pochi minuti conducono al centro (www.hollandinnhotel.co.uk).

L'ostello **YHA London Holland Park** si trova in un bell'edificio del XVII secolo e promette tariffe a partire da sole £ 17, all'indirizzo Holland Walk Kensington, fermata metro **Holland Park** (www.yha.org.uk).

Il **Garden Court Hotel**, al 30-31 Kensington Gardens Square, fermata metro **Bayswater**, è un albergo che si trova in un edificio con una bella architettura vittoriana circondato da piccoli giardini, semplice e senza pretese, con camere pulite. I prezzi si aggirano intorno alle £ 29 (www.gardencourthotel.co.uk).

L'area fra Bayswater e Queensway ha un'altissima concentrazione di ostelli e di strutture alberghiere di qualunque fascia di costo, trovandosi in posizione ottimale fra Notting Hill a ovest, Hyde Park a sud, il West End a est e la stazione **Paddington**, collegata all'aeroporto di **Heathrow**, a nord.

Stessi servizi del Garden Court Hotel sono offerti anche dall'ostello **Sandeman Allen**, sempre nell'area, ubicato al 40 Inverness Terrace, e dal **West Two London**, che si trova al 22-23 Kensington Gardens Square, e ha offerte a partire da £ 8 (www.west2london.co.uk).

Si parte invece da £ 10 anche per il **Notting Hill Hostel** che è ubicato al 63 Prince's Square London.

Parte da £ 18 l'offerta del **Gallery Hyde Park** al 23 Inverness Terrace, che include colazione, uso di internet, cassetta di sicurezza e nessun sovrapprezzo sull'utilizzo delle lenzuola.

Nella stessa area, ma più vicino alla fermata metro **Paddington**, c'è l'**Equity Point London**, di recente concezione e che ha ricevuto alcuni riconoscimenti. È al 100-102 Westbourne Terrace (www.equity-point.com).

IL MOMENTO MIGLIORE PER...

... collegarsi a Internet. Con l'avvento della rete wireless, gli **internet point** vanno piano piano scomparendo. Tuttavia è bene segnalarne uno, può sempre tornare utile. Si chiama **Hello's** ed è sito al 645 Fulham Road. All'interno potete trovare anche snack & drink. Fermata metro **Fulham Broadway**.

Il **New Mansion House** al 38-40 Lancaster Gate, fermata metro **Lancaster Gate**, offre colazione e Internet inclusi, e parte da £ 11.

Vicinissimo alla stessa stazione si trova l'**Andrews House Hotel**, al 12 Westbourne Street, albergo a gestione familiare con prezzi che partono da £ 43 (www.andrewshousehotel.co.uk).

The Cromwell Crown Hotel, 139-141 Cromwell Road, offre buone sistemazioni nel cuore di Kensington, con possibilità di fare la prima colazione; si trova a quindici minuti a piedi dalla fermata metro **Gloucester Road**. Prezzi a partire da £ 50 (www.cromwellcrownhotel.co.uk).

E gli ostelli, molto più numerosi e a portata di tasche, nell'area sono tanti. Il **Notting Hill**, al 63 Princes Square, è situato in una posizione invidiabile, vicino alla fermata metro **Bayswater**, con prezzi abbordabilissimi che partono dalle £ 10 (nottinghillhostel.co.uk).

Sul lato opposto, sorge il **The Royal Bayswater Hostel**, al 121-122 Bayswater Road, fermate metro **Queensway** e **Bayswater**, uno dei pochi che offre anche servizi in camera ed è comodo e piacevole, i prezzi partono dalle £ 12.

L'**Hyde Park Hostel**, che non ha nulla a che vedere con Mr. Hyde del Dr. Jekyll, è vicinissimo alle vie commerciali della zona, nonché ad alcuni musei d'arte. Camere piccole e pulite al costo di £ 13. Situato al 2-6 Inverness Terrace, fermate metro **Queensway** e **Bayswater**.

L'**Acacia Hostel**, al 14 Queensberry Place, fermata metro **South Kensington**, è un ostello per *backpackers* e studenti con tutti i confort di un hotel, ma non aspettatevi troppo. Non per niente anche qui i prezzi sono bassi, si aggirano sulle £ 16. La colazione è inclusa nel prezzo, stesso discorso per la connessione wi-fi (www.acaciahostel.co.uk).

Nelle vicinanze troviamo il **Meininger London Hyde Park Hostel**, al 65-67 di Queens Gate, fermata metro **South Kensington**, ideale punto di partenza per visitare la città, con camere da £ 22 (www.meininger-hotels.com/en/hotels/london).

È molto vicino anche l'**Anwar Hostel - Chelsea**, al 31 Collingham Place, con prezzi un po' più cari, a partire dalle £ 33, ma con uno staff simpatico e disponibile. Fermata metro **Gloucester Road** (anwarhousehotel.appspot.com).

Dalle parti delle fermate metro **Earl's Court** e di **West Brompton** c'è il **Sara Hotel**: semplice e poco pretenzioso ma ben tenuto, ha prezzi interessantissimi, partendo anche da sole £ 22 (sarahotel.com). Si trova in 15 Eardley Crescent, vicino al conveniente **The Court Hostel** in 194-196 Earls Court Road (www.thecourthostel.co.uk).

SHOPPING & BEAUTY

Per chi ama andare alla ricerca della grande occasione o dell'oggetto d'epoca un appuntamento da non perdere è il **Portobello Road Market**, nel cuore di **Notting Hill**, omonima fermata metro. Le bancarelle sono tante e vendono dai vestiti, soprattutto vintage, ai libri, agli oggetti antichi, fino ai recenti telefoni fissi con filo e ai dischi in vinile; il tutto a prezzi competitivi. Tra una bancarella e l'altra si incontrano artisti all'opera che espongono i propri manufatti, mostrando quadri, oggetti di vetro, ceramiche, creazioni di gioielli e candele. Il mercato si svolge lungo **Portobello Road** e **Ladbroke Grove**, da dove prendono il via le novità, le tendenze e una buona produzione indipendente di stilisti della scena emergente (www.portobelloroad.co.uk).

STORIE E PERSONE

Ciak, si gira! Quasi certamente ricorderete il film "Notting Hill", girato nel 1999 con protagonisti Julia Roberts e Hugh Grant, romantica storia d'amore tra una famosa attrice hollywoodiana e un comune libraio del quartiere di Notting Hill. E forse ciò che sto per dire potrebbe deludere i fans, ma la panchina dove Anna e William si siedono nel film in realtà non esiste, o meglio esiste ma non si trova a Londra bensì in Australia. Tuttavia il design della panchina è identico alle tante sparse nei giardini della città, perché in Inghilterra è diventato popolarissimo, subito dopo il film, far incidere (a pagamento) dichiarazioni d'amore sulle spalliere di legno. Ovunque nei parchi potrete trovare frasi d'amore per l'eternità.
Se invece avete intenzione di fare un salto nell'appartamento o nella libreria di William Thacker, li potete trovare rispettivamante al 280 Westbourne Park Road e al 13 Blenheim Crescent, fermata metro **Ladbroke Grove**.

Al 282 Portobello Road si trova il **The Antique Clothing Shopping**, dove potrete sbizzarrirvi cercando nei cassetti delle nostre nonne, abbinando il capo scelto con ciò che abbiamo nei nostri guardaroba.

Allestimenti di oggetti curiosi e preziose rarità si possono trovare all'**Arieta Decorative Arts**, sito al 97b Kensington Church, fermata metro **Notting Hill Gate**. L'ampia scelta punta a creare un senso di meraviglia nel visitatore, circondandolo di oggetti unici e stupefacenti. Prezzi diversi per clienti diversi, bisogna trattare.

Poi c'è lo **Space NK**, al 127-131 Westbourne Grove, considerato l'Olimpo della bellezza. Cassetti pieni di linee esclusive di trucchi, smalti, saponi, creme, candele, fragranze diverse a prezzi medio/economici. Fermata metro **Notting Hill Gate** (www.spacenk.com).

In questo prezioso negozio, **We Are Tea**, al 10 Pottery Lane, fermata metro **Holland Park**, gli appassionati del tè potranno seguire un itinerario tra i migliori tè e infusi. In vendita propongono anche teiere, tazze e diversi accessori. I prezzi si aggirano attorno alle £ 4, per confezioni abbastanza grandi e dal design gradevole (wearetea.com).

Infine, se volete fare una visita allo storico grande magazzino **Harrods**, 87-135 Brompton Road, fermata metro **Knightbridge**, di proprietà dell'imprenditore egiziano Mohamed Al-Fayed (padre del defunto Dody Al-Fayed), vi troverete intere sale di prodotti per la cura e la bellezza, profumi, borse griffate, occhiali, abbigliamento, arredamento, giocattoli, tecnologia e design per tutti i gusti (www.harrods.com).

INDIRIZZI PER DIVERTIRSI

Il **The Old Cafè des Artistes**, conosciuto negli anni Sessanta come il luogo di ritrovo bohémien per eccellenza, e frequentato nientemeno che da David Bowie, dai Beatles e dai Rolling Stones, è diventato oggi il **K Bar Chelsea**. Non è un locale molto grande, non aspettatevi troppo, e forse i drink sono un po' cari, ma l'atmosfera quasi magica e nostalgica che si respira dentro stimola la curiosità. E non è detto che non ci sia qualcuno seduto a un tavolo che non sia disposto a raccontarvi la storia del locale. Una buona pinta di birra o un succo di frutta (magari al gusto di mela) vi farà apprezzare al meglio la visita. 266a di Fulham Road, fermata metro **High Street Kensington**.

Il **Ye Grapes Pub**, al 16 Shepherd Market, fermata metro **Green Park**, possiede un'atmosfera completamente diversa, ci si arresta con la macchina del tempo al 1882. Molto inglese, ha conservato un arredamento semplice e comodo, assolutamente informale, con tavoli e sedie in legno scuro e divanetti in pelle rossa. Alla nostra salute, signori.

Il **Notting Hill Arts Club** è un locale sotterraneo al 21 Notting Hill Gate, quasi a ridosso della omonima fermata metro. Luogo interessantissimo di arte, cultura, musica, divertimento e vita notturna, è un attivissimo centro culturale con un fitto calendario di eventi, volto a promuovere la comunità e il talento. Ottimi concerti di musica rock, blues, folk, alternativa o sperimentale; altrettanto ottime le serate club con DJ; in entrambi i casi la forte vocazione artistica e creativa del locale e del suo pubblico fa sì che gli eventi siano sempre interessanti e di livello, selezionati e confezionati con gusto. Il locale ha delle pitture all'interno che creano dei giochi di luce con l'illuminazione soffusa, ma persino il cemento a vista e la chiara consapevolezza di essere sottoterra contribuiscono all'aria avanguardistica del locale, con quella sensazione di cantina, o garage, o laboratorio sotterraneo per gli esperimenti segreti di visionari che vogliono cambiare il mondo con i suoni e con i colori della loro arte (www.nottinghillartsclub.com).

Seppur noto e spesso frequentato da personaggi famosi come il regista Guy Ritchie (ex marito di Madonna), Robert Downey Jr e Leonardo di Caprio, il **Punch Bowl**, situato al 41 Farm Street, ha mantenuto una forte connotazione british. I prezzi non sono tanto elevati ma si consiglia, anche qui, di bere una buona birra, visto che la scelta è molto varia e degna del nome del locale. Fermate metro **Green Park** e **Hyde Park Corner** (www.punchbowllondon.com).

SPAZIO ALLE CULTURE

Di fronte a **Kensington Gardens** e **Hyde Park**, appare in tutto il suo splendore **The Royal Albert Hall**, che ci permette, da fuori, di ammirarne la bellezza architettonica e dentro gli interni decorati di ricchi stucchi bianchi e dorati. Il teatro, fortemente voluto dal principe **Alberto di Sassonia-Coburgo-Gotha**, amato marito della **regina Vittoria**, fu costruito tra il 1867 e il 1871. La grande sala all'interno ospita concerti di musica, balletti e festival e ha visto negli anni esibirsi artisti di fama mondiale come Bob Dylan, Duke Ellington, Frank Sinatra, Jimi Hendrix, i Cream, i Deep Purple, i Dire Straits, Paul

STORIE E PERSONE

Vendesi. La casa in cui abitò **Oscar Wilde** con la moglie e i figli, secondo quanto reso noto, era in vendita fino a poco tempo fa per 1,15 milioni di sterline, circa 1,80 milioni di euro. Non sappiamo se ci sia stata una trattativa concreta, ma l'abitazione dello scrittore di origine irlandese (autore de "L'importanza di chiamarsi Ernesto" e "Il ritratto di Dorian Gray", giusto per citarne un paio) non è mai stata aperta al pubblico, per cui non ce la prenderemo più di tanto. Il palazzo di quattro piani con la tradizionale facciata di mattoni rossi e i balconi cinti di balaustre adorne di piccole colonne bianche è sito al 34 Tite Street, fermata metro **Sloane Square**, in una via con case tutte uguali dove un tempo risiedeva l'alta società. Una targa commemorativa posta all'entrata del palazzo reca la scritta "Oscar Wilde, scrittore e drammaturgo, ha vissuto in questa casa".

McCartney, Elton John, Eric Clapton, ma anche star italiane del calibro internazionale come Luciano Pavarotti, UmbertoTozzi, Laura Pausini e Luciano Ligabue. Kensington Gore, fermata metro **Knightsbridge**. Biglietti £ 4,50-80 (www.royalalberthall.com).

Nella zona di **Kensington** (South Kensington) si concentrano, a distanza di 200 metri dai due parchi di Kensington Gardens e Hyde Park, il **Museo della Scienza** e il **Museo di Storia Naturale** (all'interno, in cima alla scalinata, troverete un'imponente statua di **Charles Darwin** a darvi il benvenuto), che mostreranno ai vostri ragazzi la storia dell'evoluzione umana e tecnologica. Sempre nel Museo di Storia Naturale un grande dinosauro troneggia all'ingresso principale, intorno a teche contenenti diversi animali preistorici (www.sciencemuseum.org.uk; www.nhm.ac.uk).

Sulla stessa strada, di fronte, c'è il **Victoria & Albert Museum**, con la sua ricca collezione d'arte applicata da tutto il mondo. **Ingresso gratuito** (www.vam.ac.uk).

ARTE E ARCHITETTURE A KM 0

La **Saatchi Gallery** è nata nel 1985, grazie all'amore per l'arte e la fotografia dell'uomo d'affari britannico, **Charles Saatchi**. La galleria custodisce opere d'arte moderna e contemporanea, provenienti da tutti i continenti: Oscar Murillo, Boris Nzebo, Jackie Saccoccio, Brent

Wadden, Richard Maurovic, Ephrem Solomon, solo per citarne alcuni. L'ingresso è gratuito. Duke Of York's HQ, fermata metro **Sloane Square** (www.saatchigallery.com).

A PIEDI NUDI NEL PARCO

Kensington Gardens e **Hyde Park** sono i luoghi ideali dove far giocare i bambini e fare lunghe passeggiate nei verdi parchi circondati da laghetti: il Long Water con il Serpentine Bridge e il Round Pond, fino a scoprire i "giardini italiani" con fontane zampillanti d'acqua fresca, in uno scenario tipicamente rinascimentale.
Passeggiando lungo i sentieri ombreggiati da alberi secolari possiamo scorgere il **Diana Memorial Fountain**, una grande piattaforma di giochi, sculture e una nave dei pirati. Dalla parte opposta del parco si apre un'altra estesa zona in cui potrete ammirare la statua di **Peter Pan**, il personaggio immaginario creato dallo scrittore scozzese **James Matthew Barrie**. Peter Pan continua ancora oggi a volare tra i giardini di Kensington Gardens ed è proprio lì che "il bambino che non voleva crescere" si è fermato. Di fronte all'opera

STORIE E PERSONE

Rock around the block: Anarchy in Chelsea. La **King's Road** è una lunga via di 3,2 chilometri, ed è oggi la high street di Chelsea, ma che in passato per anni è stata associata alle emergenti controculture giovanili degli anni Sessanta e Settanta, in particolare hippie e punk, diventandone di fatto la scena principale. Nel 1974 **Malcolm McLaren** ribattezzò e trasformò il suo negozio al 430 di King's Road, chiamandolo **SEX** e creando una moda provocatoria giocando con tabù e feticci, mescolando citazioni politiche a provocazioni, e creando le basi dello stile anarcoide del punk. Fra i frequentatori abituali c'erano i futuri membri dei **Sex Pistols**, il cui nome fa riferimento proprio al negozio. La band si completò quando un habitué di King's Road, il diciannovenne **John Lydon**, fu notato con una maglietta dei Pink Floyd modificata da lui in modo che si leggesse "I hate Pink Floyd". La sua personale dissacrazione di idoli musicali percepiti dalla controcultura come "dinosauri" milionari, fece probabilmente intuire che la personalità era quella giusta per diventare il portavoce della nuova onda, e così fu. King's Road si trasformò nell'epicentro di quel terremoto musicale e di costume che fu il punk, e l'industria musicale da allora non è mai stata più la stessa.

scolpita in bronzo, si estende un laghetto,dove nuotano felicemente anatre, papere e altri uccelli nel loro ambiente naturale...

Quando si parla di **Hyde Park** non si può non citare uno dei suoi punti più noti, lo **Speaker's Corner** (angolo degli oratori), una dimostrazione di civilità e democrazia: chiunque lo desideri può fermarvisi e tenere un discorso pubblico. In passato è stato frequentato anche da **George Orwell** e **Karl Marx**, di cui possiamo trovare la lapide nel cimitero di **Highgate**.

Poco più avanti è l'**Holocaust Memorial**, voluto e finanziato nel 1983 dal Consiglio dei Deputati ebrei britannici per non dimenticare la tragedia dell'Olocausto. È un monumento molto semplice, due grosse rocce con sopra incise, in inglese e in ebraico, le parole "Per questi io piango. Fiumi di lacrime scorrono dai miei occhi a causa della distruzione del mio popolo", dal libro della Bibbia delle *Lamentazioni*.

BELGRAVIA, VICTORIA, PIMLICO

FAI LA SPESA GIUSTA

L'**Euro Fresh Food** offre una vasta gamma di prodotti per tutte le necessità: generi alimentari e piatti pronti, yogurt, dolci e bevande. Non mancano i giornali e le riviste. Si trova al 10 Elizabeth Street, fermate metro **Sloane Square** e **Victoria**.

MANGIA BENE E BEVI MEGLIO

In questo quartiere dovete fare un salto da **The Vincent Room**, 76 Vincent Square, fermata metro **Victoria**, un ristorante di classe ben curato con un servizio attento e accogliente. Tra le ricette migliori i tortellini di ricotta, la carne di maiale e la carne di coniglio, le patate croccanti, i funghi trifolati e gli spinaci, tutto molto buono e a ottimi prezzi, che non superano le £ 12 (www.thevincentrooms.com).

Se avete deciso di sfamarvi con qualcosa di veloce, la catena di fast food britannica **Waitrose** si trova al 27 Motcomb Street, fermata metro **Knightsbridge** (www.waitrose.com).

Il **Pret A Manger**, invece, lo troverete al 2 Warwick Way, fermata metro **Pimlico** (www.pret.com).

HOTEL E OSTELLI

Con la speranza che la sorpresa evocata dal nome sia un auspicio e non un presagio, il **Surprise Backpackers** è un ostello con prezzi a partire da £ 11, con tanto di pub al piano di sotto, a 3 minuti a piedi dalla fermata metro **Pimlico** e a 7 dalla fermata metro **Victoria**, e a pochi minuti anche dalla Tate Britain (www.surprisebackpackers.co.uk).

A dieci minuti di cammino da Westminster, il **Vegas Hotel London**, al 104 Warwick Way, offre la soluzione ideale ed economica per chi vuole alloggiare in centro, usufruendo di camere pulite e ben arredate, al prezzo di £ 20 a notte. Fermata metro **Victoria** (www.vegashotel.co.uk).

Nei paraggi c'è il **Fresh @ The White Ferry**, 1a Sutherland Street, fermate metro **Sloane Square** e **Pimlico**. La posizione dell'hotel è molto comoda, e le camere sono ampie e luminose. Prezzi a partire da £ 22 (www.whiteferryhousevictoria.hostel.com).

Le camere dell'**Astor Victoria**, al 71 Belgrave Road, fermata metro **Pimlico**, sono state ristrutturate da poco tempo e sono molto accoglienti. Prezzi a partire da £ 25 (www.astorshotelvictoria.co.uk).

Piccolo ma molto confortevole e molto vicino alla fermata metro **Victoria**, il **Victoria Station Hotel**, al 278-280 Vauxhall Bridge Road. In tutto l'albergo la connessione wi-fi è gratuita e la colazione è inclusa nel prezzo. Prezzi a partire da £ 32 (www.victoriastationhotel.co.uk).

Al 19/21 Belgrave Road, si affaccia lo **Stanley House Hotel**, che offre camere con prima colazione e connessione wi-fi con prezzi che partono da £ 35 (www.londonbudgethotels.co.uk).

Il **Travel Joy Hostel** è particolarmente interessante: oltre a essere ostello è anche pub che promuove musica dal vivo, quindi ha spesso un'atmosfera vibrante di eventi. Difficile annoiarsi qui. Prezzi da £ 18, fermata metro **Pimlico**, all'111 Grosvenor Road (traveljoyhostels.com).

INDIRIZZI PER DIVERTIRSI

Un po' di funky-house music e un po' di sano divertimento non guasta mai, perché al **Pacha** si alternano alcuni tra i dj più famosi al mondo. Si trova nel cuore di Westminster, al Terminus Pl, di fronte alla fermata metro **Victoria** (www.pachalondon.com).

SPAZIO ALLE CULTURE

Al 39 Belgrave Square, si trova l'**Istituto Italiano di Cultura**, che propone eventi anche con la partecipazione di figure di rilievo della cultura italiana, dell'arte, della musica, oltre a proiezioni, mostre e conferenze. Tanti degli eventi sono gratuiti, vale la pena di tenersi aggiornati sul calendari. Fermata metro più vicina **Hyde Park Corner** (www.icilondon.esteri.it/IIC_Londra).

Anche se l'area non è Theatreland come Soho e dintorni, Victoria vanta i suoi teatri di musical, con il **Victoria Palace Theatre** (www.victoriapalacetheatre.co.uk) e l'**Apollo Victoria Theatre** (www.apollovictoriatheatre.org), che poco hanno da invidiare ai livelli di produzione del West End; sono anche convenientemente a un passo dalla stazione metro e treni di **Victoria**.

ARTE E ARCHITETTURE A KM 0

A qualche minuto dalla stazione di **Pimlico** c'è la **Tate Britain**, con una collezione permanente di arte britannica. È sede di eventi e mostre a tema e organizza annualmente il controverso **Turner Prize**, competizione di arte contemporanea che di solito solleva discussioni, polemiche e provocazioni. La galleria ha una speciale sezione dedicata ai dipinti di **Turner** (www.tate.org.uk).

CAMDEN TOWN, EUSTON, KING'S CROSS

DA NON PERDERE

Visitato giornalmente da migliaia di persone, si stima centomila durante il weekend, il **Camden Town Market** è assolutamente imperdibile. È formato in realtà da una serie di mercatini attaccati fra loro, dando a Camden l'aspetto di quartiere-mercato. La scelta è immensa, dall'oggettistica all'abbigliamento, dal cibo all'arte e all'artigianato. Amato tantissimo in particolar modo dai giovani di tutto il mondo, che vi cercano un abbigliamento alternativo, a volte davvero specializzato come il negozio **Darkside** (abbigliamento, accessori e cultura gotica; www.darksideofcamden.co.uk) o come il **Cyberdog** (abbigliamento, accessori e idee regalo legati alla cultura techno e industrial; shop.cyberdog.net).
Le bancarelle di cibo take away offrono ricche porzioni per £ 5 di specialità, tra le altre, cinesi, italiane, messicane.
Il mercato domina la scena dello shopping e vale la pena percorrerlo tutto, bancarella per bancarella (www.camdenlock.net).

FAI LA SPESA GIUSTA

The Little Baker è una panetteria al 94 Camden High Street, nella quale trovare pane, torte, e sandwich preparati da loro. La fermata metro più vicina è **Mornington Crescent**. Nell'area inoltre numerosi supermercati, piccoli alimentari, e take away. Davvero difficile restare affamati a Camden.

IL MOMENTO MIGLIORE PER...

Tutti in spiaggia. Quanti di noi aspettano l'estate per prendersi il sole su una bella sedia a straio circondati da sabbia dorata. Per cui la vostra destinazione non puo' che essere.... Camden Town! **Camden Beach** è l'originalissima iniziativa della **Roundhouse**, che per un mese d'estate (da fine luglio a fine agosto) allestisce una vera e propria spiaggia artificiale, con tonnellate di sabbia e un'atmosfera che proietta direttamente in luoghi esootici. Fermata metro per Copacabana? **Chalk Farm**! Roundhouse, Chalk Farm Road, Camden (www.roundhouse.org.uk).

STORIE E PERSONE

Ciak, si gira Se desiderate vedere con i vostri occhi il **Binario 9 e 3/4** dal quale sono partiti **Harry Potter** e i suoi amici alla volta di **Hogwarts**, basta prendere una delle linee della metropolitana che va alla stazione di **King's Cross - St Pancras**. Usciti dalla metro c'è una sola e stretta scala mobile che vi porterà a destinazione. La sensazione piacevole che si prova sin dall'inizio del percorso è fantastica; ma più avanti, quando ci si trova di fronte il carrello portabagagli con la gabbia e la civetta, si rischia di rimanere delusi, perché la location, a nostro avviso, non riesce a trasmettere le stesse emozioni del film e del romanzo della scrittrice **J.K. Rowling.**

MANGIA BENE E BEVI MEGLIO

Camden Market, assolutamente. Grosse porzioni di take away assortito per £ 5 costituiscono un buon pasto per affrontare una giornata di mercato. Sapori buoni e vari, vastissima scelta. Da un lato del canale, in prossimità di un ponte e di stand gastronomici, sono stati costruiti dei sedili per consumare il cibo a forma di scooter, accentuando l'aria divertita del mercato. Fermata metro **Camden Town**.

Quando si entra invece al **My Village Cafè**, al 37 Chalk Farm Road, fermata metro **Chalk Farm**, si ha l'impressione di trovarsi davanti a un piccolo magazzino etnico o country a vocazione internazionale sia nell'ambiente sia nel servizio. Vi troverete prodotti di tutto il mondo: la zuppa di funghi o il polpettone, l'hummus e le insalate fanno di questo posto non solo una caffetteria che prepara ottimi frullati, spremute d'arancia e caffè, ma anche un vero punto di ristoro. Anche i prezzi sono ragionevoli, con poche sterline si può mangiare a sazietà (myvillagecafebar.co.uk).

Davvero unico e speciale è l'**Ispiral Lounge**; in un solo luogo troviamo delicatessen, caffetteria e sala da tè con vista sul canale e un'offerta di cibi vegani unici. Anche l'atmosfera è molto particolare e piacevole, con gran senso di comunità intorno allo spirito etico del locale, che organizza anche eventi e concerti, molto belli e d'avanguardia. Bello anche da fuori, vivacemente dipinto. È vicino al mercato in 250 Camden High Street, fermata metro **Camden Town** (www.inspiral.co.uk).

T'AGGIUSTO IO

L'ambulatorio delle bici. La **Cycle Surgery** (letteralmente "ambulatorio delle bici") offre servizio di riparazione per le biciclette, oltre che manutenzione e vendita del nuovo. Da un minimo di £ 10 per regolare i freni a £ 120 per regolare ogni raggio e ogni bullone, promette nel 99% dei casi di risolvere nella stessa giornata ogni guaio al velocipede, cercando così di assicurare il minore disagio possibile alla Londra a pedali. 44 Chalk Farm Road, fermata metro **Chalk Farm** (www.cyclesurgery.com).

La cucina del subcontinente indiano è estremamente variegata. Il **Namaaste Kitchen**, al **64 Parkway**, propone piatti semplici e genuini come il tandoori chicken e il tandoori fish, con crema di lenticchie, pane indiano, curry di gamberi. Un perfetto connubio moderno di sapori antichi.
Il locale non è molto grande, i clienti vengono fatti accomodare vicino al banco dove si preparano, davanti ai loro occhi, piatti raffinati e deliziosi. Prezzi a partire da £ 8. Fermata metro **Camden Town** (www.namaastekitchen.co.uk).

Il **Parma Café** è un caffè a gestione familiare e serve preparazioni casarecce, snacks e panini preparati da loro, ed è al 59a Camden Road, fermata metro **Camden Town** e stazione Overground **Camden Road**, alla quale è più vicino.

Marine Ice è il punto di riferimento per il gelato e il sorbetto all'italiana, in grande varietà di gusti e formati. All'8 Haverstock Hill, si trova nei pressi della fermata metro **Chalk Farm** (www.marineices.co.uk).

HOTEL E OSTELLI

Situato al 78 King's Cross Road, fermata metro **King's Cross St Pancras**, il **Clink 78 Hostel** offre una vasta gamma di alloggi a partire dalle £ 12. La stessa catena ha vicino un'altra sede, **Clink 261** al 261-265 Gray Inns Road (www.clinkhostels.com).

Tra gli altri ostelli della zona consigliamo il **St Christopher Camden Hostel**, al 48-50 Camden High Street, buona gestione e sistemazioni di qualità con prima colazione e prezzi a partire da £ 16. Fermate metro **Camden Town** e **Mornington Crescent** (www.st-christophers.co.uk).

Non ci allontaniamo troppo dalla zona, segnalando lo **Smart Camden Inn Hostel**, al 55-57 Bayham Street, con camere, colazione a buffet e connessione wi-fi inclusi nel prezzo che parte dalle £ 12 (www.smartcamdeninn-london.com).

SHOPPING & BEAUTY

Questo quartiere-mercato è totalmente dominato dal **Camden Market**, immenso, sorprendente, imprevedibile ed inesauribile.

Tuttavia ci sono negozi specializzati, e se per esempio amate le calzature inglesi e non cambiate facilmente stile il **British Boot Company**, al 5 Kentish Town Road, è il posto che fa per voi. Nonostante i prezzi sensibilmente alti, qui potrete trovare tutti i tipi di modelli e di colore dei classici Dr Martens, la passione di intere generazioni. Fermata metro **Camden Town** (www.britboot.co.uk).

Particolarissima la libreria **Housmans**, bookshop "radicale" ricco di letteratura politica con pubblicazioni anche rare o poco diffuse, preziose per la preparazione di chi fa studi politici o sociologici, o di chi semplicemente ama informarsi e studiare fino in fondo le dinamiche della società umana, nei suoi equilibri e nei suoi conflitti. Peace House, 5 Caledonian Road, fermata metro **King's Cross** (www.housmans.com).

INDIRIZZI PER DIVERTIRSI

Uno storico tempio della musica Il **Koko**, sito al civico 1 di Camden High Street (fondato nel 1913, fu prima teatro e poi cinema, e conosciuto precedentemente come Camden Palace), che ha sviluppato un percorso incrociando diverse performance artistiche e musicali, a cominciare dai Rolling Stones fino ai Clash, ai Roxy Music, a Paul Weller, a Amy Winehouse, ai Peaches, ai The Fall, ai Red Hot Chili Peppers; ha contribuito notevolmente all'alfabetizzazione musicale di intere generazioni. Fermata metro **Mornington Crescent** (www.koko.uk.com).

Anche **The Forum** è un grande teatro per i concerti dal vivo, e anche da qui sono passate storie e leggende della musica; 9-17 Highgate Road, fermata metro **Kentish Town** (mamacolive.com/theforum).

Camden è indissolubilmente legata alla cultura del rock e della musica live, e alcuni suoi pub che danno spazio ai talenti emergenti sono considerati possibile culla della musica di domani, e quindi tenuti d'occhio (e orecchio) dagli appassionati di chi cerca i futuri dominatori delle scene. Tra questi locali il **Purple Turtle** (www.purpleturtlebar.com), di fronte al Koko al 65 Crowndale Road, vicino alla fermata metro **Mornington Crescent** e il **The Blues Kitchen** (www.thebluesktchen.com), alle cui jam session della domenica si mettono in luce gli strumentisti più talentuosi, al 111 di Camden High Street ed equidistante dalle fermate metro **Camden Town** e **Mornington Crescent**.

L'**Electric Ballroom**, situato accanto alla stazione di **Camden Town**, alterna un cartellone di serate da ballo e di concerti (electricballroom.co.uk).

Il **Jazz Café** è rispettatissimo per le serate di musica live jazz, soul, o funky, ma propone anche divertenti serate club come quella del sabato sera che evoca gli anni Ottanta e Novanta, incluse proiezioni di film culto dell'epoca come *I Goonies* o *The Blues Brothers*, mentre si ballano i successi, mescolati con ironia fra pezzi molto interessanti e altri buffi dalle melodie o dai suoni eccessivamente forzati, che gli inglesi definiscono *cheesy* (mamacolive.com/thejazzcafe).

CLERKENWELL, FARRINGTON, BARBICAN, ANGEL

DA NON PERDERE

Anche **Giuseppe Mazzini**, padre e fondatore dell'organizzazione politica "La Giovine Italia", è stato un "inquilino" di Londra. Costretto all'esilio, vi riparò nel 1837 stabilendosi nel quartiere di Clerkenwell (confinante con Bloomsbury e Holborn), abitato in prevalenza da immigrati italiani, soprattutto rifugiati politici. Oltre a scrivere per le diverse testate internazionali, si interessò della promozione e della diffusione della cultura italiana, aprendo, appunto, la prima scuola italiana a **Clerkenwell** e gettando le basi per la costruzione della prima chiesa italiana, la St Peter's Church. A Laystall Street, fermata metro **Farringdon**, la via dove ha vissuto Mazzini, spicca la targa che lo ricorda: "Apostolo della democrazia moderna, ispirato dalla conquista dell'indipendenza e dell'unità nazionale".

FAI LA SPESA GIUSTA

Terroni è un negozio di alimentari con un ampio banco di prodotti nostrani, che offre anche la possibilità di consumare delle squisitezze sul posto. Il nome non è autoironia, ma il cognome di Luigi Terroni, che aprì il negozio nel lontano 1878. Un'istituzione sia per gli italiani a Londra, sia per gli inglesi amanti della cucina Italiana. È al 138-140 Clerkenwell Road, fermata metro **Farringdon** (www.terroni.co.uk).

Altra istituzione e punto di riferimento per i palati nostalgici è **Gazzano**, il cui negozio è al 67-169 Farringdon Road.

MANGIA BENE E BEVI MEGLIO

All'1 St John Street, Smithfield, incappiamo nel locale **Kurz & Lang**, dove si preparano ottimi bratwurst (tipiche salsiccette bavaresi) e tanti piatti a base di carne di maiale o di manzo con spezie e formaggio fuso, oppure del semplice bollito. Non rinunciate a provare i famosi Berliner, dolcetti a forma di ciambella spolverati di zucchero. Fermata metro **Farrington** (www.kurzandlang.com).

La cucina latinoamericana sta diventando sempre più popolare; ne è un tipico esempio Il **Morito Cafè**, 32 Exmouth Market, sempre affollato e pieno di gente. Propone una notevole varietà di piatti: ottimi i gamberi Palamos, il formaggio alla griglia con le noci e le patate condite con salsa piccante di pomodoro. Ottima anche la crema catalana, dolce tipico della gastronomia spagnola, con una sottile superficie dolce e croccante. I prezzi non superano le £ 8 e le £ 10. Qui si mangia velocissimamente, con il conto alla rovescia. Fermata metro **Angel** (www.morito.co.uk).

C'è poi il **Prufrock Coffe**, 23-25 Leather Lane, fermata metro **Chancery Lane**, che si presenta come un posto accogliente, allegro e spesso molto affollato. Un luogo dove scoprire il fascino del caffè, dando un'occhiata ai panini e ai dolci esposti sul bancone. Una lavagna accoglie i clienti con i piatti del giorno. Prezzi contenuti, con £ 2 il caffè è assicurato (www.prufrockcoffee.com).

Tanti i piatti tipici della cucina inglese al **The Quality Chop House**, 92-94 Farringdon Road. Il pavimento a scacchi bianchi e neri è un elemento decorativo molto carino, classico e familiare, che ricorda molto l'atmosfera degli anni Venti. Le sedie, invece, sono un po' dure e scomode, ma il cibo vi ricompenserà. Potete cimentarvi con carne alla griglia e buoni contorni di verdure e purè. Prezzi da £ 5. Fermata metro **Farringdon** (thequalitychophouse.com).

Il **ristorante Ottolenghi**, al 287 Upper St, fermata metro **Angel**, è una vera e propria istituzione del marchio "dieta mediterranea e mediorientale". Nato da un'idea del famoso chef, giornalista e scrittore di origini britanniche, israeliane e italiane **Yotam Ottolenghi**, le ricette da lui create sono una combinazione di sapori israeliani, libanesi, iraniani e armeni. Il cibo è abbastanza caro (supera le £ 40), ma all'interno troverete banchi colmi di spuntini e antipasti veloci a partire da £ 5. Yotam Ottolenghi è anche autore di un libro di ricette best seller, *Jerusalem* (www.ottolenghi.co.uk).

La Upper Street che da Angel arriva fino a Highbury & Islington è disseminata di ristoranti. Particolarmente buoni e non eccessivamente cari il **Café Gallipoli**, con dell'ottima cucina turca. 102 Upper Street, fermata metro **Angel** (cafegallipoli.com).

HOTEL E OSTELLI

Ad Angel si può trovare un alloggio economico presso lo **Zenith Hostel**, 125 Packington Street. Al piano di sotto lo Zenith Bar è anche un locale di musica dal vivo e dj, che lo rende un posto adatto

STORIE E PERSONE

Little Italy. Poco dopo l'unificazione dell'Italia molta gente cominciò a emigrare; a Londra una comunità italiana si andò concentrando a **Clerkenwell**, facendone nel tempo una "**Little Italy**", che si andava sviluppando vivendo anche dell'importazione dei nostri prodotti. Il periodo della Seconda guerra mondiale non fu facile, essendo la Gran Bretagna impegnata contro le alleate di Italia, Germania e Giappone, e considerati "alien enemies" molti uomini furono strappati alla famiglia e deportati sull'Isola di Man. Negli anni la comunità italiana si è diffusa in tante aree, ma rimane sempre un legame con quel nucleo originario, quel senso di una piccola Italia nel cuore di Londra, tenuto vivo indubbiamente anche dalla presenza della chiesa italiana di **St Peter** in **Clerkenwell**, con funzione di collante identitario e sociale. Per le festività pasquali si organizza persino una processione in costumi d'epoca un po' arrangiati, che anche per lo spettatore italiano più distaccato evoca comunque un piacevole ricordo delle feste di paese da piccoli. È un vero spettacolo vedere le espressioni degli inglesi che, in pieno centro di Londra, si trovano sulla corsia del bus una fila di italiani vestiti da Romani come 2000 anni fa. Facciamo spettacolo e grande scena anche con le cose più semplici, un aspetto che di noi è spesso amato. Siamo o non siamo un po' il Paese del teatro?

soprattutto a un pubblico di giovani, che vi trova insieme alloggio e intrattenimento. Fermata metro **Angel**.

Altra alternativa nell'area è il **Clink78**, 78 Kings Cross Road, che ha prezzi a partire da £ 10, e che racconta di essere stato in passato un carcere. Al punto che alcune camerette sono chiamate suggestivamente "prison cell", magari non proprio per claustrofobici. Fermate metro **Angel** e **King's Cross** (www.clinkhostels.com).

SHOPPING & BEAUTY

Eccovi un indirizzo davvero utile: Fenton è una sartoria artigianale di Islington, con esperienza trentennale in confezioni su misura per donna e uomo, oltre a tutti i possibili servizi di riparazione, di modifica, di personalizzazione. Se vi è piaciuto qualche capo che adesso è introvabile, se avete qualche ispirazione, loro ve lo realizzano. Attaccare un bottone parte da £ 5, accorciare dei pantaloni

L'ECO DEL RISPARMIO

Per i più vanitosi, o per coloro che lo diventeranno sicuramente davanti a certi prezzi, c'è dalle parti di Farrington la possibilità di diventare ancora più belli con pochissimo. La **Saks Academy** è una scuola di bellezza, che offre agli eroici clienti che si offriranno di fare da cavia agli studenti la possibilità di avere a disposizione un salone professionale, con prezzi a partire da £ 5 per i servizi. "Più cavie più belli insomma"; guardare la brochure online per credere. Si trova al 18-19 Long Lane e la fermata metro più vicina è Barbican. (www.sakstraining.co.uk).

costa sulle £ 15, e via via tutti gli altri servizi dal più semplice rattoppo alla realizzazione delle vostre ambizioni come stilisti di moda. Fermate metro **Highbury & Islington** e **Angel**, e lo si trova al 2 Shillingford Street (www.fenton-islington.co.uk).

INDIRIZZI PER DIVERTIRSI

Il **Fabric**, in Charterhouse Street, è uno dei locali notturni più amati dai giovani e di tendenza, con tanta buona musica che varia dalla house all'elettronica. Fermata metro **Farringdon** (www.fabriclondon.com).

CITY OF LONDON

DA NON PERDERE

Nella zona di confine tra il "vecchio", e il "nuovo", alla fermata metro **Monument**, prima di Tower Hill, si trova il monumento – un'alta colonna romano-dorica di 62 metri – dedicato alle vittime del grande incendio di Londra che nel 1666 distrusse due terzi della città. A quel tempo le case erano di legno, più raramente di pietra, e i tetti erano coperti di paglia. Si racconta che il fuoco sia scoppiato in una panetteria di Pudding Lane, e che la distanza che intercorre tra questa e il monumento fosse di 62 metri, esattamente la misura in altezza della colonna progettata dagli architetti **Christopher Wren** e **Robert Hooke**. Si può accedere al suo interno salendo una scala a chiocciola in ferro battuto (311 scalini), con nicchie sparse qua e là. Una volta arrivati in cima vi attende un magnifico panorama. Al termine della visita si riceve un attestato di partecipazione, in memoria di quelli che perirono nell'incendio. Ogni visita è un campanellino che suona e che li promuove, meritatamente, in "paradiso". Prezzo del biglietto £ 4.

FAI LA SPESA GIUSTA

Nel cuore della City in Gracechurch Street c'è il **Leadenhall Market**, uno dei mercati più antichi della città, risalente al XIV secolo e sviluppatosi nei secoli successivi riuscendo a guadagnare una discreta popolarità. È una struttura in classico stile vittoriano, in ferro e vetro, con una cupola che sovrasta le gallerie con alte coperture a volta sostenute da colonne ioniche e doriche. Al mercato si affianca un gran numero di locali e ristoranti. È aperto dal lunedì al venerdì e offre una gamma diversificata di prodotti alimentari, con un vasto assortimento di salumi e formaggi affettati e confezionati giornalmente. Se volete risparmiare è il posto giusto per farsi un panino con formaggio a una delle bancarelle all'esterno, con buona merce e buoni prezzi. Inoltre i fan di **Harry Potter** saranno felici di scoprire che proprio qui, al **Leadenhall Market**, sono state girate le scene di Diagon Alley nel primo film *Harry Potter e la Pietra Filosofale*. Fermate metro **Bank** e **Monument**.

Il **farmers' market** allestito nel King's College London Guys Campus è situato tra la Newcomen Street e la St Thomas Street. Lo stesso mercato è dislocato in diverse piazze della città. Creato dall'associazione degli agricoltori inglesi, offre prodotti coltivati localmente nel raggio di 100 miglia. Qui troverete un'ampia scelta di frutta, verdura e ortaggi, uova, carne, miele, latte, bibite e spremute; fino ad arrivare ai prodotti biologici. Aperto solo il martedì dalle 9 alle 14. Si trova vicino alla City, semplicemente sull'altra sponda del Tamigi. Fermata metro **London Bridge** (www.lfm.org.uk/markets-home).

Tra le stazioni metro **Aldgate East** e **Whitechapel**, il **Whitechapel Road Market** propone una vastità di prodotti con notevoli occasioni di risparmio, come le ceste di frutta e verdura, le spezie e le virtù degli ingredienti esotici. La forte presenza di culture diverse rende facile reperire un'ampia scelta di prodotti di ogni tipo anche nei diversi negozi indipendenti, ottimi punti vendita per la spesa quotidiana e con un occhio rivolto al risparmio.

MANGIA BENE E BEVI MEGLIO

Se avete fame e fretta, meglio andare all'**Eat fast food**, al 143 Cheapside, dove ci si può concedere sandwiches, *hot pots*, zuppe, pies, insalate, desserts e drink, o la rinomata catena di fast food britannica **Pret A Manger** al 14 Cheapside, dove si può trovare veramente di tutto: cibi freschi, salati, dolci, bibite, bevande, panini, baguette; cibi pronti e precotti da portare a casa o da gustare nella pausa pranzo seduti su una panchina del parco. Per quanto riguarda i dolci, ci sono crêpes già pronte da infilare nel microonde da accompagnare, volendo, con marmellata di limone. Fermata metro **St Paul's** (www.pret.com).

Lo storico grande magazzino **Marks & Spencer**, al 9-13 Cowcross Street, ha un reparto fast food con prodotti di prima scelta, un po' più cari dei classici fast food, ma molto buoni. Vale la pena fare un giro tra la merce esposta, divisa per settori, con diverse offerte promozionali. Fermata metro **Farringdon** (www.marksandspencer.com).

Al 18 Fish Street Hill, il **The Monument Pub** offre specialità inglesi a prezzi contenuti, tra le £ 4 e le £ 15, come bistecche, fish and chips e burgers. Non mancano le insalate e l'ottimo piatto a base di salmone, da accompagnare con una pinta di birra (www.gkpubs.co.uk).

Arredamento moderno e curato al **Caffè del Gusto**: questo ristorante italiano offre panini e piatti tipici per la modica cifra di £ 5-£ 8. Aperto solo nei giorni feriali, 7 Byward Street, fermata metro **Tower Hill** (www.caffedelgusto.co.uk).

Per chi ama il pesce, invece, ecco un posto carino e pulito come il **Fish market**, dove mangiare a prezzi contenuti, dalle £ 8 alle £ 20. Il vero fiore all'occhiello è il menù che ogni giorno propone prelibati piatti a base di salmoni, aragoste, astici, gamberi e scampi. Lo trovate al 16b New Street, metro **Liverpool Street** (www.fishmarket-restaurant.co.uk).

Il ristorante **Hummus Bros.**, 128 Cheapside, è noto per le tante ricette della cucina araba, dedicate a tutti gli amanti dei sapori ricchi. L'humus è una crema a base di ceci; spalmata sulla pita (sfoglia orientale) è gustosissima e viene servita con una varietà di carni e verdure. I prezzi si aggirano tra le £ 5 e le £ 9. Fermata metro **St Paul's** (www.hbros.co.uk).

Un ottimo posto per rifornirsi di zuppe calde, fredde e squisiti stufati e insalate è il **Chop'd**, che propone cucina salutista. Con una spesa minima, £ 5-£ 10, mangerete a volontà. 6 Queen's Head Passage, Paternoster Square. Fermata metro **St Paul's** (www.chopd.co.uk).

Voglia di Thai? La cucina thailandese del **Thai Square Restaurant**, al 136-138 Minories, è piccante, dai contrasti amaro, dolce, aspro e piccante. Diverse le specialità di erbe fresche e spezie. L'ambiente moderno conserva una forte identità culturale e gli elementi asiatici sono presenti ovunque, mescolati a quelli europei. I prezzi sono abbordabili. 136-138 Minories, fermate metro **Tower Hill** e **Aldgate** (www.thaisq.com).

Haz Restaurant è raccomandato per chi ama i sapori forti e autentici della cucina turca. A chi invece preferisce i sapori meno forti, Haz ha dedicato altre ricette, come il budino di latte e di riso, detto "sutlac". È comunque una cucina ricca di verdure, legumi e ortaggi. I dolci sono ottimi, a base di noci, pistacchi e miele. Spesa complessiva dalle £ 5 alle £ 20. Collocato al 34 Foster Lane, fermata metro **St Paul's** (www.hazrestaurant.co.uk).

Tra i ristoranti italiani più quotati della capitale inglese, **L'Anima Restaurant**, si trova nel cuore della City, all'1 Snowden Street, fermate metro **Old Street** e **Shoreditch High Street**. Pavimenti in parquet, ampie vetrate, luce naturale che rende l'ambiente confortevole e moltissime specialità nostrane. I prezzi si aggirano tra le £ 10 e le £ 25 (www.lanima.co.uk).

Per godere di una vista mozzafiato su Londra, vale la pena fermarsi al **Duke and Waffle**, buon ristorante di cucina continentale. Al quarantesimo piano dell'**Heron Tower** (l'edificio è alto 230 metri), offre colazione/brunch abbondanti. Vale la pena andare, anche solo per lo splendido panorama. Il locale è aperto 7 giorni su 7 e 24 ore al giorno. 10, Bishopsgate, fermata metro **Liverpool Street** (www.duckandwaffle.com).

Il **Leon**, al 12 Ludgate Circus, è una catena di fast food che privilegia i cibi sani e freschi e quasi tutti gli alimenti sono privi di glutine. Se siete fan sfegatati della cucina naturale, vi potete trovare anche gadget e magliette a tema. Forse un po' cari, ma pur sempre un ricordo del vostro viaggio. Fermata metro **St Paul's** (www.leonrestaurants.co.uk).

HOTEL E OSTELLI

Il **City Hotel** è situato in una zona strategica, al 12 Osborn Street, a pochi passi dalla fermata metro **Aldgate East**. Le camere sono molto spaziose e pulite con connessione wi-fi gratuita. Il personale è gentilissimo e pronto a darvi tutte le informazioni di cui avete bisogno. Prezzi a partire da £ 65 (www.cityhotellondon.co.uk).

Nelle immediate vicinanze, nel cuore della City, il **Qbic Hotel London City**, 42 Adler Street, si differenzia dal classico hotel o albergo cittadino: sembra di soggiornare in un museo d'arte contemporanea. Ben arredato, originale quanto basta, con camere dallo stile innovativo, moderno e pulito. Wi-fi gratuito e prezzi a partire da £ 75 (www.london.qbichotels.com).

Non aspettatevi stanze grandi e spaziose al **Brick Lane Hotel**, 13 Brick Lane, anche se le camere sono state rimodernate da poco e il personale è efficiente e gentile. Fermata metro **Aldgate East**. Prezzi da £ 89 (www.hotelbricklane.com).

The Whitechapel Hotel, al 49-53 New Road, dispone di camere confortevoli e insonorizzate. Uno dei vantaggi di questo albergo è l'ottima posizione, nel cuore di Whitechapel e a due passi dall'omonima fermata della metropolitana. I prezzi si aggirano intorno alle £ 77 (www.thewhitechapelhotel.com).

Vicinissimo invece si trova l'**Hotel Ibis London City**, 5 Commercial Street, comodo albergo moderno e tecnologico. Prezzi a partire da £ 80 (www.ibis.com).

L'ECO DEL RISPARMIO

New hair cut. Se avete voglia di un look diverso, il Beauty Salon Hair di **Toni&Guy**, tra i più noti e più costosi parrucchieri di Londra, è alla continua ricerca di modelli e modelle a cui effettuare un taglio quasi gratuito, versando una piccola quota variabile tra le £ 5 e le £ 10. Non abbiate paura degli studenti che partecipano a queste sessioni, sono dei veri professionisti, perché seguiti da un docente che insegna loro l'arte del taglio. Se avete tra i 18 e i 25 anni e volete cambiare look, potete prenotare un appuntamento da Toni&Guy Academy, 123/124 Newgate Street, fermata metro **St Paul's** (www.toniandguy.com).

YHA London St Paul's Hostel, 36 Carter Lane, non offrirà tutte le comodità ma è molto centrale, semplice e senza tanti fronzoli e garantisce il minimo necessario per dormire e tenere i propri effetti personali dentro gli armadietti di sicurezza. Per brevi soggiorni, fermate metro **St Paul's** e **London Blackfriars**. Prezzi a partire da £ 21 (www.yha.org.uk).

Una buona alternativa può essere il **Go Native Aldgate East Apartments**, 33-35 Commercial Road. Nato come alloggio per studenti, in seguito a una recente ristrutturazione è diventato un vero e proprio albergo. Appartamenti piccoli ma comodissimi con bagno e cucinino, vicinissimo alla fermata metro **Aldgate East**. Prezzi a partire da £ 90 (www.gonative.com).

SHOPPING & BEAUTY

Fra Monument e Tower Hill, si trova il **Superdrug** (House of Fraser), grande magazzino profumeria, con un reparto trucchi fornitissimo e a prezzi molto convenienti: dalle marche di make-up più conosciute e care a quelle meno conosciute e più economiche, ma sempre di tendenza. Si possono trovare palette di colori fantastici adatte a ogni tipo di carnagione: rimmel, gloss, kajal ecc. Prezzi per tutte le tasche. Si trova al 15 Eastcheap, fermata metro **Monument** (www.superdrug.com).

British design sobrio ed elegante, adatto sempre alla clientela più tipica di quest'area, ma con assortimento più vario, **Jaeger** offre abbigliamento e accessori per donna e uomo, al 120 Cheapside, fermata metro **St Paul's**. Non tutti i prezzi sono cari, e specialmente in periodi di saldi e promozioni ci si può vestire nello stile della City contemporanea, senza dovere esagerare con la spesa.

INDIRIZZI PER DIVERTIRSI

Tra i più antichi pub di Londra ce n'è uno interamente ricostruito dopo il grande incendio del 1666; si tratta del **Ye Olde Cheshire cheese Pub**, che ha conservato nel tempo un'autentica atmosfera Old England. L'entrata del pub, abbastanza anonima, si trova all'interno di un vicoletto; tuttavia dentro è un susseguirsi di sale, tutte rigorosamente in legno, con affissi alle pareti i ritratti dei visitatori, molti dei quali famosi. Negli anni, infatti, divenne ben presto un ritrovo di intellettuali che trascorrevano il proprio tempo sorseggiando una birra, scrivendo o conversando, come Mark Twain, Sir Arthur Conan Doyle, GK Chesterton, Charles Dickens. Sicuramente questo posto ha ispirato alcune delle loro storie che tutti noi conosciamo. Il servizio è gentile, le sue birre sono ottime e i prezzi contenuti. È situato al 145 Fleet Street, fermata metro **St Paul's** e **Blackfriars** e stazione National Rail **Blackfriars** (www.cheshirecheeselondon.co.uk).

Se invece amate l'atmosfera da brivido tipica delle case stregate o dei parchi infestati dai fantasmi, fate un salto al **Ten Bells Pub**, 84 Commercial Street, fermata metro **Whitechapel**, una volta abitualmente frequentato dalle vittime di Jack lo squartatore: una di esse, Mary Jane Kelly, sembra sia passata dal pub poche ore prima di essere uccisa. Nonostante le necessarie modifiche apportate negli anni passati, il locale ha mantenuto comunque l'aspetto originale

IL MOMENTO MIGLIORE PER...

Aria di festival. Anche il distretto finanziario della City ha un suo spettacolo all'aperto, il **City of London Festival**, dedicato alle persone che lavorano nell'ambito della finanza e a tutti coloro che vogliono partecipare spinti dalla curiosità della manifestazione. Le iniziative in programma sono tante e diverse, ma noi consigliamo di aderire solo a quelle gratuite come i concerti di musica, gli spettacoli teatrali ricchi di coreografie e musica esclusivamente live, giochi, acrobazie e balli. Quindi, se vi trovate a passare da queste parti nei mesi di giugno e luglio non perdete questa occasione. Fermate metro **St Paul's/Bank** (www.colf.org).

di quel tempo, ed è diventato un punto di forte attrazione turistica. Le birre sono buone, ma attenzione a una tabella posta all'interno, che riporta nome e cognome delle vittime dell'omicida. Fa un certo effetto. Meglio evitare Whitechapel di notte (www.tenbells.com).

Il **Bike Sharing** di Londra (servizio di noleggio biciclette) funziona benissimo sulle nuove piste ciclabili e può essere un modo divertente per girare la città. A Londra è possibile noleggiare una bicicletta con il **Barclays Cycle Hire**, per un massimo di 3 ore. **Il prezzo del noleggio**: £ 1 per un'ora, £ 6 per due e £ 15 per 3 ore. Il pagamento si può effettuare con carta di credito. Il servizio è distribuito nelle oltre 700 **docking stations** (piattaforme di noleggio) sparse in tutta la zona centrale. Qui si possono prendere o lasciare le bici. **ATTENZIONE alle tariffe e a come infilate la vostra bici nella sua postazione. Se superate il numero delle ore previste o addirittura le 24 ore, rischiate di pagare multe salatissime, da £ 150 a £ 300**. Informatevi bene prima di prendere la bicicletta. Il servizio è disponibile 24 ore su 24, festivi compresi. A questo sito la mappa delle docking stations e il tariffario fisso, www.tfl.gov.uk/modes/cycling; per registrarsi invece la pagina è www.tfl.gov.uk/modes/cycling/barclays-cycle-hire.

SPAZIO ALLE CULTURE

Nel quadrilatero delle banche, **Ludgate Hill**, vicino alle fermate metro **Mansion House** e **Bank**, domina dall'alto l'imponente **St Paul's Cathedral** mediante una scenografica scalinata realizzata dall'architetto **Christopher Wren**. Si tratta di un edificio di impronta classica e barocca (costruito dopo il grande incendio del 1666), sovrastato da un'unica cupola ispirata alla Basilica di San Pietro a Roma, con ai lati due campanili che completano lo sviluppo lineare. Molto suggestivo ed elegante, l'interno della cattedrale è ricoperto da un soffitto a cassettoni e da volte decorate in oro zecchino, bassorilievi e figure di angeli raffigurati tra nuvole dipinte e statue. La St Paul's Cathedral è entrata anche nell'immaginario collettivo moderno in mondovisione, quando nel 1981 è stata teatro delle nozze fra Carlo, erede al trono del Regno Unito, e Diana Spencer.

Una particolarità è qui rappresentata dall'acustica della **Whispering Gallery** (Galleria dei bisbigli), così chiamata perché vi si possono sentire voci di persone bisbigliare da una parte all'altra della sala: non per niente è stata definita un "vero e proprio miracolo d'ingegneria". Proseguendo sulla stessa scala si accede, superati i

STORIE E PERSONE

Londinium. Il **quartiere della City** è il primo vero centro finanziario di Londra, e solo in tempi recenti l'alta finanza ha stabilito un altro suo centro nevralgico più a est, nell'area dei **Docklands**. Dove oggi c'è la City i Romani si insediarono e fondarono nel 47 d.C. Londinium, quella che poi diventerà la capitale inglese. Non sono rimaste molte testimonianze della loro permanenza, eccetto alcune fortificazioni distribuite lungo le mura, i **Bastioni**, costruiti tra il 190 e il 225 d.C., il **Tempio di Mitra**, la **Pietra di Londra** e alcuni reperti romani esposti nei musei della città.

Nella City nel XVI secolo sorsero gli istituti di credito e questa zona divenne il quartier generale delle più prestigiose banche d'affari, una fra tutte la **Lloyd's Corporation**, che deve la sua origine a **Edward Lloyd**; proprietario di un pub, il locale diventò improvvisamente luogo di ritrovo per mercanti e navigatori. Questi pubblicarono per la prima volta, nel 1696, un bollettino di notizie sul commercio e la navigazione. Se volete capirne di più, sui Lloyds di Londra la vecchia Hollywood girò un film nel 1936, diretto da **Henry King**, interpretato da **Tyrone Power** e **Madeleine Carroll**. Se avete la possibilità di reperire questa pellicola, guardatelo, la ricostruzione storica è fatta molto bene e gli attori sono molto bravi.

1.528 gradini, alla Golden Gallery, dalla quale si può ammirare una bella veduta della città.

Altri luoghi d'interesse sono le **cripte** che contengono le spoglie dello stesso architetto, Wren, e di altri illustri personaggi della storia inglese come Winston Churchill, Thomas Edward Lawrence (conosciuto come Lawrence d'Arabia), l'infermiera Florence Nightingale e l'ammiraglio Lord Horatio Nelson, solo per citarne alcuni. Biglietto adulti £ 14,50; bambini (sotto i 18 anni) £ 10. Aperto tutti i giorni, tranne la domenica, dalle 8.30 alle 16.30 (www.stpauls.co.uk).

ARTE E ARCHITETTURE A KM 0

Bene di grande valore storico e culturale, la **Tower of London** rappresenta un elemento di forte attrazione turistica. Complesso architettonico di edifici fortificato a scopo difensivo e circondato da mura e fossato, fu fatto costruire da Guglielmo il Conquistatore nel 1078, completato e arricchito di altri elementi nei secoli successivi. La Torre di Londra fa luce su una delle pagine più buie della storia inglese. Qui furono rinchiuse e giustiziate nel 1536 **Anna Bolena**, seconda moglie di **Enrico VIII** e madre della futura regina **Elisabetta I d'Inghilterra**, e sua cugina Catherine Howard, quinta moglie dello stesso sposo. Ma la lista delle vittime è lunga e, tra le inquietanti figure che si aggirano fluttuanti nella torre, si racconta delle apparizioni di Enrico VI (morto per mano di Riccardo III), di Lady Jane Grey (regina per nove giorni), della settantenne contessa di Salisbury e dei due principini, Edoardo VI e suo fratello Riccardo di Shrewsbury. Imprigionati nella Torre nel 1483, scomparvero nel nulla. Solo due secoli più tardi (1674) furono rinvenuti gli scheletri e gli fu data degna sepoltura.

Suggestivo è l'ingresso con il ponte levatoio, che introduce alle torri di mezzo, oltrepassate le quali si percorre una strada pavimentata in pietra (Water Lane), circondata da alte torri e abitazioni. Poco più avanti, la famosa **Porta dei traditori**, che fu un punto di accesso e di uscita fluviale per le vittime. Da qui si passava navigando su una barca, fino ad incontrare una scala di pietra, prima di raggiungere la destinazione assegnata. Nella Torre di Londra è inoltre possibile visitare i **gioielli della Corona**, esposti in grandi teche, e la sala delle armi e delle armature. Oltre alla stanza delle torture c'è una piccola e ricca collezione di oggetti e uniformi, medaglie, munizioni e manufatti militari appartenuti ai soldati delle passate guerre, compresi gli ultimi due conflitti mondiali. Shopping e caffetterie non mancano, ma attenzione ai prezzi! La Torre di Londra a differenza degli altri musei della città è a pagamento, e il prezzo del biglietto varia a seconda della fascia di età. Adulti £ 19,80, bambini (sotto i 18) £ 10,45. Fermata metro **Tower Hill** (www.hrp.org.uk).

2

EAST LONDON

LONDON AT A GLANCE. Spostandoci verso est, Londra muta radicalmente. Luogo di culture sovrapposte in secoli d'immigrazione e area umile della forza lavoro nella rivoluzione industriale, l'**East End** è stato culla dell'anima sociale di Londra, col radicalismo che ispirò la nascita del Labour Party, dei sindacati, delle lotte per le donne. Dopo decenni di conflitto fra povertà e progresso, dai resti dimessi della Rivoluzione industriale rinasce oggi la nuova rivoluzione culturale, con East London al centro delle **arti creative** e del **design**, mentre il dna del suo passato sociale ne fa laboratorio di **commercio indipendente e sostenibile**.
Oggi è teatro di innovazione, dalle arti al digitale, e di un'esplosione senza fine di colori, idee, originalità, nei suoi mercati, negozi, locali e gallerie.

HACKNEY, SHOREDITCH, HOXTON, DALSTON, STOKE NEWINGTON

FAI LA SPESA GIUSTA

I quartieri che fanno parte di Hackney sono ricchi di mercati all'aperto e di negozi indipendenti. Essendo inoltre aree di grandissima varietà culturale è possibile reperire cibi e specialità da tutto il mondo, a prezzi di negozio sotto casa o di mercato rionale.

Per esempio lo **Stoke Newington farmer's market** (www.growingcommunities.org/market) (tutti i sabati dalle 10 alle 14.30) è basato sulla vendita di prodotti locali. Lo si raggiunge presso St Paul's Church, Stoke Newington High Street, dalla stazione National Rail di **Rectory Road**, o dalle stazioni Overground **Dalston Kingsland** e **Dalston Junction**, prendendo poi i numerosi bus per Stoke Newington.

Il mercato di **Chatsworth Road** (www.chatsworthroade5.co.uk) si svolge di domenica e si estende dal cibo all'artigianato e all'abbigliamento. Si trova sull'omonima via vicino alla stazione Overground **Hackney Central**.

Il **Riley Road Market**, nelle vicinanze della stazione Overground **Dalston Kingsland**, è aperto dal lunedì al sabato e offre una vasta scelta di frutta e ortaggi sia tradizionali sia esotici. Vi si trovano anche libri, abbigliamento, artigianato e prodotti per la casa.

Il **Broadway Market**, aperto il sabato fino alle 17, offre anch'esso prodotti alimentari ottimi, oltre a trovarsi in una zona di negozi, ristoranti e vicino al parco di London Field, per completare una giornata di acquisti... o per gustarseli nel verde. Lo si raggiunge dalla stazione National Rail **London Field**, o dalla stazione Overground **Hackney Central**. Vi si fermano vicino anche i bus 236 e 394 (www.broadwaymarket.co.uk).

È aperto tutti i giorni il **Well Street Market** di South Hackney, raggiungibile coi bus 425 e 26.

La **Kingsland Road** stessa, che da Hoxton attraversa tutta Dalston e giunge a Stoke Newington, è un susseguirsi di negozi con prodotti di ogni tipo e da ogni dove, con la possibilità di trovare anche i prodotti più esotici al prezzo dell'alimentari sotto casa.

Avete mai sentito di un negozio che al suo interno coltiva la sua merce? Il **Farm Shop** è questo, un econegozio-fattoria che, a differenza del vostro fruttivendolo di fiducia che si limita a esporre le insalate sugli scaffali, le coltiva e le fa crescere direttamente in negozio. Parte di un progetto di agricoltura e produzione sostenibile, offre anche caffetteria con consumazione sul posto. 20 Dalston Lane, vicino alle stazioni Overground **Dalston Junction** e **Dalston Kingsland** (www.farmlondon.weebly.com).

MANGIA BENE E BEVI MEGLIO

L'Est di Londra è famoso per essere punto d'incontro di culture, e nelle aree di Hackney questo è particolarmente evidente, con effetti decisamente gustosi sulla varietà di ristoranti con cucina internazionale, in particolar modo asiatica. Sulla Kingsland Road si succedono vari ristoranti vietnamiti, come l'ottimo **Song Que** (www.songque.co.uk) al 134 Kingsland Road, che offre le sue specialità a prezzi concorrenziali come i suoi vicini **Tay Do** (www.taydo.co.uk) al 64 Kingsland Road, e **Mien Tay** (mientay. co.uk) sulla stessa via, al 122. Stazione Overground **Hoxton** per tutti.

Il **Jubo Shoreditch** offre cucina coreana, e alla sua ricetta per il pollo fritto aggiunge un pizzico di humor nominandolo ironicamente "KFC", Korean Fried Chicken, in risposta all'originale Kentucky Fried Chicken che dà il nome alla celebre catena americana di fast food (www. jubolondon.com). Si trova presso il Bedroom Bar, 68 Rivington Street, fermata metro **Old Street**, oppure Overground **Hoxton**.

L'area di Dalston ha storicamente una rilevante presenza di membri della comunità turca, ed è facile quindi poterne gustare le specialità, come al **Mangal Ocakbasi** al 10 Arcola Street, di cui sono particolarmente apprezzati i kebab e le preparazioni alla griglia. Stazione Overground **Dalston Kingsland** (www.mangal1.com).

C'è sempre posto comunque per un tradizionale english breakfast, e allo **Sheperdess Café**, 221 City Road, lo si può gustare in tutta la sua abbondanza di bacon, uova, funghi e pomodori per poco più di £ 5. Con prezzi popolari anche su tè e caffè offre una carica energetica per tutta la giornata. Fermata metro **Old Street**.

Di ispirazione british è anche il **Wilton Way Café**, che nei pressi di London Fields combina ottimo cibo, gradevole atmosfera e prezzi più che ragionevoli. Trovandosi accanto a una radio locale può capitare

% UN'ORA PRIMA TI VORREI

Happy hour? Sì, grazie. Può una zona affollata di bar come Hoxton tirarsi indietro dagli happy hour? Certamente no, e il **Cafè Kick** ogni giorno fra le 16 e le 19 offre una bottiglia di birra della casa a £ 2 e cocktail sotto le £ 5. Al 127 Shoreditch High Street, fermata Overground **Hoxton** o metro **Old Street** (www.cafekick.co.uk).

che il tavolo accanto sia luogo di un'intervista. Il suo indirizzo è 63 Wilton Way. Nei paraggi, al 99 Richmond Road, vi si trova **La Pinata**, in rappresentanza della cucina messicana. In entrambi i casi stazione National Rail **London Fields** e i bus 236 e 394, per avvicinarsi alla loro zona.

Per chi viene a Londra con i bimbi c'è un locale straordinario a Dalston, che si presenta al pubblico con lo slogan "dove i bambini sono tanto importanti quanto il cibo". Il **Nancy Panttry Restaurant** è più di un ristorante, è una festa senza fine, con continue attività di gioco, dalla magia alla pittura, dai giochi con l'acqua ai giochi educativi. E il tutto mentre si consumano allegramente pietanze genuine e casarecce, che nonostante la cura e la bontà degli ingredienti hanno prezzi piccini come i bimbi. Alcuni eventi sono gratuiti, altri costano all'incirca £ 4 di solito. Esperienza assolutamente da provare per le famiglie! Si trova in Dalston Square, vicino alle stazioni Overground **Dalston Junction** e di **Dalston Kingsland** (nancyspantryrestaurant.com).

Eyre Brothers Tapas Restaurant, al 70 Leonard Street, offre buoni primi piatti e contorni economici; buoni anche i secondi, anche se sono un po' più cari. Ogni tanto fare uno strappo alla regola fa bene. Fermata metro **Old Street** (www.eyrebrothers.co.uk).

Come per i negozi anche per i ristoranti la **Kingsland Road** che percorre Dalston è un susseguirsi di locali che spaziano fra tradizioni di cucina da ogni dove. Vale certamente la pena di percorrerla e di lasciarsi ispirare dai menù e dall'abbondante varietà di scelta.

Per chi, dopo avere esplorato i sapori del mondo, volesse tornare alla cucina italiana o semplicemente avesse desiderio di sapori familiari, la nostra cucina è rappresentata anche in East London, per esempio presso il ristorante sardo **Il Bacio**, al 61 Stoke Newington Church Street, che dalle stazioni Overground **Dalston Kingsland** e

Dalston Junction si raggiunge facilmente con i bus 149, 243, 67 e 76 (www.ilbaciohighbury.co.uk).

C'è persino qualcosa di molto simile alla cucina dei nostri agriturismo ad Hackney: l'azienda **Frizzante**, presso l'Hackney City Farm all'1a Goldsmiths Row, è una vera e propria fattoria urbana con dell'ottima cucina casereccia. E i prezzi, con un piatto principale fra le £ 5,50 e £ 14, sono ottimi, specialmente rapportati alla freschezza del cibo. Vi si arriva dalla stazione Overground **Hoxton**, o National Rail **Cambridge Heath** (www.frizzanteltd.co.uk).

HOTEL E OSTELLI

Per chi desiderasse cercare di trovare in questa parte di East London la propria base da cui vivere e visitare la città, rifornirsi ai mercatini, immergersi nella vita notturna, in quella creativa e in quella multiculturale, le opzioni di certo non mancano. La zona attrae un numero di visitatori sempre crescente, e offre ospitalità per ogni tipo di esigenza, per gli amanti del risparmio come per quelli dell'irrinunciabile comfort.

L'ostello **The Dictionary**, al 10-20 Kingsland Road, stazione Overground **Hoxton**, dal nome decisamente emblematico per chi venisse a Londra ad imparare la lingua, è strategicamente ben collocato a Shoreditch, perfetto per una full immersion nell'area come pure ben collegato dai mezzi pubblici per raggiungere il centro di Londra; con letti a castello, servizi in camera, cucina comune, un suo bar, e un'area lounge con wi-fi, costa fra le £ 30 e le £ 40 a notte (www.thedictionaryhostel.com).

City Inn Express (144a Mare Street) e **City View Apartments** (7 Teesdale Close) si trovano a London Fields e ben sono collegati al centro e ad altre zone di Londra. Costano fra le £ 60 e le £ 130 a notte; il City Inn è un hotel in senso tradizionale, mentre i City View Apartments sono dei veri e propri miniappartamenti con servizi, cucina, lavatrice... e l'immancabile kettle per il tè delle 5 (www.cityinnexpresshotel.com e www.cityviewapartments.org).

Vista l'ascesa vertiginosa delle quotazioni di Hackney di questi ultimi anni e la forte domanda, un buon metodo per risparmiare e avere allo stesso tempo a portata di mano e a portata di tasca i suoi quartieri trendy, potrebbe essere di cercare alloggio nei vicini *borough* di Tower Hamlets e di Newham.

T'AGGIUSTO IO

Costruiamo da zero. Mettere mano a vecchi oggetti può essere più costruttivo di quello che si crede. **Type** è un negozio e laboratorio specializzato nella riparazione di vecchie macchine da scrivere e di apparecchi vari e che costruisce anche oggetti assolutamente unici combinando i pezzi di materiali di riciclo. Oltre a questo, si realizzano graziosi manufatti artigianali, come cartoline di auguri fatte a mano, e articoli inusuali, come lampade create da vecchie macchine fotografiche. Sottoponendo inoltre le proprie idee e i propri materiali a disposizione, possono costruirvi qualcosa su vostra indicazione o partendo dai vostri ferri vecchi. Si trovano macchine da scrivere vintage a partire da £ 49, e per ripararne una vostra d'epoca si parte da £ 15 per una revisione. Si trova al 66 Sclater Street, stazione Overground di **Shoreditch High Street** (www.typeeast.com/pages/about-us).

SHOPPING & BEAUTY

Anche per lo shopping i mercatini non possono non essere fra i protagonisti assoluti, specialmente nel fine settimana, quando oltre a essere al massimo della loro offerta, si aggiungono ai vicini mercati di Tower Hamlets (con Brick Lane e Spitafields in testa).

Il **Broadway Market** è circondato da negozi, e al suo interno si applicano anche alla moda e all'artigianato le regole del farmer's market, basandosi quindi sulla produzione locale e facendo di questo mercato un centro vitale per l'ascesa di nuovi stili, di nuovi designer e di nuove tendenze made in East London.

The Hackney Shop, al 99 Morning Lane, stazione Overground Hackney Central, è un piccolo negozio con una caratteristica molto particolare: è un locale di moda e abbigliamento la cui gestione cambia ogni settimana. Ritornandoci ogni settimana vi si troverà un negozio diverso. (thehackneyshop.com).

Vicinissimo, al 90 Morning Lane, presso l'outlet **Pringle Of Scotland** si può trovare quell'elegante british style che ha reso celebre marchi come Burberry, ma a prezzi più convenienti (www.pringlescotland.com).

Una boutique ricca di marchi indipendenti è **The Mercantile**

L'ECO DEL RISPARMIO

Car-boot-sale. Il grande affare può essere sempre dietro l'angolo presso i **car-boot-sale** (vendite dal bagagliaio dell'auto), in cui ciascun espositore si disfa dei propri oggetti, mobili, dischi, vestiti, cappelli, vasi, orologi, giocattoli d'epoca, a prezzi per lo più molto bassi. Frequentati dai cacciatori di tesori nascosti, è capitato a volte che qualcosa di impolverato in una soffitta e comprato per pochi spiccioli si sia rivelato un pezzo raro e di gran pregio. Ma anche senza caccia al tesoro può essere comunque un modo per trovare qualcosa che a noi piace e altri non usano più, spendendo poco. A Stoke Newington si tiene presso la **Princess May School**, Princess May Road. C'è il sabato dalle 9 alle 15 e la domenica dalle 8 alle 14. Entrare prima delle 9 (per assicurarsi gli affari più ghiotti) costa £ 3, dopo le 9 costa invece solo 50 p (50 centesimi). Stazione National Rail **Stoke Newington**.

London (www.themercantilelondon.com), specializzata in abbigliamento femminile e che si trova a Shoreditch al 17 Lamb Street, a pochi minuti dalla stazione Overground **Shoreditch High Street** o dalle fermate metro **Aldgate** e **Aldgate East**.

Nella stessa area, al 55-59 Hanbury Street, **Blitz** offre vintage alla moda che non rovinerà il vostro portafoglio (www.blitzlondon.co.uk), mentre il **Topman General Store** al 98 Commercial Street, permetterà di trovare capi di design, con prezzi sorprendenti per stili sempre alla moda. Stazione Overground **Shoreditch High Street**.

Interessante nel suo concept, vario e imprevedibile, il **Boxpark** di Shoreditch è un agglomerato di containers convertiti a *pop-up shops*, ovvero negozi temporanei che si avvicendano continuamente. Sito al 2 Bethnal Green Road, è letteralmente (e convenientemente) attaccato alla stazione Overground **Shoreditch High Street**, con la ferrovia che gli passa proprio sopra (www.boxpark.co.uk).

A Stock Newington c'è un'intera strada che merita di essere menzionata, essendo **Stoke Newington Church Street** un susseguirsi di negozi indipendenti con tante possibilità di acquisto, dai negozi di vintage e antique al negozio di dischi usati a partire da £ 1 (persino per dei vinili), dal piccolo panificio artigianale alle boutique di abbigliamento. La si raggiunge facilmente dalla stazione National Rail di **Stoke Newington**, o dalla stazione Overground di **Dalston**, prendendo poi uno dei numerosi bus che percorrono verso nord la Stoke Newington Road.

A Londra, e in particolare nell'East, si trovano diversi negozi definiti *thrift stores*, negozi di vintage e abbigliamento usato, a metà fra i *charity shop* e i negozi più costosi di vintage... nuovo. Alcuni di questi sono diventati veri e propri negozi di culto per cacciatori di stile e di buoni affari, appropriandosi di design realmente d'epoca in combinazioni assolutamente personali.

Il **Frockney Rebel Vintage**, al 49 Mowlem Street, seleziona la sua merce visitando l'Italia, Berlino, Parigi, offrendo tuttavia spesso i propri pezzi sotto le £ 50. Stazione National Rail **Cambridge Heath**.

L'**East End Thrift Store** è una vera istituzione per i seguaci di questo stile conveniente e trendy, con giacche anche a sole £ 25 e pantaloni in pelle a £ 10; il negozio in sé è spartano, e al piano

OGGI MI VOGLIO ROVINARE

Come vip. A **Shoreditch**, nel bel mezzo della sua brulicante vita artistica e vivace vita notturna, a pochi passi da **Brick Lane** e immersa fra vie colorate come un enorme dipinto urbano, si ergono i 5 piani delle eleganti Shoreditch Rooms, sopra le quali vi è un esclusivo club con tanto di piscina in terrazza e vista sulla City, la **Shoreditch House**, a Ebor Street, stazione Overground **Shoreditch High Street**. Essa è a sua volta parte di un circuito di houses esclusive, in altre parti di Londra come pure in città USA. In club come questi (la cui membership costa £ 900 per la sola house di Shoreditch) non è difficile incontrare star dello spettacolo, del cinema o della musica, che sentendosi un po' protetti dall'esclusività del luogo trovano qui rifugio per le loro serate in relax. La **Shoreditch House** è anche un hotel, con le eleganti Shoreditch Rooms, e agli ospiti delle rooms è consentito l'accesso al club. Non occorre essere membri per prenotare una stanza, ma bisogna essere preparati a spendere da un minimo di £ 105 per la stanza più piccola quando è in offerta (in media fra le £ 125/£ 145) fino a oltre £ 280. È molto indicativo notare come la prima cosa che compare accedendo al sito per prenotare una stanza, e cliccando "no" alla domanda se si è membri, è la raccomandazione di non portarsi fotocamere e telefonini nel club... ecco spiegato, forse, perchè le star qui si sentano a proprio agio (www.shoreditchhouse.com).

superiore ha qualcosa di più ricercato e più costoso. Fermata metro **Stephney Green**, e l'indirizzo è Unit 1A Watermans Building.

Di ispirazione e concetto simile l'**Absolute Vintage** al 15 Hanbury Street, nei pressi della stazione Overground di **Shoreditch High Street** e non lontano dalla fermata metro di **Aldgate East**. Gli articoli più pregiati e ricercati possono costare un po' di più, ma c'è tanto assortimento da cui scegliere e fra cui trovare risparmio e stile (www.absolutevintage.co.uk).

Guarda mamma, senza mani! Quante volte lo abbiamo detto da piccoli, un attimo prima di schiantarci con la nostra biciclettina? Sono memori di quell'esperienza i fondatori **Look Mum No Hands** forse, un'originalissima caffetteria dedicata ai ciclisti che ospita anche un'officina per la riparazione delle biciclette. Altro che i rapidissimi pit stop da Formula 1, la vita del ciclista ha decisamente un altro stile e altri ritmi, gustando deliziosi tè e caffè mentre la propria bicicletta viene curata e rimessa in sesto. È al 49 Old Street, e se non state venendo in bici la fermata metro è **Old Street** (www.lookmumnohands.com).

INDIRIZZI PER DIVERTIRSI

Le aree di Shoreditch e Hoxton sono, insieme alla vicinissima Brick Lane, la scena della più vibrante vita notturna della Londra contemporanea. Queste zone abbondano di bar, club, pub e locali di musica live.

Il **Cargo**, situato all'83 Rivington Street, fermata metro **Old Street**, stazioni Overground **Hoxton** e di **Shoreditch High Street**, è per esempio un locale che accoglie in sè un po' tutte le anime della notte di East London, prestandosi come ampio bar, offrendo serate da ballo con rinomati dj ed essendo anche un luogo di concerti dal vivo di ottimo livello, con artisti affermati o in piena ascesa verso il successo. La musica emergente londinese ha in quest'area la sua scena più vivace, e da queste parti spesso si possono sentire in anteprima i suoni più nuovi di una scena in continua evoluzione, frutto delle ultimissime tendenze e contaminazioni. C'è senz'altro una connessione, un filo sottile che lega lo spirito indipendente e intraprendente di quest'area, con lo spirito indie di tanta musica suonata qui (www.cargo-london.com).

Il **Village Underground**, al 54 Holywell, stazione Overground **Shoreditch High Street**, è anch'esso un luogo di musica e arte,

STORIE E PERSONE

Shoreditch d'una notte di mezzo inverno. Le aree di Shoreditch e dintorni vantano innumerevoli residenti illustri, presenti o passati, incluso quello che gli inglesi è probabilmente uno dei più illustri fra gli illustri: **William Shakespeare** in persona. Si tende sempre a identificare il suo teatro unicamente con il Globe, ma forse è storia meno nota che prima del Globe è a Shoreditch che Shakespeare rappresentò svariate delle sue opere, fra il The Theatre e il Curtain Theatre. "Romeo e Giulietta" ed "Enrico V" sono state messe in scena qui, e prima che il Globe esistesse. Anzi, non solo quello è stato costruito dopo, ma è stato addirittura costruito con le parti della struttura in legno del The Theatre trafugato da Shoreditch in una notte di dicembre! A seguito di una disputa fra la proprietà e il gestore del teatro, questi per non perdere gli investimenti decise di smantellarlo di notte e portarlo via. Traghettato oltre il Tamigi diventò il The Globe, da tutti conosciuto come "il teatro" di Shakespeare.

---

con calendari di concerti ed eventi di altissimo livello, dove è possibile ascoltare nomi affermati e influenti, e dove è bene prendere nota anche di chi ancora non si conosce, poiché la loro stessa presenza al Village è già un indicatore di qualità (www.villageunderground.co.uk).

Ottimi concerti ed eventi anche allo **Xoyo** (www.xoyo.co.uk) vicino alla stazione **Old Street**, così come nella musicalissima Hoxton Square sulla quale si affacciano sia l'**Hoxton Bar & Kitchen** che l'**Underbelly** (www.underbellyhoxton.com), raggiungibile da Old Street dopo avere passato il **Roadtrip Bar & The Workshop**, pub, bar e luogo di musica dal vivo (www.roadtripbar.com).

Dalle parti di London Fields si balla invece presso **The New Empowering Church**. 1a Westgate Street il suo indirizzo, stazione National Rail **London Fields**.

Proseguendo verso Dalston l'atmosfera artistica si mescola a quella multiculturale e in locali come il **Passing Clouds**, all'1 Richmond Road, stazione Overground **Haggeston**, in cui si trovano eventi e concerti che spaziano dai suoni dell'Africa al reggae, passando anche dal jazz e da forme musicali sperimentali e alternative, promuovendo l'unione, il connubio, lo scambio e l'esplorazione reciproca fra mondi sonori e culture (www.passingclouds.org).
Il **Vogue Fabrics Dalston** è un locale che unisce moda, stile, tendenze, sperimentazione, musica e la creatività che caratterizza

quest'area di Londra. È un punto di riferimento delle notti di East London, con eventi fra l'arte e la festa, e la sensazione di essere sempre sulla cresta delle nuove tendenze emergenti. Perfetto per chi ama sentirsi all'avanguardia. Si trova a Dalston al 66 Stoke Newington Road, stazione Overground **Dalston Kingsland** (voguefabricsdalston.com).

SPAZIO ALLE CULTURE

Come è facilmente intuibile dall'atmosfera artistica e creativa che pervade questa zona, la cultura trova qui area fertile. La percezione è che quest'area di **East London** sia essa stessa una cultura, così associata com'è al senso di libera creatività, indipendente e alternativa agli schemi passati, curiosa e sperimentale, aperta, coinvolgente, e volta a unire. Non è un caso infatti che intere porzioni di questi quartieri (con l'estensione di **Brick Lane** verso **Tower Hamlets**) siano delle vere e proprie gallerie d'arte a cielo aperto, dalle prime apparizioni su questi muri di Banksy fino all'attuale diffusissima street art. E tutto ciò finisce anche per riflettersi sui luoghi stessi dell'arte e della cultura; in giro per **Hackney**, fra **Dalston**, **Hoxton** e **Shoreditch**, troviamo concetti d'avanguarda per lo spazio artistico come il rivoluzionario **Arcola Theatre**, che ambisce a diventare un teatro a impatto ambientale zero. Una struttura aperta al pubblico quanto più energeticamente efficiente e autosufficiente possibile, orientata verso la propria comunità con un cartellone sempre interessante e apposite attività per ragazzi e per over 60 (www.arcolatheatre.com).

Uno spazio molto speciale è anche la **Hackney Picturehouse**: oltre a essere un cinema ospita un attico in cui si suona musica live di qualità. La caffetteria offre ottimi snack (www.picturehouses.co.uk).

Hackney è sede anche dell'**Hackney Empire**, un glorioso teatro che al tempo in cui era una music hall ha visto esibirsi al suo interno niente meno che **Charlie Chaplin** e **Stan Laurel** (www.hackneyempire.co.uk).

L'associazione culturale **Open The Gate** è tra le forze organizzatrici dietro straordinari festival internazionali che hanno portato a Londra grandi artisti africani. Open The Gate si occupa anche dell'**African Market** che si tiene periodicamente a Dalston, e che è stato ospite di Covent Garden Market e dello Spitafields Market. Il **London African**

Music Festival, l'**African Market** e altre iniziative organizzate da Passing Clouds e Open The Gate sono splendide occasioni culturali, oltre che di intrattenimento (www.theafricachannel.co.uk). Open The Gate è anche un ente di beneficenza che supporta e promuove la fornitura di materiale scolastico in paesi africani (www.openthegate.org.uk).

Potranno certamente vantarsi di avere fatto un film all'altezza, quei registi il cui film viene scelto per le proiezioni sui tetti del **Roof Film Club**. Si tratta di cinema allestiti sulle esclusive terrazze di alcuni edifici di Londra, presso cui vengono distribuite delle comode sdraio, delle tecnologiche cuffie senza fili, e viene installato un maxischermo. I film scelti sono blockbusters di qualunque stagione, inclusi classici, film di culto e film di grande successo. Il prezzo è simile a quello di qualunque cinema, sulle £ 13, ma qui l'esperienza dello spettatore è certamente... su un altro livello. A Shoreditch il tetto è quello di Queen Of Hoxton, 1-5 Curtain Road, fermate metro **Old Street** e **Liverpool Street**, oppure Overground **Shoreditch High Street** (www.rooftopfilmclub.com).

Su Bishopgate, la via che collega la City a Shoreditch, si svolge la comedy night **We Are Funny**, presso il pub **Dirty Dicks**. Il locale è un punto di riferimento per gli artisti della stand up comedy e l'ingresso è gratuito. Sul sito si trova il fitto calendario di serate e di risate. È al 202 Bishopgate, quasi di fronte alla stazione di **Liverpool Street** (www.dirtydicks.co.uk).

Il **Rich Mix** è un cinema e un centro multiculturale, organizzato in forma di ente benefico e di impresa sociale, con un fitto calendario di eventi che spaziano da rassegne cinematografiche a festival musicali, da eventi artistici a danza, poesia, e forme d'arte miste e di ricerca. Collocato al 35-47 Bethnal Ghreen Road e vicino alla stazione Overground **Shoreditch High Street**, il centro si propone di promuovere attività artistiche per persone di ogni età e di ogni cultura. I profitti vengono completamente reinvestiti nelle attività educative e artistiche per coltivare i talenti locali (www.richmix.org.uk).

Buone forchette di tutto il mondo, unitevi e fatevi sotto! L'**Urban Food Fest** di Shoreditch celebra il cibo di strada in tutte le sue varietà, e non può che farlo in prossimità di una zona di Londra che ingloba culture e sapori da ogni angolo del pianeta. A partire dalla primavera, ogni **sabato** dalle 17 a mezzanotte un grande parcheggio si popola di postazioni culinarie e golosoni, accompagnati nelle degustazioni da performance musicali live e da dj. L'accesso al festival è gratuito, il cibo no (www.urbanfoodfest.com).

Se non siete qui né per dipingere né per mangiare ma è la birra che vi interessa, eccovi serviti col **Summer Brew Fest**, festival estivo delle birre genuine di produzione locale e artigianale, con degustazioni ed eventi a tema. L'ingresso si paga, ma comprende un bel po' di assaggi e di bevute, dopo le quali forse avrete anche dimenticato di avere pagato. Si svolge presso gli **Space Studios**, 129-131 Mare Street. Stazione National Rail **London Fields** (www.summerbrewfest.co.uk).

ARTE E ARCHITETTURE A KM 0

L'architettura di quest'area di Londra rispecchia moltissimo i continui mutamenti a cui è stata soggetta nei secoli. East London era diventata area industriale e di lavoro, e agli edifici residenziali si sono sovrapposte aree di produzione, magazzini, stabilimenti. Mutamenti e sovrapposizioni accentuati da fasi storiche di crescita e di declino, fino a oggi, quando la Londra contemporanea, multiculturale e artistica se ne è reimpossessata per farne laboratorio di cultura, luogo d'incontro fra linguaggi e di alchimia. Questa zona ha così trovato una nuova sintesi fra il passato popolare, la storia del lavoro industriale e dei suoi lavoratori, l'abbandono in decadenza e il recupero dell'arte, che su quei muri contrastati dalla storia ha dipinto le vicende e i percorsi dei suoi abitanti.

È senz'altro un ottimo esempio di riqualificazione di aree ex industriali, con edifici riconvertiti e diventati persino all'avanguardia come l'**Arcola Theatre**, o di interesse architettonico per la spesso

IL MOMENTO MIGLIORE PER...

Fare festa. L'attivissima Hackney non può non essere teatro di festival in tema col suo spirito; su tutti l'**Hackney Wicked Art Festival** celebra ogni estate l'arte e la creatività della comunità, dando spazio a talenti emergenti e all'affermarsi di artisti contemporanei e organizzando incontri e workshops, in un tripudio di colori e di visioni di quest'area. Si svolge in varie località con diverse gallerie e spazi coinvolti, con mappe e date degli eventi sul sito (www.hackneywicked.co.uk).

riuscita integrazione fra stili e materiali, osservabile abbastanza di frequente.

Fra gli edifici più interessanti anche il teatro **Hackney Empire**, datato 1901, e la bellissima **Hoxton Hall**, music hall del 1863 oggi ancora in uso come luogo d'intrattenimento, e gestita con attenzione particolare a progetti per la comunità.

La chiesa ottocentesca di **St John The Baptist** di Hoxton è invece un tipico esempio di neoclassico britannico.

All'esplosione culturale di Hackney e dei suoi distretti concorrono anche le **gallerie d'arte**, che negli anni hanno contribuito a riempire l'area di colore e ispirazione. Fra questi lo **Space**, che può annoverare fra i sostenitori anche **Pete Townsend** degli **Who** (www.spacestudios.org.uk); la **Waterside Contemporary** che si indirizza anche all'attualità e alla politica; **The Proud Archivist** (www.theproudarchivist.co.uk) che è una combinazione di galleria, bar e ristorante, con bella vista sul Regent's Canal, la **Bruno Glint**, gestita collettivamente, che combina all'arte eventi musicali (www.brunoglint.com); la **Core Arts**, fondata originariamente all'interno di un ospedale, che oggi incentra il suo lavoro sulla salute mentale, offrendo anche corsi, e coinvolgendo nell'arte pazienti ed ex pazienti.

Oltre a queste originali gallerie ci sono le rinomate **Transition Gallery** (www.transitiongallery.co.uk) e **Victoria Miro Gallery** (www.victoria-miro.com).

The **Alternative London Tour** è un percorso guidato attraverso la ricca arte urbana di East London, i cui edifici sono stati spesso usati come tela da artisti di street art talentuosi e affermati, incluso Banksy. I percorsi guidati vengono effettuati dal lunedì al venerdì dalle 12 alle 15, partendo dallo Spitafields Market. Il prezzo è scelto in base al gradimento e alla tasca del visitatore, con una tariffa di "paga per quanto ti è piaciuto", che mira anche a renderlo accessibile a chiunque. Esistono versioni del tour anche per ciclisti e attraverso pub caratteristici (www.alternativeldn.co.uk).

A PIEDI NUDI NEL PARCO

Nella Londra dei grandi parchi le aree verdi non mancano nemmeno qui. **London Fields** è il parco più conosciuto di Hackney, che oltre

STORIE E PERSONE

Esordi Illustri. Sulla riva sud del Regent's Canal c'era un edificio chiamato **Gainsborough Pictures**. Erano degli studi cinematografici, ed è lì che un giovanotto originario di Leytonstone mosse i primi passi nell'arte che lo consacrerà fra i più grandi maestri del cinema di tutti i tempi: **Alfred Hitchcock**. In quegli anni l'Hackney Empire era ancora una music hall, che ospitava le prime fasi della carriera di altri due personaggi che entraranno nella storia come icone e maestri del cinema: **Charlie Chaplin** e **Stan Laurel**. I due partirono insieme per un tour teatrale negli Stati Uniti, e il resto è la storia del cinema che conosciamo.

a essere al centro di tanti luoghi e attività d'interesse ha anche al suo interno il London Field's Lido, una piscina di 50 metri riscaldata aperta più o meno con ogni clima. **Shoreditch Park** in estate ospita il bel 1-2-3-4 Shoreditch Music Festival, mentre l'interno di Hoxton Square è un rettangolo verde circondato da locali, bar e ristoranti.

Bella atmosfera negli **Allens Gardens** di Stoke Newington, con alberi che ne danno un aspetto più da bosco che da prato inglese, inusuale, come pure il **Butterfield Green** nella stessa zona.

Il **Well Street Common** è destinato a tante attività della comunità, e ha pure un suo festival a maggio con eventi e giochi.

Lo **Spring Hill Recreation Ground** è molto spazioso, al punto da ospitare campi da rugby e campi coltivabili dalla comunità; è collocato vicino presso il fiume Lea che gli passa accanto e i bacini idrici di Walthamstow; si trova vicino allo **Springfield Park**, molto bello con la sua aria da giardino fiorito.

Gli **Hackney Marshes** sono un parco storicamente legato allo sport (particolarmente al calcio; pare che il campionato dilettanti sia stato inventato proprio qui).

Hackney Downs è ampio ed è ottimo per passeggiare nel verde, e molto bello e molto english è **Clissold Park**, con al suo interno la splendida Clissold House, accanto a Stoke Newington Church Street, la via dello shopping di Stoke Newington.

BRICK LANE, SPITAFIELDS, WHITECHAPEL, TOWER HAMLETS, BETHNAL GREEN, STRATFORD

DA NON PERDERE

Al 77-82 Whitechapel High Street, troviamo la **Whitechapel Art Gallery**, situata nell'**East London**, e fondata nel 1901 dal reverendo anglicano e riformista Samuel Barnett, su progetto dall'architetto Charles Harrison Townsend. L'iniziativa, nata dalla volontà di Barnett di promuovere l'arte, aveva l'ambizioso obiettivo di avvicinare gli abitanti dell'East End di Londra alla cultura per creare una società più istruita. L'edificio, in stile Art Noveau, apre da sempre le porte alla pittura moderna e contemporanea, tanto che in passato ha ospitato opere di Picasso, Mark Rothko e Frida Kahlo. Oltre al grande spazio espositivo, troverete all'interno una caffetteria con connessione wi-fi gratuita dove potrete fare una sosta per riposare, magari gustando una bevanda e sgranocchiando qualcosa. Orari dalle 11 alle 18. Fermata metro **Aldgate East** (www.whitechapelgallery.org).

FAI LA SPESA GIUSTA

Anche alcuni distretti di **Tower Hamlets**, confinanti con Hackney, sono celebri per i loro mercati molto variegati, con occasioni di risparmio ma anche con ottime tentazioni per spendere parecchio. Il **Brick Lane's market** è facilmente raggiungibile sia dalla stazione Overground **Shoreditch High Street** sia dalla fermata metro **Liverpool Street**.

Sempre in **Brick Lane** è disponibile 24 ore su 24 tutti i giorni dell'anno la **Brick Lane Beigel Bakery**, al 159 Brick Lane, stazione Overground **Shoreditch High Street**: è un panificio che produce il tipico pane a forma di ciambella, che viene anche servito imbottito con formaggi, salumi, salmone, tonno e il prelibato *salt beef*. I prezzi sono talmente convenienti che sembrano rimasti fermi a decine di anni fa: un beigel imbottito può costare appena poco più di £ 1, e una fetta di ottimo cheesecake artigianale solo 70 *pence*!

Col risparmio che la bakery ci lascia in tasca su pane, beigels e torte, si può andare a completare il resto della spesa per la nostra tavola presso gli altri **mercati di Tower Hamlets**, di lunga tradizione e in pieno spirito e atmosfera da East End londinese, come per esempio al **Roman Road Market**. Conosciuto dai residenti locali come il "The Roman", è raggiungibile dalla fermate metro **Mile End** e **Bow Road**, ed è aperto dal lunedì al sabato dalle 8 alle 18; vi si trova dai vestiti agli articoli per la casa, e ha una speciale sezione dedicata al cibo presso St Stephen Road. Anche il vicino e quasi omonimo Roman Road Square Market è molto frequentato dai residenti, alla ricerca di frutta e ortaggi freschi (www.towerhamlets.gov.uk).

Altro popolare mercatino per una buona spesa di frutta e verdura è lo **Stroudley Walk Market** di Bow, cuore autentico dell'East End e area nominata persino da Chaucer nei *Canterbury Tales*.
Lo si raggiunge dalle fermate metro **Bromley** e **Bow Road**, e dalla stazione DLR (Docklands Light Railway) **Bow Church**.

Verde and Company al 40 Brushfield Street è un minimarket di generi alimentari fornitissimo di cibi sani e genuini. Tanti gli scaffali di marmellate e cioccolato, frutta e verdura di stagione, ma anche pietanze salate e ottimi dolci. C'è veramente di tutto. Con £ 6,75 si può scegliere una colazione abbondante all'inglese con uova, pane e pancetta. Scegliete quello che volete e sarete sazi a lungo. Fermata metro **Aldgate** (www.verdeandco.co.uk).

MANGIA BENE E BEVI MEGLIO

Meritano una menzione speciale due spazi all'interno del **mercato di Brick Lane** (stazione Overground **Shoreditch High Street**, fermate metro **Liverpool Street** e **Aldgate East**): la **Boiler House Food Hall** (www.boilerhouse-foodhall.co.uk) e la sezione alimentare del **Sunday UpMarket** (www.sundayupmarket.co.uk) aperti entrambe la domenica dalle 10 alle 17 (la **Boiler House** è aperta anche il sabato dalle 10 alle 18). Qui si trovano specialità da tutto il mondo preparate sul posto, con porzioni abbondanti e a prezzi contenuti, che vanno da £ 1 o £ 2 per piccole porzioni, assaggi o antipasti, fino a un prezzo medio di £ 4,50-£ 5 per abbondanti vaschette riempite a piacere. È un'ottima occasione per esplorare sapori e profumi da ogni angolo del globo, e gustarli a prezzi contenuti. C'è un piccolo segreto da sapere per risparmiare ancora di più: quando si avvicina l'orario di chiusura è possibile trovare offerte speciali dei venditori che vogliono finire la merce, e andar via con porzioni abbondanti per appena un paio di sterline!

Visitando East London non si possono non visitare i **Pie Shop**

STORIE E PERSONE

Pie, mash and eel. East London ha una sua particolare tradizione popolare enogastronomica, tipicamente basata su "pie, mash and eel", in cui "pie" è una torta salata di pasta sfoglia, "mash" è il purè di patate ed "eel" l'anguilla, al tempo abbondante nel Tamigi. È diventato il piatto più tipico di East e South East London man mano che con l'industrializzazione la città si divideva, con la popolazione più ricca e benestante a ovest e le classi lavoratrici a est (dato che il vento soffiava prevalentemente da ovest, West London respirava l'aria di benessere dell'industrializzazione, mentre East London ne respirava i fumi). Si andò quindi diffondendo fra le classi popolari un piatto economico e facile da realizzare, attingendo a ciò che c'era più accessibile a quel tempo: farina, patate e anguille.

che preparano questo le *Pie*: sono un tassello per una completa esperienza da vero *East Londoner*. **G Kelly** al 414 Bethnal Green Road, fermata metro **Bethnal Green**, si attiene alla ricetta tradizionale che risale a prima degli anni Quaranta (www.gkellypieandmash.co.uk); anche **F Cooke** al 9 Broadway Market, dalle parti di London Fields ad Hackney, ne prepara una buona versione.

All'interno dell'**Old Spitalfieds Market**, fermata metro **Liverpool Street**, si trova invece la rivisitazione moderna: qui si prepara infatti la *Square Pie*, che usa come base la *pie* tradizionale reinventandola nelle combinazioni di gusto e ricontestualizzandola nella Londra contemporanea (www.oldspitalfieldsmarket.com).

Visto che stiamo trattando di piatti tradizionali l'occasione è perfetta per introdurre l'ottimo fish and chips di **Poppies Fish And Chips**, al 6-8 Hanbury Street, fermata metro **Liverpool Street**. Il loro fish and chips è il più rinomato della zona; una porzione può costare un po' di più rispetto a quello servito nei pub, ma essendo un ristorante specializzato la qualità è superiore. Se però lo si ordina come take away il prezzo si allinea con quello di un pasto al pub o addirittura meno, e la qualità ripaga decisamente la minore comodità nel mangiare in piedi o per strada (www.poppiesfishandchips.co.uk).

Un altro assaggio di British food lo si può gustare allo storico *caff* (caffè all'inglese) **E Pellicci** al 322 Bethnal Green Road, fermata metro **Bethnal Green**, che offre la tipica colazione all'inglese, a

STORIE E PERSONE

Jack the Ripper. Il quartiere di **Whitechapel** è stato nell'XIX secolo una delle zone più povere e malfamate della città. Tristemente noto per le vicende di **Jack lo squartatore** (**Jack the Ripper**), che tra l'agosto e il novembre del 1888 vi uccise cinque prostitute, oggi è diventato un quartiere in cui passa la linea di confine con la zona est di Londra. Molti sono i film e i libri che hanno raccontato la macabra storia di Jack the Ripper; ma vogliamo riportare una notizia fresca che addossa la responsabilità dei delitti a un membro dell'alta società britannica, l'artista di origine tedesca **Walter Sickert**. La scoperta (non definitiva) sarebbe stata fatta dalla scrittrice di gialli americana **Patricia Cornwell**, la quale sostiene che il colpevole sarebbe stato proprio il pittore. Tanti sono i sospetti, tante le ipotesi, ma nessuna prova concreta è mai stata trovata. La Cornwell ha scritto sulla vicenda il libro "Ritratto di un assassino", edito nel 2012.

---

ottimi prezzi, con bacon, fagioli con ketchup, uova, salsicce, e tutte le riserve di energia necessarie per lunghe giornate di mercati, shopping, esplorazioni e sorprese.

Il **Needoo Grill** all'87 New Road (www.needoogrill.co.uk) e il **Tayyabs** all'83-89 Fieldgate Street, a due passi dalla moschea, prepara ottimi piatti tipici a base di carne, per tutti i gusti e palati. Le porzioni sono abbondanti e il personale è gentile e disponibile. Prezzi per la portata principale da £ 9. Fermata metro **Whitechapel**.

Per un buon pasto in stile South India il semplice e spartano **Chennai Dosa** al 353 High Street North, fermata metro **East Ham**, ha prezzi molto accessibili e pietanze gustose (www.chennaidosa.com).

Con passo felino potete introdurvi al **Lady Dinah's Cat Emporium**, una caffetteria molto speciale caratterizzata dalla presenza di tanti gatti. Il 152-154 Bethnal Green Road è quindi una tappa obbligata per gli amanti di questi nobili e coccolosi animali, ma occorre prenotarsi con largo anticipo, anche di qualche mese (ladydinahs.com). Fermata metro **Bethnal Green** o stazione Overground **Shoreditch High Street**.

Curiosa la situazione a Brick Lane, dove per circa metà della via i ristoranti asiatici (prevalentemente indiani) si succedono uno dopo l'altro, e passeggiandovi capita di essere contesi a suon di promozioni dai loro promoters, così da avere persino opportunità di trattare il prezzo del menù. Fra i tanti della via abbiamo scelto il ristorante **Aladin Brick Lane** al 132 Brick Lane, stazione Overground **Shoreditch High Street** o fermata metro **Aldgate East**, votato fra i primi dieci migliori ristoranti indiani di Londra. Non a caso ha avuto una sfilza di riconoscimenti, la BBC vi ha girato un servizio per la tv ed è stato elogiato nientemeno che dal principe Carlo d'Inghilterra, una garanzia per la clientela, nonché una soddisfazione per l'ottimo lavoro del proprietario. Il must della cucina del Bangladesh e del Pakistan è la salsa "riatta", a base di verdure o frutta, da accompagnare con straccetti di pollo o tacchino o dolci. Diversi cibi vengono sminuzzati e mescolati al riso e alla "pita" orientale. Prezzi da £ 8-£ 15, trattabili se vi trovate al centro di una contrattazione coi "buttadentro" (www.aladinbricklane.net).

Sapori nostrani a **La Pietra Restaurant** (cucina italiana), al 54 Commercial Street, dove troviamo le specialità italiane di pane, pasta e pizza. Insalate fresche con olive e capperi. Buona scelta di vini, buon cibo e buoni prezzi, da £ 4 a £ 21. Fermata metro **Aldgate East** (www.lapietra.co.uk).

Per chi vuole reimmergersi nella varietà di sapori e di tradizioni enogastronomiche straniere, non può mancare di fare un salto alla **Lahore Kebab House** di Whitechapel, al 2 di Umberton Street: è un ottimo curry restaurant di specialità indiane, in particolare punjabi. Il tandoori è di gran qualità e con prezzi davvero competitivi; i piatti principali, dalle dimensioni generose, partono da prezzi sotto le £ 10 (www.lahore-kebabhouse.com).

Cucina vietnamita da **Miss Chu Restaurants & Café** al 91 Whitechapel High Street, fermata metro **Aldgate East**. Miss Chu nasce come società di catering nel 2007 a Sidney. In pochi anni si è allargata alle città di Melbourne e Perth, per approdare infine nel novembre del 2013 a Londra. Nahji Chu, questo il vero nome della fondatrice e direttrice creativa della catena di ristoranti, fuggì dal Vietnam a cinque anni con la famiglia in Australia, dove vive dal 1975. Le prelibatezze servite spaziano dai famosi paper rolls ai noodles. Si parte con una zuppa e si continua con carne e pesce dai sapori speziati, con fagioli bianchi, mais o patate dolci. Piatti molto buoni, ottimo rapporto qualità-prezzo, £ 10 (www.misschu.co.uk).

Il **Pie Factory**, al 103 Whitechapel Road, fermata metro **Whitechapel**, prepara torte salate (e dolci) ripiene di ogni cosa:

pollo, spinaci, funghi, patate e piselli. Un'ampia varietà di prodotti freschi, di alta qualità. Molto buono, a prezzi contenuti: tra £ 4,95 e £ 6,50 e wi-fi gratuito per i clienti nel locale (www.piefactory.net).

Al 9 Davenant Street c'è **The Urban Chocolatier**, considerato, a ragion veduta, una delle migliori cioccolaterie della zona per la sua gustosa fonduta di cioccolato con spiedini di frutta scelta. Naturalmente, potrete anche spaziare tra il caffè e il tè, i dolci, i gelati e i sandwich. Un po' caro, ma ne vale la pena. Fermata metro **Whitechapel** (www.urbanchocolatier.co.uk).

E non poteva mancare **Pret A Manger**, che qui si trova al 21 Mansell Street, ed è sempre una valida risorsa per spuntini poco esosi. Fermate metro **Aldgate** e **Aldgate East** (www.pret.com).

Un punto ventita della catena **Eat** si trova all'84 Aldgate High Street; è molto simile al Pret A Manger, con sandwich, zuppe, insalate, dessert, pie, drink.

HOTEL E OSTELLI

L'ampio territorio di **Tower Hamlets** e dei suoi distretti offre diverse possibilità di alloggio. Nel valutare quali opzioni convenienti si possano trovare per il proprio soggiorno a Londra occorre sempre ricordare che le offerte dipendono dalla stagione e sono subordinate al numero di persone che prenotano, alla disponibilità e, sempre più spesso, al tempo di anticipo con cui si prenota. Anche il mondo alberghiero si va infatti adeguando alle dinamiche di mercato dell'epoca low-cost.

L'**RMA Hostel** su Mile End Road (al 156-158) è vicino alla fermata metro **Stepney Green** e con prezzi sulle £ 20-£ 25, simili a quelli del **Globe Trott Inns** che è situato ancora più a est, all'1 Barking Road, fermata metro **Upton Park** (www.rmaaccommodation.com).

Il **Forest View Hotel**, al 227 Romford Road, fermata metro **Woodgrange Park**, promette prezzi a partire da circa £ 65. La stazione metro **Stratford** ha diverse linee per il centro e la zona commerciale, rivitalizzata dalle recenti Olimpiadi, è attigua (www.forestviewhotel.co.uk).

In Romford Road al civico 162 si trova il **Viking Hotel**, con prezzi a partire dalle £ 45 a persona quando si prenota in due. Fermata metro **Woodgrange Park**. A Times Square si può soggiornare in appartamento presso i Times Square Apartments, Hooper street, fermata metro **Aldgate East**. Prezzo £ 60- £ 75. Si tratta di alloggi completamente attrezzati, con cucine moderne e camere da letto spaziose con bagno, biancheria (www.viking-london.galahotels.com).

SHOPPING & BEAUTY

Brick Lane è indubbiamente la via da cui partire per lo shopping, essendo la protagonista assoluta di quest'area, parte integrante della scena di Shoreditch e Hoxton sotto tutti gli aspetti. Per tutti stazione Overground **Shoreditch High Street**.

Nella sola Brick Lane si trovano ben cinque mercati. Nello stesso complesso di edifici conosciuti come la **Old Truman Brewery** (gli ex stabilimenti di una storica fabbrica di birra), che ospita la Boiler House Food Hall, si trovano il Vintage Market, il Sunday UpMarket, il Backyard Market e la Tea Room (www.trumanbrewery.com).

Nella parte non dedicata al cibo, il **Sunday UpMarket** (aperto solo la domenica dalle 10 alle 17) si compone di decine di bancarelle che spaziano dall'artigianato agli oggetti d'arredamento, dall'abbigliamento di tendenza agli accessori. Potremmo dire che il mercato ha una certa attenzione per la moda, ma in realtà è anche vero che è la moda di questi ultimi anni che ha iniziato a volgere l'attenzione a questo particolare mercato, all'atmosfera e al contributo di artisti, di stilisti e di artigiani che con la loro creatività rendono unico questo posto, rendendolo anche influente sulle tendenze globali della città.

Il **Vintage Market**, come il nome inequivocabile suggerisce, offre una vasta esposizione di articoli vintage, fra moda, glam e curiosità; è aperto il sabato dalle 11 alle 18 e la domenica dalle 10 alle 17.

Stessi giorni e orari anche per il **Backyard Market**, dedicato alle arti e alla creatività dei giovani artisti londinesi; nella **Tea Room** trovano spazio caffetterie, antiquariato, oggetti d'arredamento, gioielli, dischi usati e memorabilia... e persino un indovino che legge le carte, forse a conferma della sensazione di trovarsi in un luogo che ha qualcosa di magico (www.backyardmarket.co.uk).

Per gli appassionati di musica è assolutamente da non perdere una visita al negozio di dischi **Rough Trade East**. Rough Trade è una piccola catena indipendente di tre negozi, due a Londra e uno a New York, e che dell'indipendenza fa la sua bandiera e il suo manifesto non solo in termini di gestione, ma anche in termini di scelte di mercato, di artisti e di etichette. Come dichiarano nella loro presentazione "noi felicemente ignoriamo gli stereotipi degli analisti della 'musica di consumo', concentrandoci invece sulla realtà, fornendo a pensatori indipendenti musica indipendente, in maniera indipendente". Dopo un'ora dentro Rough Trade sembra di sentirsi come chi nel 1976-1977 era al **100 Club** di Oxford Street, una stanza al centro di un'epoca (www.roughtrade.com).

Sempre su Brick Lane si trovano molti negozi, che spaziano dal vintage a prodotti originali di stilisti, come i celebri cappelli e berretti di **Bernstock Speirs** visti e fotografati più volte anche su qualche testa famosa, reperibili al civico 234 della via. Non sempre economici, ma originali e molto trendy per chi volesse tenere sempre in testa il Brick Lane style (www.bernstockspeirs.com).

A qualche porta di distanza (236 Brick Lane) risiede l'originalità di **Tatty Devine**, designer di gioielli, bigiotteria, oggettistica e accessori. Si parte da prezzi contenuti (da £ 15 per i ciondoli) per salire ovviamente in base al materiale e alla lavorazione; ce n'è quindi per tutti i gusti e per tutte le tasche (www.tattydevine.com).

Percorrendo ancora Brick Lane al civico 103 c'è **The Laden Showroom**, un tempietto della moda con giovani stilisti e artigiani emergenti; professionisti indipendenti della creatività il cui obiettivo è promuovere nuovi marchi, nuove tendenze, sempre alla ricerca di mutamenti, spunti e idee. Molto frequentato anche dalle celebrità (www.laden.co.uk).

Uscendo da Brick Lane e svoltando verso Bethnal Green si incontra quasi subito il **Cult Mountain** (141 Bethnal Green Road); facilmente individuabile per la cornice rosa di vetrina e ingresso, è un bel negozio che va oltre il concetto di semplice esercizio commerciale, fondendo arte, moda, eventi artistici, fotografia, oggetti da collezione e che vuole essere luogo di cultura della comunità di East London. È un po' negozio e un po' galleria, un po' spazio artistico, un po' luogo d'incontro di artisti e di amanti dell'arte, e un po' anche caffè. Molto spazio è dedicato al talento locale e alle migliori energie della comunità, che qui trovano espressione e che nel riscontro con il pubblico trovano anche supporto (www.cultmountain.com).

Fra Brick Lane e la fermata metro **Liverpool Street** si trova invece l'**Old Spitalfields Market**, altra tappa essenziale dello shopping nell'area e altro importante e storico mercato di Londra. Autorizzato da Carlo I nel lontano 1638 per la vendita di carne e vegetali, si è andato trasformando nel tempo fino a diventare l'elegante mercato coperto di oggi, dove trovare articoli di abbigliamento e di design, prodotti artigianali e curiosi, idee regalo originali, e un'ampia scelta di negozi, bar, e ristoranti. È aperto tutti i giorni, ma come è facile immaginare raggiunge il picco di visitatori nel weekend. Chiude sempre alle 17, tranne il venerdì in cui chiude alle 16.

Non può che essere da queste parti, nel cuore contemporaneo dell'arte e della creatività londinese, il negozio di materiali artistici **Atlantis**, che si definisce il più grande d'Europa nel suo genere. Posizionato in Britannia House, 68-80 Hanbury Street, ed equidistante dalla stazione Overground **Shoreditch High Street** e dalle fermate metro **Whitechapel** e **Aldgate East**, vanta un'enorme scelta di colori, smalti, attrezzi per dipingere o scolpire, supporti d'ogni formato e materiale, per liberare finalmente il Van Gogh o il Monet che c'è in voi (www.atlantisart.co.uk).

Se in Gran Bretagna si vuole fare l'esperienza del tè, la si può provare decisamente al meglio in un posto come **TeaSmith**, 6 Lamb Street, nei pressi dello Spitafields Market e a qualche minuto a piedi sia dalla fermata metro **Liverpool Street** sia da quella Overground **Shoreditch High Street**. Il personale esperto vi guiderà fra le innumerevoli varianti di tè, da quelle tradizionali alle più esotiche. Si possono comprare bustine, confezioni e pacchi regalo di sicuro effetto. Si può anche consumare sul posto, accompagnando la bevanda con biscotti e dolci fatti in casa (www.teasmith.co.uk).

In pochi minuti da Spitalfields e dalla fermata metro **Liverpool Street**, si raggiunge invece il famoso e storico **Pettycoat Lane Market**. Con una storia lunga secoli che lo identifica come uno dei più antichi ancora esistenti (nello stesso luogo si mercanteggiava già nel XVI secolo), dall'inizio del XVII secolo fu luogo di commercio di abiti usati e bric-à-brac, rimanendo sempre associato alla vendita e alla produzione di vestiario. Il nome suona come "la via della sottoveste" (se non proprio della mutanda) per via dell'indumento prodotto e venduto lì dagli Ugonotti rifugiatisi nell'area in fuga dalle persecuzioni in Francia. Quando il puritanesimo vittoriano si trovò a disagio con una via dedicata a un indumento intimo femminile si pensò cambiare il nome della via con l'attuale Middlesex Street, ma per tutti il mercato è rimasto sempre quello di Pettycoat Lane. Della tradizione è rimasto anche l'abbigliamento protagonista del mercato, soprattutto quello economico, a differenza dell'Old Spitafields più incentrato su moda e design. Pettycoat Lane Market c'è sia la domenica dalle 9 alle 14 sia in forma ridotta sulla Wentswoth Street dal lunedì al venerdì, dalle 8 alle 16 (www.towerhamlets.gov.uk).

Per lo shopping in East London va certamente menzionato l'enorme centro commerciale **Westfields** di Stratford; completato e aperto in vista delle Olimpiadi londinesi del 2012, è uno dei più grandi in un'area urbana nel Regno Unito e in Europa. Conta innumerevoli negozi e ristoranti, che spaziano dalle più diffuse catene delle high streets a boutique più originali e di nicchia, per ogni tipo di prodotto possibile, dall'abbigliamento alla profumeria, dall'arredamento agli articoli da regalo. Al 2 Stratford Place, Montifichet Road, Queen Elizabeth Olympic Park, è l'edificio accanto alla stazione di metropolitana, DLR e National Rail **Stratford** (uk.westfield.com/stratfordcity).

INDIRIZZI PER DIVERTIRSI

Brick Lane, insieme alle vicine aree di Shoreditch e Hoxton, è al centro della vita notturna di Londra. Nel solo complesso della Old Truman Brewery troviamo tre interessanti locali che offrono serate dance all'avanguardia con bravi dj e serate a tema o concerti di musica live con ottime selezioni di artisti emergenti, come pure di artisti già nel circuito professionale che amano ributtarsi nel cuore delle nuove tendenze della Londra contemporanea.

Il **Café 1001**, al 91 Brick Lane, stazione Overground **Shoreditch High Street** o fermata metro **Aldgate East**, si distingue subito dal barbeque permanente davanti alla porta, che offre ottimi panini a £ 4,50-£ 5, riempiti a piacere. All'interno del 1001 si trovano un bar, una saletta con divani e musica in diffusione o dj, e una sala più grande adibita agli eventi di maggior richiamo e alla musica live, con capienza di circa 400 persone (www.cafe1001.co.uk).

Il **93 Feet East**, al 150 Brick Lane, consiste in un bar con spazio per ballare e postazione dj, luci e impianto audio e una sala più grande per 350 persone in cui si svolgono i concerti live. Molto spesso durante la settimana i concerti sono a ingresso gratuito: sono un'ottima occasione per carpire le nuove tendenze artistiche e musicali, se non addirittura incrociare talenti emergenti che di lì a poco calcheranno grandi palchi e festival. È un posto molto amato anche dai grandi artisti, e nel 2008 i Radiohead vi hanno tenuto un concerto in segreto. Anche il 93 Feet East ha un barbecue nel suo cortile interno.

% UN'ORA PRIMA TI VORREI

Café 1001. Fra i locali più amati e frequentati di Brick Lane, il Café 1001 ha le sue "happy hour" fra le 17 e le 20 in estate. Ottima occasione per chi vuole gustarsi un drink nella via più al centro della scena di Londra negli ultimi anni, a un passo dal negozio di dischi Rough Trade. Tramite il loro sito ci si può anche aggiornare sull'eventuale concomitanza di eventi d'interesse, e tenere d'occhio gli orari dell'happy hour durante l'anno. 91 Brick Lane, stazione Overground **Shoreditch High Street** o fermata metro **Aldgate East** (www.cafe1001.co.uk).

Esattamente di fronte e sempre su Brick Lane, ai numeri 91-95, si trova il **Vibe Bar**, suddiviso in un cortile con barbecue e panchine e vista su Brick Lane, un bar con palco e impianto audio per serate dance, dj ed eventi, e una sala per i concerti al piano di sopra, con impianto tanto potente da sembrare di stare in un'arena e un proprio bar. Il calendario del Vibe è spesso ricco di eventi di ogni tipo, dalla musica live agli open mic (microfoni aperti), da serate di cinema e documentari a discoteca. Stazione Overground **Shoreditch High Street** o fermata metro **Aldgate East** (www.93feeteast.co.uk).

Che cosa può essere più divertente di una serata all'insegna del British humor? I comici inglesi sono davvero esilaranti, sfrenati o surreali; gli *stand up comedians* sono più o meno quelli che da noi sono chiamati cabarettisti, artisti che spesso da soli prendono il palco con un microfono, mettendo in successione raffiche di gag e battute. In tanti pub e locali si svolgono le *comedy nights*, fra cui i cosiddetti *open mic*. Come nell'equivalente degli *open mic* musicali, gli artisti si presentano una o due ore prima della serata, e si mettono in lista per esibirsi fra i 5 e i 10 minuti.
Molti *open mic* sono gratuiti, ed è una splendida occasione per assaggiare l'umorismo che ha fatto scuola nel mondo, arricchito dalla presenza di comici originari di altri paesi, che nella *comedy* mescolano la loro tradizione.

La **Rhythm Factory** al 16-18 Whitechapel Road, fermata metro **Whitechapel**, svolge il suo *Comedy Bin open mic* il lunedì, ingresso gratuito. Sul sito gli appuntamenti gratuiti del Comedy Bin (www.comedybin.org/free_shows.htm).

Per chi ama il jazz il **Jamboree** offre un calendario fittissimo di concerti live con ottimi artisti.

I prezzi di ingresso ai concerti sono spesso accessibili, sulle £ 5 di media, e nella maggior parte dei casi ci sono anche riduzioni o ingressi del tutto gratuiti presentandosi prima di un dato orario, di solito 20 o 20.30. Tenete d'occhio il loro sito per il programma dei i concerti, e per l'opportunità di vederli gratis o a poco (www.jamboreevenue.co.uk). Si trova al 566 Cable Street, Tower Hamlets, stazione National Rail e DLR **Limehouse**.

SPAZIO ALLE CULTURE

C'è un appuntamento anche per chi preferisce al rock le arti figurative; ogni primo giovedì del mese, fra maggio e settembre, **First Thursdays** è un tour gratuito di 150 gallerie d'arte di East London, con eventi, workshops e incontri culturali, sempre gratuiti. Si può girare attraverso i percorsi guidati, o avvalendosi del Free Art bus, l'autobus gratuito per l'evento (www.firstthursdays.co.uk). A organizzare il tour, e a esserne punto di partenza, la Whitechapel Gallery, in 77-82 Whitechapel High Street, fermata metro **Aldgate East**.

Splendido edificio il **Theatre Royal Stratford East** di Stratford; costruito nel 1884 preserva ancora oggi le sue caratteristiche vittoriane, in un gioiellino da 460 posti su tre livelli. Ha subito fortune alterne nel tempo, fin quando negli anni Cinquanta divenne casa della compagnia Theatre Workshop, che vi produsse spettacoli di successo che conquistarono anche il West End. Oggi le produzioni si occupano di dar voce all'espressione e allo sviluppo della cultura nella comunità locale, con una sensibilità particolare per le culture che formano il tessuto dell'area, raccontando le esperienze dei migranti di seconda e terza generazione. Anche i prezzi accessibili per gli spettacoli ne

IL MOMENTO MIGLIORE PER...

Per tutti i rockers. Gli amanti del rock, della musica alternativa, dei grandi festival e dei grandi eventi, troveranno alcuni dei momenti migliori nel **Victoria Park**, che è sede di alcuni dei più interessanti festival di musica della Gran Bretagna. Dai tempi in cui i Clash si esibirono qui per dire no al razzismo, questo parco è stato teatro, e lo è ancora, di memorabili edizioni di vari **Field Day**, **Underage Festival** (per teenagers fra i 13 e i 17 anni) e **Lovebox Festival** (www.fielddayfestivals.com, www.underagefestivals.com, www.loveboxfestival.com).

STORIE E PERSONE

Londra al verde. Chi avrebbe mai scommesso di potersi avviare verso un posto al centro di Londra canticchiando "Nella vecchia fattoria"? Eppure è possibile; nel centro della megalopoli, a un passo dal "Silicon roundabout" fulcro dell'Europa digitale, c'è niente meno che una vera e propria fattoria di animali, visitabile gratuitamente. La **Spitalfields City Farm**, è particolarmente adatta alle famiglie e ai bambini, e permette di venire a contatto, se non addirittura accarezzare e coccolare in alcuni casi, con animali domestici e da allevamento non facilmente visibili in una grande città. La fattoria promuove un trattamento verso gli animali senza crudeltà, che abbia a cuore il loro benessere, e incentiva le attività e la ricerche affinché questo sia possibile. Organizza inoltre tantissimi eventi, di ispirazione ecologica, di giardinaggio o di cucina. Volete quindi respirare un po' di aria di campagna fra la natura e gli animali? Dirigetevi allora in centro città, presso la Spitalfields City Farm, Buxton Street, fermata Overground **Shoreditch High Street** oppure fermata metro **Bethnal Green** (www.spitalfieldscityfarm.org).

The Elephant man. L'area di Whitechapel è anche nota per il **Royal London Hospital**, dove **Joseph Merrick**, soprannominato "l'Uomo elefante" per le sue deformità, trascorse gli ultimi anni della sua vita, curato e trattato con rispetto dal chirurgo, **Frederick Treves**, con il quale instaurò una forte amicizia. Dalle memorie del dottor Treves sul caso Merrick, è stato tratto il film "The Elephant Man", diretto da **David Lynch**. Nel 1980 la pellicola riscosse un notevole successo con un cast di attori del calibro di Anthony Hopkins e Anne Bancroft.

rivelano il carattere popolare, che gli vale il nomignolo di "teatro della gente" che con orgoglio è aggiunto al nome ufficiale sul sito, permettendo così di vivere le storie della Londra di oggi, complessa e diversificata. Theatre Royal Stratford East, Gerry Raffles Square. Fermata metro e Overground **Stratford** (www.stratfordeast.com).

DOCKLANDS

DA NON PERDERE

Moderno quartiere finanziario architettonicamente avveniristico completamente diverso dal resto della città, l'area dei **Docklands** (zone portuali) copre ettari di notevoli edifici di stili moderni e alcuni tra i grattacieli più alti, situati nella zona portuale sul fiume Tamigi. La sua costruzione è iniziata nei primi anni Ottanta con la trasformazione di vecchi magazzini in loft. La London Docklands Development Corporation (LDDC) iniziò la sua edificazione con lo slogan "Dal vivo è come Venezia, dal vero funziona come New York", riferendosi alla bellezza della città italiana e al traino incontrovertibile della finanza americana. Il futuristico distretto di **Canary Wharf** è il cuore dei Docklands e può sembrare una contraddizione quando lo si vuole paragonare a Venezia, ma una spiegazione c'è: vi sono diversi canali che conducono alla bella passeggiata da dove si raggiungono bar e ristoranti, negozi, uffici e centri commerciali. Cosa di non scarsa importanza, la maggior parte delle attività è aperta fino a tarda sera, 7 giorni su 7. La zona di Londra è ben collegata con la **Docklands Light Railway (DLR)** e con metro, autobus e battelli.

FAI LA SPESA GIUSTA

Per chi a Londra avesse desiderio di cucinarsi del pesce fresco e di trovarne una varietà superiore rispetto ai supermarket (serve però anche voglia di mettersi in moto all'alba), il **Billingsgate Fish Market** (www.seafoodtraining.org) di Trafalgar Way, vicino ai grattaceli di Canary Wharf, è il più grande mercato del pesce di Londra. Aperto dalle 4 alle 9.30 del mattino vende pesce all'ingrosso per negozi, pescherie e ristoranti. Anche senza essere commercianti si può comunque comprare del pesce a prezzi certamente migliori rispetto alle rivendite. La stazione DLR più vicina è **Poplar**, ma attenzione a pianificare il viaggio, poiché all'orario di apertura i servizi su rotaia di metropolitana, Overground e DLR sono ancora chiusi. A quell'ora viaggiano i bus notturni, i cui tragitti possono essere trovati, con gli orari, sul sito di Transport For London (www.tfl.gov.uk).

Nei pressi di Canary Wharf c'è la **Bagel Factory** che, come il nome stesso indica, produce il tipico pane a ciambella chiamato "bagel". C'è quindi la possibilità di trovarne di freschi appena sfornati, di trovarne alcuni già preparati e farciti (con prezzi fra le £ 2 e le £ 3, secondo il contenuto), e trovare produzione fresca di muffin o tortine al cacao e marmellata. La Bagel Factory è al 7 Westferry Circus, fermata DLR **Canary Wharf** (www.bagelfactory.co.uk).

Per chi volesse invece emulare le gesta gastronomiche di Homer Simpson, c'è vicino un punto vendita di **Krispy Kreme Doughnuts**, le dolci ciambelle fritte di cui il personaggio dei cartoni animati è golosissimo. Canada Place, fermata metro **Canary Wharf** (www.krispykreme.co.uk).

MANGIA BENE E BEVI MEGLIO

In questo indaffarato distretto finanziario, sono presenti il **Crussh Juice Bar** (fast food e take away), in Canada Square, fermata metro **Canary Wharf** (www.crussh.com), e il **Docklands Fried Chicken**, al 46 West Ferry, stazione DLR **South Quay**.

Ristorante indiano tra i migliori della zona ancora poco conosciuto è il **Mem Saheb on Thames**, al 65-67 Amsterdam Road, stazione DLR **Crossharbour**. I piatti tipici sono molto buoni e il locale è all'altezza del nome: si affaccia infatti sul fiume Tamigi, regalando ai clienti una vista mozzafiato. Aperto 7 giorni su 7, i prezzi si aggirano dalle £ 8 alle £ 18 (www.memsaheb.net).

L'**Hubbub**, al 269 Westferry Road, stazione DLR **Mudchute**, è un ristorante/pub ricavato in una ex chiesa vittoriana, di mattoni rossi, impreziosita nella facciata principale da colonne doriche e archi. Il locale all'interno riflette la luce, rendendo l'ambiente caldo e accogliente. Se fa bel tempo ci sono anche tavoli all'aperto. Buone le tapas e il menù è ricco anche di tante altre ricette. I prezzi variano dalle £ 3 alle £ 15. Vale la pena farvi una sosta (www.hubbub.co.uk).

Anche qui, come in altre parti della città, ritroviamo l'azienda agricola **Frizzante**, presso **Mudchute Park and Farm**, Pier Street. Si tratta di un'azienda agricola familiare, specializzata nella preparazione di piatti fatti in casa, semplici e genuini, che variano seguendo il calendario stagionale. Nell'ampia sala luminosa e soleggiata, è stata ricavata un'area giochi per i bimbi. È un ottimo ristorante per accogliere le famiglie. All'esterno ci sono ettari di terreno nel cuore del parco, totalmente immersi nella natura, in presenza di maialini, capre e pecore in un recinto da pascolo. I tavolini all'aperto rendono più piacevole la sosta, con il Tamigi che scorre accanto. Aperto tutti i giorni tranne il lunedì. Prezzi fra le £ 4 e £ 15 (www.frizzanteltd.co.uk).

Costruito in mattoni, pietra e legno, il **The Gun**, 27 Coldharbour, si sviluppa su due livelli: una parte più moderna ed eclettica, l'altra più tradizionale. L'atmosfera è unica, sembra di trovarsi sul pontile di una nave, perché le ampie vetrate hanno la vista direttamente sul fiume Tamigi. Scegliendo un piatto a base di carne alla griglia, si arriva a spendere fra le £ 7 e £ 21. I tavolini all'aperto, quando fa bel tempo, rendono ancora più piacevole la sosta. Fermata metro **Canary Wharf**, stazione DLR **Blackwall** (www.thegundocklands.com).

Il **The Grapes**, al 76 Narrow Street, è una storica e vecchia locanda "di passaggio", frequentata nel XIX secolo anche dallo scrittore inglese Charles Dickens, che l'ha citata nel romanzo *Il Nostro Comune Amico*. L'ambiente è molto particolare e suggestivo perché ha saputo mantenere nel tempo il suo aspetto originale e la sua particolare intimità. L'insegna posta fuori raffigura grappoli d'uva (questo è anche il nome del locale) e la locanda regala ore gradevoli con un menù di piatti tipici della casa, come lo stufato di agnello con patate e il maialino al latte. Prezzi ragionevoli che partono da £ 6. Stazioni DLR **Limehouse** e **Westferry** (www.thegrapes.co.uk).

In zona si trovano diverse sedi di **Pret A Manger**, al 7 West Ferry Canary Wharf, al Canary Wharf, 1 Canada Place, oppure in South Quay Plaza, 3B, Marsh Wall (www.pret.com).

C'è poi **Eat** di Canary Wharf, in Canada Place, con un vasto assortimento di sandwich, hot pots, zuppe, pie, insalate e dolci. Fermata metro **Canary Wharf**.

Infine, non si tratta di un'attrazione turistica bensì di un supermarket fornitissimo, il **Waitrose** ha un suo locale in Canada Place, Canada Square (www.waitrose.com).

HOTEL E OSTELLI

Il panorama sul fiume e sul tramonto dal **Britannia International Hotel**, 163 Marsh Wall, è straordinario. L'intero edificio, modernissimo, si affaccia sul canale di South Dock. La zona è un mix di centri commerciali e grattacieli. I prezzi partono da £ 72 a notte (www.britanniahotels.com).

Nella parte opposta della baia si trova l'**Hotel Ibis London Docklands** Canary Wharf, 1 Baffin Way, fermata metro **Canary Wharf**, dislocato in diversi angoli della città. Le camere e le suite sono avvolte da un'atmosfera di ovattata eleganza, con un tocco di tecnologia avveniristica che non guasta. Ottima struttura, considerato che i prezzi sono molto abbordabili. Dalle £ 67 a notte. Fermata metro **Canary Wharf** (www.ibis.com).

Fra gli ostelli che promettono maggiore risparmio il **Fresh @ The Great Eastern**, situato all'1 Glenaffric Avenue, si trova nella cosiddetta Isle Of Dogs, connessa a Canary Wharf e ad altre aree di Londra dalla linea DLR, **Island Garden**. Si trova sopra un pub anzi è forse più corretto dire che la struttura è nel pub. Decorato e arredato in stile moderno, è dotato di wi-fi e può risultare accogliente e molto economico: i prezzi partono infatti da £ 9.

Gli appartamenti **Discovery Dock Apartments**, situati al 3 South Quay Square, nel cuore di **Canary Wharf**, sono la risposta ad alberghi e ostelli: moderni, con ampi soggiorni, camere da letto di grandi dimensioni e letti queen-size. Comfort con servizi e splendida vista sull'acqua. Inoltre viene offerto un servizio di portineria e l'accesso gratuito a una palestra e una piscina.

SHOPPING & BEAUTY

Avete voglia di rinnovare il guardaroba ma le finanze non lo permettono? Avete presente quei fantastici grandi magazzini specializzati in marchi alternativi e abiti d'avanguardia? E allora siete sulla strada giusta, perché anche nelle Docklands, oltre che nel centro di Londra, c'è il fornitissimo **Topshop** – l'alta moda di strada – con la sua ricca collezione di vestiti, abiti, top, nonché scarpe, borse, make-up a prezzi accessibili, a partire da £ 2; tanti gli accessori fashion dal nuovo design. Insomma, se vi trovate nei paraggi, lanciatevi dentro il negozio e approfittate delle offerte speciali. Fermata metro **Canary Wharf** (www.topshop.com).

Siete a dieta? E allora chiedete e sarete accontentati da **Charbonnel et Walker**. Fondata nel 1875 su incoraggiamento di Edoardo VII, è una rinomata cioccolateria inglese sita a Cabot Place West, fermata metro **Canary Wharf**. Frutto della collaborazione tra due signore con la passione per il cioccolato, la francese Mme Charbonnel (che lasciò la maison del cioccolato

Boissier a Parigi) e l'inglese Mrs Walker, è una delle più antiche e amate cioccolaterie della capitale britannica, tra le preferite dei reali d'Inghilterra. Vi sono squisite praline di finissimo cioccolato disponibili sfuse o in eleganti confezioni regalo, anche in lattina. La vasta gamma di cioccolatini e la selezione di materie prime raffinatissime, vengono sperimentate quotidianamente, in un abbinamento di gusti e sapori sempre nuovi. Molte confezioni regalo sono un po' care, si aggirano sulle £ 20, ma sono frequenti le offerte e le promozioni (www.charbonnel.co.uk).

SPAZIO ALLE CULTURE

Torna ogni anno "vestito di nuovo" l'appuntamento con il **Jazz Festival** a **Canary Wharf**. La rassegna musicale, da sempre di grande richiamo per tutti gli amanti di questo genere musicale, ospita nel mese di agosto artisti di fama internazionale ed è molto applaudita e amata dal pubblico inglese. Il divertimento è assicurato e l'ingresso è gratuito. Canada Square Park, fermate metro e DLR **Canary Wharf** (www.londonjazznews.com).

ARTE E ARCHITETTURE A KM 0

Per scoprire la storia di quest'area bisogna fare un salto al **Museum of London Docklands**, al 1 Warehouse, West India Quay. Costruito nel 2003 in un vecchio magazzino di mattoni rossi del XIX secolo, offre una visita seguendo i naturali percorsi narrativi delle origini e dei mutamenti dell'area portuale, fino ad arrivare ai giorni nostri. Una speciale e suggestiva sezione all'interno è dedicata al dramma della tratta degli schiavi africani nel XVIII secolo, e illustra la campagna antischiavista guidata da **William Wilberforce**; deputato nel Parlamento britannico e pastore anglicano, fu uno dei padri riformatori favorevoli all'abolizione della schiavitù. Grazie anche al suo impegno, dopo quasi trent'anni, il 26 luglio 1833, venne abolita l'oppressione degli schiavi nelle colonie britanniche. La sua storia è stata raccontata in un film del 2006, *Amazing Grace*, diretto dal regista Michael Apted, con un superbo Ioan Gruffud nei panni del protagonista.
Infine, se avete necessità di rifocillarvi, potete sempre fermarvi nel gradevole bar del museo per gustarvi un dolce e un caffè, o decidere di rilassarvi seduti ai tavoli all'aperto. **Ingresso gratuito**, aperto tutti i giorni dalle 9.30 alle 18. Fermata metro e DLR **Canary Wharf** (www.museumoflondon.org.uk/docklands).

IL MOMENTO MIGLIORE PER...

Visitare una fattoria a Londra. La **Surrey Docks Farm** è una tipica fattoria immersa nel verde della campagna inglese, di fronte ai Docklands, ed è qui che dal 1980 è impegnata nell'allevamento di oche, tacchini, maiali, anatre, vitelli, pecore, capre, conigli, api e asini. La memoria di una parte della città ancora immersa nel verde della natura incontaminata, rurale e genuina, e l'odore dei campi, degli orti e dei frutteti, risvegliano i sensi assicurando un'esperienza davvero suggestiva. Negli ultimi anni si è perso il contatto con la natura, con la terra e questo luogo ha davvero la capacità di regalare ore indimenticabili in un ambiente diverso da quello a cui siamo abituati. Per raggiungere la fattoria si deve scendere alla fermata metro **Canada Water** e da lì la strada e il paesaggio cambiano, ben serviti da linee di autobus. L'ingresso è gratuito, ma una donazione di £ 3 è sempre gradita. È aperto sette giorni su sette dalle 10 alle 17 (orario estivo) e dalle 10 alle 16 (orario invernale). Rotherhithe Street (www.surreydocksfarm.org.uk).

3

SOUTH EAST LONDON

LONDON AT A GLANCE. Nuova trasformazione di Londra a sud del Tamigi, il fiume che oltre allo spazio ha suddiviso anche il tempo di questa città, con realtà parallele e indipendenti sulle rive opposte. A sud-est aree cresciute come villaggi, o cittadine come **Greenwich**, solo negli ultimi secoli sono state inglobate dalla megalopoli. Oggi è proprio Greenwich che definisce lo spazio e il tempo dei nostri viaggi moderni e di un mondo interconnesso; nella splendida area designata patrimonio dell'umanità dall'UNESCO il **Royal Observatory** fissa il meridiano 0 da cui si contano i meridiani del globo, e l'ora di Greenwich rispetto alla quale metà mondo è avanti e metà è indietro. Qui la domanda "What time is it?" non è mai banale.

GREENWICH

DA NON PERDERE

Utilizzando il servizio di metropolitana parzialmente di superficie senza conducente, la DLR (Docklands Light Railway), si raggiunge il "meridiano". Pochi però sono a conoscenza, anche tra gli inglesi, del **Greenwich Foot Tunnel** (di nuovo operativo, la sua costruzione risale al 1902), un "tunnel pedonale". Si tratta infatti di un corridoio sotterraneo, riservato a pedoni e biciclette, lungo 390 metri. Se si decide di fare a meno dei mezzi pubblici si può sempre percorrerlo (5-10 minuti di cammino) e all'uscita si verrà trasportati in una nuova realtà, quella delle bellezze autentiche di Greenwich, vicino alla fermata metro **Cutty Sark**. La zona è ben collegata con DLR, treni, metro, autobus e battelli.

FAI LA SPESA GIUSTA

Il grande e storico mercato di **Greenwich Market** offre possibilità molto interessanti per la spesa; oltre ai numerosi caffè e ristoranti, gli stand di street food consentono di comprare ingredienti freschi, o prodotti tipici da ogni parte del mondo. La bancarella di **Vivienne's Fruit & Veg** offre il meglio della produzione locale, con frutta e verdura del Kent e del Sussex.

Greenwich Flavoured Coffee vende una sua selezione di tè e caffè, molto apprezzati dalla clientela locale.

Dolci e biscotti vegani, anche con alternative senza glutine, glucosio, o soia, possono essere acquistati allo stand di **Vegan Sweet Tooth London** così come la **Ruby Tuesdays Bakery** si offre come forno vegano artigianale, con una sua gamma di prodotti molto ampia.

Pane fresco in tante varianti presso la bancarella della **Levain Bakery**, mentre **The Real Baking Company** è specializzata in torte, dolci e biscotti con ingredienti genuini e selezionati.

Prodotti genuini e artigianali sono in vendita presso il **Greenwich Organic Food Stall**, e presso **Go For Life**, che alla promozione della qualità associa un approccio etico e di consapevolezza, sulla nutrizione e sull'impatto delle scelte alimentari nella nostra vita e nella comunità.

Laddove si parla di mangiare bene, è immancabile l'apporto del nostro caro Paese, che qui è rappresentato con gusto dalle conserve e dai prodotti a base di tartufo di **Italian Truffle**, e da **Mamma Mia**, che oltre al nome dello stand che offre formaggi, salumi e prodotti italiani di qualità, è anche l'esclamazione spontanea nel captarne i profumi. Non tutti gli espositori sono presenti ogni giorno, per cui si consiglia di consultare il sito del mercato, e vedere in quali giorni lo stand che vi interessa è presente (www.greenwichmarketlondon.com/food-and-drink/category/market-food). La stazione DLR **Cutty Sark** è a un passo dal mercato.

Fuori dal mercato per pane e prodotti da forno c'è **God Bless Bakery**, che con la sua "mistica" presenza include anche il ringraziamento per "il nostro pane quotidiano", nei pressi della fermata metro e stazione National Rail **Greenwich**, al 15 Blackheath Hill.

Rhodes Bakery è invece vicino alla stazione DLR **Cutty Sark**, al 37 King William Walk.

Per cucinarsi una buona bistecca la macelleria locale è **Drings**, 22 Royal Hill, fermata metro e stazione National Rail **Greenwich**.

Stessa stazione per trovare l'assortimento di formaggi di **The Cheese Board**, 26 Royal Hill, e per rifornirsi di pesce da **Fishmongers**, Circus Street, Greenwich.

Stessa stazione di riferimento anche per l'alimentari, frutta e verdura **The Creaky Shed**, 20 Royal Hill.

Infine per una spesa facile, sbrigativa e conveniente, le grandi catene di supermercati si trovano sia presso la stazione National Rail **Maze Hill** (**Tesco Express**, 142-146 Trafalgar Road, **Marks & Spencer**, 43-53 Trafalgar Road, **Iceland**, 210-218 Trafalgar Road) sia presso la fermata metro di Greenwich (**Sainsbury's**,

T'AGGIUSTO IO

Filosofia spiccia. Il Greenwich Market offre servizi decisamente originali. Qualora a essersi inceppata fosse la nostra comprensione del mondo e della vita, **The Philosophy Takeaway** è l'originale bancarella che si trova tutti i mercoledì e che offre gratuitamente risposte filosofiche a tutte le grandi questioni dell'esistenza (www.thephilosophytakeaway.com).

229-235 Greenwich High Road, e **The Co-operative Food**, 245-247 Greenwich High Road).

A **In Stitch You** è invece molto di più di un rattoppo quello che Harriett Riddel offre il venerdì: Harriett letteralmente dipinge cucendo, personalizzando tessuti, creando persino ritratti con le cuciture. Il suo stand è qualcosa fra artigianato e arte, performance e intrattenimento, realizzando davanti a voi il vostro ritratto con la sua macchina da cucire (www.institchyou.co.uk).

MANGIA BENE E BEVI MEGLIO

Il Greenwich Market offre indubbiamente una vasta scelta di ristoranti, caffetterie, specialità da consumare sul posto e take away.
Fra gli stand dello street food potete trovare squisite leccornie preparate sul posto a prezzi convenienti: da **The Andes Empanadas** sono in vendita le empanadas, i "panzerotti delle Ande", simili a quelli nostrani e con ripieni di carne o verdure a £ 2,50 l'uno.

Per i sapori indiani di tradizione punjabi il **Desi Indian Food** offre abbondanti piatti principali fra le £ 4,50 e le £ 5,50, simili ai prezzi di **Falafel** che, fra le £ 4 e le £ 5 (per la porzione large), offre deliziosi rotoli mediorientali, farciti con insalata e yogurt.

Giro del mondo in 80 griglie all'originale **Arawak Grill**, che alla tradizione giamaicana di base ha unito le esperienze maturate dal fondatore, entrato in contatto con la cucina italiana, francese, mediterranea, e di varie scuole, creando un mix unico nel suo genere.

Per chi è in buoni rapporti di amicizia con la propria bilancia il **Brazilian Churros** propone dolci fritti e ricoperti di zucchero e cannella, disponibili sia semplici sia ripieni di crema al cioccolato. Serve anche bevande a base di guaranà. Etica in primo piano, con dolci vegani, e in dettagli come le cannucce biodegradabili.

Altre tappe piene di dolcezza sono i prodotti artigianali in cioccolato di **Bowing Dandelion**, i muffin di **Arapina**, i brownie di **Bad Brownie**, che già dal nome non fa nulla per lenire il nostro senso di colpa per la nostra golosità.

Rappresentato anche l'Estremo Oriente, con gli stand di **Koyul** (sushi) e **La-Mian & Dim Sum** (con piatti a base di noodle e dim sum cinesi freschi, preparati artigianalmente).

Nell'area di Greenwich abbondano inoltre i ristoranti; per un buon hamburger il **Gourmet Burger Kitchen Greenwich** al 45 Greenwich Church Street, SE10 9BL, ne prepara di ottimi, con le immancabili patate fritte. Prezzi a partire da £ 6,75 per l'hamburger classico, con i più ricchi e farciti che non arrivano quasi mai a £ 10. Stazione DLR **Cutty Sark** (www.gbk.co.uk/restaurant/greenwich).

Non c'è rischio di perdere la bussola presso la **16" West Brasserie**, che prende il suo nome ("sedici secondi a ovest") dalla sua collocazione rispetto al famosissimo Meridiano di Greenwich, National Maritime Museum, Park Row. Collocata nel bel mezzo del parco, è raggiungibile sia dalla stazione DLR **Cutty Sark** sia da quella National Rail **Maze Hill**.

Uno dei più celebri chef britannici (... no, l'altro, quello rilassato che non urla) ha aperto a Greenwich uno dei suoi ristoranti, con tributo alla scuola italiana di cucina: il **Jamie's Italian** è stato fondato da Jamie Oliver e dal suo maestro italiano Gennaro Contaldo, che unisce sapori italiani a interessanti rielaborazioni. Grande attenzione è posta alla scelta dei prodotti, alla sostenibilità della loro produzione e ai valori nutrizionali dei piatti. Il loro menù per bambini è stato encomiato e premiato; la loro pasta è fatta in casa. I prezzi sono forse leggermente superiori alla media, ma per la qualità e la grande selezione consapevole che riflettono, non sarebbe del tutto giusto definirli cari. Non lontano della stazione DLR **Cutty Sark**, è al 17 Nelson Road (www.jamieoliver.com/italian/restaurants/greenwich).

Goddards at Greenwich, 22 King William Walk SE10 9HU, Greenwich, prezzi da £ 6 a £ 15, serve zuppe di verdura, hamburger e fish and chips. Specialità inglese il pie & mash, pasticcio a base di carne e purè di patate accompagnato da una salsa di prezzemolo. Stazione DLR **Cutty Sark** (www.goddardsatgreenwich.co.uk).

Greenwich Union al 56 Royal Hill, SE10 8RT, ristorante a poche centinaia di metri dall'Osservatorio reale di Greenwich, è un locale moderno e luminoso che serve la classica cucina inglese. Diversi i piatti di pesce con salmone affumicato tagliato a tocchetti, crostini e paté di funghi; il tutto innaffiato dall'ottima selezione di birre chiare, scure e fruttate. C'è l'imbarazzo della scelta. Staff molto gentile e disponibile. Si mangia bene e si spende il giusto. Prezzo £ 10-£ 15. Stazione DLR **Greenwich** (www.greenwichunion.com).

In prossimità del parco di Greenwich il **Red Door** al 10 Turnpin Lane, troneggia grazie alla porta d'ingresso rossa fiammante che invita a entrare. È una sala da tè e gift shop. Ottimi gli scones, specialità da forno scozzesi lievitate in modo simile alle brioches, ma meno dolci, spesso accompagnate con burro o marmellate. Ci sono anche sandwiches e altri prodotti tipici, ma solo per gli scones vale la pena andarci. Stazione DLR **Cutty Sark** (www.reddoorgallery.co.uk).

Sempre nel parco di Greenwich, a due passi dall'Università, l'**Old Brewery Pepys Building**, presso The Pepys Building, The Old Naval College, prepara cibi semplici e casereccì, accompagnati da un'ottima selezione di birra e vini. Prezzi da £ 7 a £ 11. Stazione DLR **Cutty Sark** (www.oldbrewerygreenwich.com).

HOTEL E OSTELLI

Tra gli alberghi a basso prezzo segnaliamo il **King William Hotel**, 155-159 Trafalgar Road, a cinque minuti di cammino dal parco di Greenwich, in una buona ubicazione e non distante dai grandi eventi dell'O2 di cui parleremo in seguito. Prezzi a partire da £ 67. Stazione DLR **Cutty Sark** (www.king-william-hotel.co.uk).

L'**Hotel Ibis London Greenwich**, 30 Stockwell Street, offre stanze da £ 72. Stazione National Railway **Deptford Bridge** (www.ibis.com/gb/hotel-0975-ibis-london-greenwich/index.shtml).

Prezzi contenuti invece per gli ostelli di zona: il **Journeys Greenwich West Hostel**, 86 Tanner's Hill SE8 4PN, stazione DLR **Deptford Bridge**. Prezzo a partire dalle £ 19. È un ostello con atmosfera amichevole, recentemente ristrutturato. Stanze spaziose e luminose (www.visitjourneys.com/hostels/london/greenwich-hostel).

Il **St Christopher's Inn Greenwich**, 189 Greenwich High Road, offre un'atmosfera internazionale, stanze rilassanti e prezzi interessanti da £ 12. Fermata metro **Greenwich** (www.st-christophers.co.uk/london-hostels/greenwich).

SHOPPING & BEAUTY

Quando c'è il mercatino dell'arte e dell'artigianato l'area si riempie di visitatori e di oggetti antichi. Il **Greenwich Market** si trova a Greenwich High Road. Sono tante le bancarelle con mobili e suppellettili, quadri, libri e stampe antiche, modernariato, radio e grammofoni, giocattoli, gioielli, orologi, vestiti. Greenwich diventa

IL MOMENTO MIGLIORE PER...

Festa! A giugno le due sponde del Tamigi di Greenwich e di Tower Hamplets si congiungono nell'organizzare e svolgere il **Greenwich + Docklands International Festival**, che attrae decine di migliaia di visitatori e che mette in scena arte, performance, coinvolgimento del pubblico e cultura. Per nove giorni si alternano nelle aree di Greenwich, Woolwich, Canary Wharf, Whitechapel e Bow, spettacoli di teatro e di teatro di strada, di danza, di musica e di tutte le forme d'espressione. Dal sito del festival è possibile scaricare il programma completo, con tutte le date, i luoghi e le indicazioni per ciascuno degli eventi (www.festival.org).

così un grande teatro dove è possibile trovare cose belle e curiose, ma anche un alibi per visitare uno dei posti più caratteristici, ricchi di cultura e di storia, e anche di locali con menù inglesi molto gustosi. Aperto il giovedì dalle 7.30 alle 17 e dal venerdì alla domenica dalle 9.30 alle 17. Stazione DLR **Cutty Sark** (www.greenwichmarketlondon.com).

Oltre alle bancarelle sono tanti i negozi di Greenwich, sia nella zona del mercato sia nelle aree circostanti, come **Arc Angel** al 5a Greenwich Market, outlet di abbigliamento e accessori da donna di marca, a prezzi competitivi.

Scarpe e borse di stile e design, per uomo e donna, presso **Flyjack**, 25 Greenwich Church Street (www.flyjack.co.uk). Entrambi sono serviti dalla stazione DLR **Cutty Sark**.

Stessa stazione e stessa area per **Obsession**, 2 Turnpin Lane, che offre scarpe di selezionati designer europei, inclusi italiani e francesi (www.obsessionfootwear.co.uk/gb).

Il mercato è comunque grande palcoscenico di shopping, con decine di bancarelle che spaziano dal vintage al design originale, dalla moda più trendy a prodotti curiosi, unici o speciali, come un mercato londinese sa offrire.

INDIRIZZI PER DIVERTIRSI

Senza dubbio **The O2**, Peninsula Square, metro **North Greenwich**. Uno spazio enorme, con mega arena per grandi eventi e concerti, oltre ad arene secondarie, discoteca, museo del rock britannico e tantissimi ristoranti. Tutto sotto la colossale cupola bianca dell'O2.

Per i più temerari che non soffrono di vertigini la struttura è persino scalabile, con ottima **vista** dalla sua cima del **Tamigi** e di **Londra**. È attualmente, insieme allo stadio di Wembley, il luogo dei più grandi concerti a Londra, senz'altro la più grande arena al chiuso: qui si sono riuniti di nuovo i Led Zeppelin dopo 30 anni, qui Michael Jackson avrebbe dovuto esibirsi in centinaia di repliche per mesi e mesi in seguito al suo attesissimo ritorno sulla scena. Un posto assolutamente da visitare e da vivere.

A sottolineare il ruolo centrale dell'arena nel panorama dei grandi concerti ed eventi musicali, al suo interno trova posto la **British Music Experience**, una mostra che ripercorre la storia della musica moderna inglese, quella scena **pop** e **rock** che ha tanto caratterizzato la cultura popolare, influenzato e ispirato generazioni di artisti e di amanti della musica, che si è fatta portavoce di rivoluzioni culturali e di costume. Otto gallerie di strumenti, effetti, luci e costumi di scena, ripercorrono epoche e stili; ma oltre a illustrare la storia dell'intrattenimento musicale, la mostra, grazie a divertenti attività interattive, offre la possibilità di immedesimarsi con gli eroi del rock, imbracciando uno strumento o cantando e ballando, e trovandosi su un palco in una strabiliante simulazione 3D.

STORIE E PERSONE

Che aria tira nella storia? Un museo alquanto singolare è il **Fan Museum**, al 12 Crooms Hill. Unico al mondo, il museo del ventaglio racconta la storia e la cultura di questo utilissimo accessorio, nei suoi variegati e spesso preziosi materiali fra avorio e piume, o in varianti tecnologiche a corrente elettrica. L'edificio stesso che lo ospita è una residenza settecentesca in stile georgiano, dotata anche di un bel giardino in stile giapponese. Il martedì e il sabato si può prendere un aristocratico tè inglese nell'Orangerie, con scones, crema e marmellata e dolci della casa, per £ 7. Se rinfrescare la memoria è lo scopo di tutti i musei, il museo del ventaglio lo afferma probabilmente più di qualunque altro. Aperto dal martedì al sabato dalle 11 alle 17, e la domenica dalle 12 alle 17, ingresso £ 4 adulti, £ 3 bambini fra i 7 e i 16 anni, gratis per i più piccini. Stazione DLR **Greenwich** (www.thefanmuseum.org.uk).

STORIE E PERSONE

Enrico VIII. Greenwich è la città natale di un grande, cinico e spietato re: stiamo parlando di Enrico VIII, della dinastia Tudor, padre della futura regina d'Inghilterra Elisabetta I. Conosciuto più per il numero delle mogli – sei in tutto – che per le eroiche gesta, da cattolico ruppe i suoi rapporti con Roma, rendendo definitiva la scissione con l'Europa cattolica. Da questo momento si costituì la nuova chiesa anglicana. Non che Enrico fosse particolarmente interessato all'appartenenza religiosa: vi fu costretto per poter sposare le sue future mogli, dalle quali attendeva il tanto desiderato "figlio maschio" che non arrivava e che avrebbe dovuto guidare, un giorno, l'Impero britannico. A dire il vero un figlio maschio col nome di Edoardo VI lo ebbe dalla terza moglie, la regina Jane Seymour; ma il ragazzo purtroppo morì all'età di 15 anni.

Al suo interno la struttura ospita inoltre ristoranti, cinema, pub, bar e discoteche, facendone una vera e propria cittadina del divertimento (www.theo2.co.uk).

Per chi volesse godere di una incredibile vista su Londra e sul Tamigi, senza arrampicarsi a piedi sull'O2, c'è la possibilità di farlo con la **funivia Emirates Air Line**, che dai pressi dell'O2 collega le due rive del Tamigi con le sue cabine sospese a un cavo, con veduta a 360 gradi da un'altezza di 90 metri. Orari e biglietti dal sito dell'O2 (www.theo2.co.uk/visit-us/getting-here/emirates-air-line). Biglietto sola andata per adulti £ 4,40 e £ 2,30 per bambini, andata e ritorno rispettivamente £ 8,80 e £ 6,60.

ARTE E ARCHITETTURE A KM 0

L'**Osservatorio Reale** fu costruito sotto la direzione dell'architetto Christopher Wren e venne fondato da Carlo II re d'Inghilterra nel 1675. Nello stesso anno l'astronomo John Flamsteed venne nominato capo sezione dell'istituto stesso, ove continuò a condurre i suoi studi sui corpi celesti, con il nuovo titolo di "Astronomo Reale".
L'Osservatorio Reale è il luogo che imposta il tempo del mondo (ora locale, Greenwich Mean Time, o l'ora di riferimento da cui vengono determinati i fusi orari di tutto il mondo) e che viene usato come meridiano 0. Il compito principale dell'osservatorio è stato quello di migliorare la navigazione marittima, al fine di determinare la

distanza di una nave, trovare un modo per segnalare con precisione la sua posizione rispetto all'ovest o all'est e determinarne la longitudine. Nel 1884 fu convocata una conferenza a Washington, dove i rappresentanti di 25 nazioni decisero che il meridiano zero fosse quello che passava per Greenwich. Fu una decisione prevista, dato che la maggior parte del commercio mondiale si effettuava via mare e, secondo le carte nautiche, il centro stabilito era Greenwich.

Oltre al celebre Osservatorio Reale i luoghi di maggiore interesse sono il **veliero ottocentesco Cutty Sark** attraccato a Greenwich, che navigò nelle Indie per il commercio del tè, la Galleria d'Arte **Queen's House**, il **National Maritime Museum** con grandi sale, ricostruzioni di ambienti portuali, modellini di navi e plastici, e l'elegante **Ranger's House** d'epoca georgiana, con la sua collezione di dipinti del XIX secolo. Aperto tutti i giorni della settimana dalle 10 alle 17. **Ingresso gratuito** (www.rmg.co.uk).

La chiesa di **St Alfege**, in Church Street, è un altro esempio di Settecento inglese, con all'interno un dipinto murale di James Tornhill, autore anche degli affreschi della St Paul's Cathedral. Costruita su un precedente edificio medievale, la chiesa fu dedicata all'arcivescovo di Canterbury Alfege, che cadde vittima dei Vichinghi nel 1012 in questo stesso luogo. Stazione DLR **Cutty Sark**, in Greenwich Church Street (www.st-alfege.org).

L'ECO DEL RISPARMIO

Alla scoperta di Greenwich. Il **Discover Greenwich Visitor Centre** è insieme uno spazio espositivo e un centro informazioni. È il punto di partenza ideale per visitare Greenwich, per scoprirne la storia secolare e per trovare informazioni interessanti su quali luoghi e quali attività sono gratuite, quali eventi si svolgono in ogni periodo e visitare gratuitamente sul posto i resti del Greenwich Palace, le strutture che richiamano la gloriosa storia marittima della Gran Bretagna, esposizioni di arte e artigianato. Grazie alle sue mappe, trovere liste e indicazioni di tutto ciò che Greenwich offre, con la possibilità di percorsi anche memorabili senza spendere un soldo. Si trova nel **Pepys Building**, all'interno del complesso dell'Old Royal Naval College. Anche questo edificio è servito, come il resto del complesso museale, dalla stazione DLR **Cutty Sark** (www.ornc.org/visit/attractions/discover-greenwich-visitor-centre).

A PIEDI NUDI NEL PARCO

Parte integrante di Londra, oggi Greenwich è uno dei luoghi più tranquilli e vivibili della città, immerso nel verde prato inglese. Il suo vastissimo parco, uno dei più antichi **giardini reali**, sistemato all'inizio del XV secolo, è luogo di incontro per famiglie e studenti, che vogliono rilassarsi, magari organizzando un picnic. La vista sul Tamigi è magnifica, s'intravedono i Docklands e più dietro Londra. Lungo i viali molti edifici degni di nota, tra i quali anche l'Osservatorio Reale, sono disseminati nel parco.

DEPTFORD, NEW CROSS, LEWISHAM, ELTHAM

DA NON PERDERE

Creekside è un'area rigenerata di Deptford, che è diventata cuore pulsante di arti creative, di produzioni artistiche e di progetti educativi. Il sito è sede del **Laban Dance Centre**, fra gli studi di danza più grandi d'Europa, associati al **Trinity Laban Conservatoire of Music & Dance**. Hanno prodotto figure di primissimo piano, e godono di una grande reputazione internazionale.

Nella stessa area ha sede l'**Art In Perpetuity Trust**, organizzazione no profit volta allo sviluppo e alla promozione delle arti visive, e qui fu fondata l'etichetta musicale Depford Fun City Records/Illegal Records da Miles Copeland III con il fratello Stewart, batterista dei Police, di cui Miles era anche manager. L'etichetta contribuì alla fervente scena musicale con artisti come Alternative TV e Squeeze.

Non mancano nei paraggi pub e locali con musica dal vivo, come ci si aspetterebbe da un'area così legata alla creatività. Imperdibile il **Deptford Market**, variopinto e assortito, che spazia dagli alimentari al mercatino delle pulci; a Deptford inoltre si possono seguire le orme degli ultimi passi del drammaturgo **Christopher Marlowe**, che qui fu ucciso in una rissa e poi sepolto.

FAI LA SPESA GIUSTA

Il **Deptford Market**, assolutamente! Non può non partire da qui la nostra spesa, visto che è uno dei mercati più assortiti di South London, con un'ampia scelta di frutta e verdura di giornata, ingredienti esotici, pesce fresco. Si trova sulla Deptford High Street, ed è aperto mercoledì, venèrdì e sabato dalle 7 alle 16. È raggiungibile dalla stazione Overground **New Cross** e dalla stazioni National Rail **New Cross**, **Deptford Bridge** e **Deptford**.

MANGIA BENE E BEVI MEGLIO

Il pub **Dog & Bell** è rinomato per la sua scelta di birre *cask ale*, ovvero fermentate nei barili, non filtrate e non pastorizzate. Quanto

L'ECO DEL RISPARMIO

Al mercato. Appuntamento con il risparmio il sabato a Lewisham, dalle 10 alle 14, presso il **Brockley Market** di Lewisham Way. Vi si trova grande varietà di prodotti locali freschi, frutta, verdura, carne e pesce. Oltre alla possibilità di acquistare prodotti biologici e genuini, c'è la possibilità di consumare squisitezze preparate sul posto, a prezzi davvero contenuti, dagli hamburger alle specialità spagnole o libanesi, con meno di £ 5. Stazione National Rail **St Johns**, **New Cross** e **Lewisham**, Overground **New Cross** e **Lewisham** (www.brockleymarket.com).

di più vicino e genuino insomma alla lunga tradizione delle *brewery* inglesi. Ha un che di genuino il pub stesso, gestito all'insegna della tranquillità senza schermi satellitari sullo sport o juke box a tutto volume, lasciando tutta l'atmosfera dedicata alla degustazione delle birre. È al 116 Prince Street, stazione Overground **New Cross** e National Rail **Deptford**.

Ad Eltham il **Tudor Barn** è un edificio in stile Tudor del XVI secolo. Fra i pochi esemplari rimasti di edifici di questo tipo è oggi un ristorante dalla grande atmosfera, in cui i prezzi spaziano fra le £ 3 e le £ 48, dal più piccolo antipasto al piatto più ricco. È all'indirizzo di Well Hall Pleasaince, Well Hall Road, stazione **Eltham** (www.tudorbarneltham.com).

HOTEL E OSTELLI

Ad Eltham c'è un albergo della catena **Premier Inn London Greenwich Hotel**; anche questa, come Travelodge, ha offerte molto convenienti quando si prenota in anticipo. Prezzi quindi molto variabili, ma anche sotto le £ 30, che sarebbe un affarone per un albergo di semplici ma buoni standard come questo. Tenere d'occhio il sito dunque. 43-81 Greenwich High Road, stazione DLR **Deptford Bridge** (www.premierinn.com/en/eltham-hotels.htm).

SHOPPING & BEAUTY

Deptford Market è protagonista assoluto anche dello shopping; oltre a essere ottimo per la spesa di tutti i giorni e per gli oggetti di uso quotidiano, il mercato offre un affascinante mercato dell'antiquariato e dell'usato, paradiso per i cacciatori di tesori da collezione nascosti. Fra le bancarelle dell'usato si possono anche trovare altre cose utili a basso costo. Si consiglia di andarci prima di mezzogiorno per avere la maggiore scelta possibile, per battere la concorrenza di altri acquirenti a caccia di affari e perché qualche bancarella chiude in anticipo (Deptford High Street, aperto mercoledì, venerdì e sabato dalle 7 alle 16).

INDIRIZZI PER DIVERTIRSI

The Bird's Nest pub, al 32 Deptford Church Street, è un locale in cui si organizzano eventi di vario genere; si va dai concerti di band locali e di artisti emergenti alle proiezioni di film e a happening e performance artistiche diverse. Stazione Overground **New Cross** e stazioni National Rail **New Cross**, **Deptford Bridge** e **Deptford** (www.thebirdsnestpub.com).

SPAZIO ALLE CULTURE

L'**Albany Theatre**, Douglas Way, è un centro per le arti molto versatile, con teatro configurabile in modi diversi, spazi per le prove e stanze per meeting. Nel suo calendario di eventi ci sono teatro, poesia e *spoken word*, musica, serate danzanti e teatro per bambini e ragazzi. L'istituto originario fu promosso e inaugurato dalla duchessa di Albany (da cui il nome), moglie del principe Leopoldo e quindi nuora della regina Vittoria, come attività in supporto delle donne di Deptford prima, e poi come istituto rivolto a tutta la comunità, per coinvolgere una popolazione all'epoca povera e deprivata. All'origine compagnia itinerante, dagli anni Settanta in poi ha cominciato a focalizzarsi particolarmente sulla fusione fra il lavoro della comunità e le arti,

IL MOMENTO MIGLIORE PER...

Cinema gratis. Il **Deptford & New Cross Free Film Festival** tra fine aprile e inizio maggio è un festival di cinema gratuito, che aspira a diffondere la cultura cinematografica, rivolgendosi anche a nuovi talenti. Si svolge anche in altre aree e grazie al suo successo è in espansione. Tenete d'occhio il sito, per date e indirizzi di future proiezioni e delle nuove aree in cui il festival si sta diffondendo, ampliando la scelta e le opportunità (www.freefilmfestivals.org).

diventando residente sul posto. Ha ospitato ben quindici edizioni di Rock Against Racism negli anni Settanta, e nel 1978 vide esibirsi sul suo palco i Dire Straits. L'edificio di oggi ha sostituito quello danneggiato da un incendio, ed è stato inaugurato nel 1982 dalla principessa Diana. Ancora oggi impegnato in produzioni di livello, il suo cartellone è senz'altro da tenere d'occhio. Stazione National Rail **Deptford** (www.thealbany.org.uk).

ARTE E ARCHITETTURE A KM 0

Deptford contiene alcuni edifici e monumenti di interesse storico o architettonico. La stessa **stazione ferroviaria** di **Deptford** è considerata fra le stazioni più antiche al mondo, è la più antica di Londra, ed è la più antica stazione suburbana al mondo a essere ancora sul suo sito originario. La sua costruzione risale al 1836, sulla linea che collegava London Bridge a Greenwich.

L'ex centrale elettrica a carbone **Deptford Power Station**, disegnata dall'ingegnere di origine italiana Sebastian Ferranti, fu, al tempo della sua realizzazione a fine XIX secolo, la più grande al mondo, e considerata la prima moderna centrale ad alto voltaggio al mondo.

Su **Albury Street** si affaccia una fila di case datate fra il 1705 e il 1715, all'epoca residenze di capitani di marina, mentre su **Tanners Hill**, nell'area di grande interesse di archeologia della prima era industriale, si affaccia una serie di edifici commerciali della metà del XVIII secolo, realizzati su cottage seicenteschi.

La **Stone House** in Lewisham Way è una casa molto singolare, costruita nel 1773 con rocce che ne danno un aspetto rustico e una forma insolita e contrastante con gli stili dell'epoca, al punto da essere stata soprannominata nel XIX secolo **Comical House**, e riportata come tale persino su alcune mappe.

Insolita anche la statua di **Pietro il Grande**, zar di Russia, che nel 1698 fu ospite dello scrittore John Evelyn per quattro mesi, con lo scopo di studiare e aggiornarsi sulle tecnologie navali. Troppo amante della bella vita, devastò la casa del povero Evelyn con feste sfrenate. Una statua che lo commemora è in Glaisher Street, e lo raffigura con uno gnomo ai piedi e una testa smisuratamente piccola. Quest'ultimo dettaglio magari lo si potrebbe ritenere, a ragion veduta, un suggerimento del malcapitato padrone di casa.

STORIE E PERSONE

Lo strano caso di Christopher Marlowe. Eh no, questa volta non si tratta di un caso da risolvere per l'ispettore (Philip) Marlowe, ma il cognome è piuttosto quello dell'illustre vittima. La località di Deptford è legata all'improvvisa e misteriosa fine del grande drammaturgo elisabettiano Christopher Marlowe. Perfezionatore del "blank verse" adottato poi anche da Shakespeare, fu autore di grandissimo successo di opere teatrali come la sua drammatizzazione del "Faust", e nella sua breve vita fu avvolto da mistero, leggenda e sospetto tanto quanto dal successo. Di lui si mormorava sulla moralità, sulla sessualità e di una possibile militanza nei servizi segreti britannici. È stato ucciso a Deptford in una rissa, per alcuni alimentata anche dal consumo di alcol, per altri come punizione per l'ateismo e la morale di Marlowe. Da nuovi documenti sull'indagine emerse che Marlowe era con tre persone che litigarono animatamente con espressioni anche ben poco letterarie. Nella colluttazione che ne seguì Marlowe fu pugnalato a morte; fu poi sepolto senza lapide nel cimitero della chiesa locale di St Nicholas. Dalla sua morte in circostanze oscure e sepoltura anonima si generarono leggende di ogni tipo, inclusa quella di aver finto la propria morte per sfuggire a processi per il suo ateismo e per i suoi comportamenti, facendone una sorta di "Elvis letterario" dei suoi tempi.

L'**Eltham Palace** è una splendida residenza reale, originariamente costruita nel 1300 e via via evolutasi fino a includere i più recenti interni in stile art déco, considerati un capolavoro di design moderno. Divenuta residenza preferita di Enrico IV, ospitò nei suoi locali il giovane *prince* Harry che divenne in seguito Enrico VIII. La costruzione del Greenwich Palace sul fiume diminuì l'importanza di Eltham Palace, che andò declinando cadendo irrimediabilmente in rovina. Negli anni Trenta del XX secolo i coniugi Stephen e Virginia Courtauld acquisirono l'area, e su ciò che restava del palazzo realizzarono l'edificio attuale, che integrava le rimanenti strutture preesistenti con nuovi ambienti, inclusi degli alloggi appositi per i lemuri tenuti come animali domestici e di compagnia.
Per i bambini c'è un'area di gioco attrezzata dal tema "in giro per il mondo"; da vedere assolutamente l'ingresso art déco, la sala da bagno ricoperta in oro di Virginia Courtauld e gli alloggi dei lemuri.
Per gli amanti del brivido c'è un motivo ulteriore di interesse: l'Eltham Palace è nella lista dei luoghi più stregati: si racconta del fantasma di un ex dipendente, che ha offerto tour guidati quando non ci sarebbe

STORIE E PERSONE

Ciak, si gira. Il pittoresco Eltham Palace non è di certo sfuggito a registi, sceneggiatori e produttori come location cinematografica. Nelle tante produzioni che ne hanno usufruito lo si riconosce in uno spot della Gucci con James Franco, nei film "Il profumo del campanile", nel biografico della BBC su Churchill "The Gathering Storm", in "Ritorno a Brideshead", in Revolver e in alcuni video musicali.

Il quartiere delle stelle. Eltham è legata a diversi personaggi molto conosciuti; è qui che è nato e cresciuto **Boy George**, ed è qui, al 44 Craigton Road, che nacque il grande attore **Bob Hope**. A lui è dedicato il teatro locale, The Bob Hope Theatre, sul cui palcoscenico si è formato un altro talento locale, **Jude Law**, proiettato anch'egli nel firmamento delle star internazionali. Fra i suoi residenti più noti anche la cantante **Kate Bush**.

dovuto essere nessuno dello staff presente nel palazzo. È vero che visitare luoghi storici rievoca fantasmi del passato... ma qui ce n'è addirittura uno che si presta anche a fare da guida; che cosa si può pretendere di più? È aperto al pubblico, con biglietti da £ 10,20 per gli adulti e £ 6,10 per i bambini (6-15 anni), dalle 10 alle 18 tutti i giorni tranne il venerdì e il sabato. È in Court Yard, stazioni National Rail **Eltham** e **Mottingham** (www.elthampalace.org.uk).

A PIEDI NUDI NEL PARCO

Deptford ha uno dei suoi maggiori spazi verdi in **Deptford Park** (nei pressi della stazione Overground **Surrey Quays** e National Rail **Deptford**). Originariamente un vivaio della famiglia Evelyn, rinomato per la sua produzione di cipolle e asparagi, divenne parco pubblico nel tardo Ottocento. Lì vicino anche il più piccolo parco di **Folkestone Gardens**, realizzato sull'area devastata da un bombardamento con bombe V2 nel 1945, e che oggi comprende percorsi nel verde e un laghetto con isolotto abitato da un salice piangente.

DULWICH, FOREST HILL, CRYSTAL PALACE

DA NON PERDERE

La **Dulwich Picture Gallery** è la più antica galleria d'arte pubblica del Regno Unito e contiene lavori di Raffaello, Van Dyck, Rembrandt e altri. Nella zona attigua di Forest Hill si trova l'originale e unico **Horniman Museum**.

The Crystal Palace Triangle, il triangolo di Crystal Palace, è un'area caratterizzata dalla presenza di negozi indipendenti, mercatini dell'usato al coperto e un farmer's market. Nei paraggi il grandissimo Crystal Palace Park, parco vittoriano fra i più grandi di Londra, nel quale vi sentirete protagonisti di Jurassic Park, imbattendovi nei modelli di dinosauri a grandezza naturale.

FAI LA SPESA GIUSTA

Good Taste è un negozio di alimentari a Crystal Palace, che riserva attenzione ai prodotti di qualità: pane fresco, marmellate, formaggi, vini e birre inglesi prodotti artigianalmente. È al 28 Westow Hill.

Al numero 53 della stessa via **Cappuccio's** è una pasticceria e delicatessen italiana, dove trovare i prodotti tipici più buoni del Bel Paese, dall'olio d'oliva al caffè, dalla pasta ai salumi.

Nelle vicinanze la **Blackbird Bakery** al 59 Westow Street, provvede a pane fresco e casareccio, dolci e croissant.

L'ECO DEL RISPARMIO

Offerte speciali. Oltre alla consueta opportunità di scelta e convenienza, il **Crystal Palace Food Market** offre settimanalmente delle offerte speciali, concordate di settimana in settimana con alcuni degli espositori. Si va così da sconti del 20% sui prodotti della settimana a offerte promozionali su alcune categorie; è bene quindi tenersi sempre aggiornati con il loro sito, per scoprire cosa riserverà la prossima promozione (www.crystalpalacefoodmarket.co.uk).

Se dopo esservi preparati un bel pranzetto se volete anche un buon gelato, ecco la gelateria **Crystal Creams**, al 69 Anerley Road, con la sua scelta di 24 gusti, coppe, dolci e waffle.

Su Hayes Lane si tiene il **farmer's market**. Per tutti stazione Overground **Crystal Palace**.

MANGIA BENE E BEVI MEGLIO

La zona del triangolo di Crystal Palace è ricchissima di ristoranti, tutti alla portata della stazione Overground **Crystal Palace**.
All'88 Anerley Road aria di casa con il ristorante italiano e pizzeria **Il Grillo**, che fa anche servizio da asporto e a domicilio. Molto conveniente con pizze che partono da £ 4,40 fino £ 9,90. Un ottimo affare a questi prezzi. 88 Anerley Road (www.ilgrillo.co.uk).

Numidie è un ristorante di ispirazione **francese** e **nordafricana**, che ricerca nuove armonie del gusto fra due scuole culinarie così rilevanti e saporite. Piatti principali con prezzi dalle £ 8,95 a £ 15,95 per raffinato pescespada, e opzioni di piatti per due da condividere; sicuramente da provare, per gustare forti sapori mediterranei accompagnati dall'elegante e raffinata scuola francese. Si trova al 14 Westow Hill (www.numidie.co.uk).

Al civico 78 della stessa via, e di concetto simile, il moderno **Neo India** associa altre due tradizioni, quella **indiana** e quella **mauritana**. Ne risultano piatti unici oltre che saporiti, con prezzi per le portate principali che si attestano sotto le £ 8 di media, con le più care poco sopra le £ 10. Originale, gustoso, e anche conveniente (www.neoindia.co.uk).

Sapore di Giappone al ristorante **Edo**, al 18 Westow Hill. Set di ottimo sushi a £ 13,50 (www.edo-crystalpalace.co.uk).

Nel caso che fosse la Spagna a farvi gola, ecco pronto a soddisfarci **A Torre** al 19 Westow Street, che da lunedì a giovedì offre uno speciale menù di nove tapas più dessert per due persone a £ 22,95, a cui non si può non rispondere che con "andale andale, arriba arriba!" precipitandoci a cogliere al volo l'occasione (www.atorre.co.uk).

Tariffa speciale di £ 4,95 per un pranzo la offre il ristorante thailandese **Thai Crystal**, al 7 Westow Hill. Prezzi comunque nella media e accettabili anche al di fuori dell'offerta speciale, fra £ 5 a £ 11

IL MOMENTO MIGLIORE PER...

Musica per tutti. Il **Crystal Palace Overground Festival** di fine giugno è una rassegna di eventi e concerti, che offre spazio al talento locale. Spettacoli musicali dal rock indipendente alla classica, dal jazz al folk, a cui si aggiungono mercati e mostre, appuntamenti gastronomici con ottimi cibi, aree per bambini, e persino aree dallo spirito new age su salute, benessere, meditazione e tecniche alternative. Molti eventi sono gratuiti (www.crystalpalacefestival.org).

a seconda della specialità. Tutti nel "triangolo", stazione Overground **Crystal Palace**.

HOTEL E OSTELLI

Anche nel caso di Crystal Palace si consiglia di tenere d'occhio le offerte del locale **Travelodge**, che potrebbe riservare prezzi convenienti programmando il proprio arrivo con un certo anticipo. Yeoman House, 61-63 Croydon Road, Penge (www.travelodge.co.uk/hotels/538/London-Crystal-Palace-hotel).

The Lodge At Crystal Palace è l'ostello presente nell'area realizzato nel Crystal Palace National Sports Centre, Upper Norwood, e gestito come impresa sociale volta alla promozione dello sport. Prezzi fra le £ 20 per una tripla o £ 30 per una singola, con possibili offerte speciali stagionali. Si trova all'interno del Crystal Palace Park, ed è abbastanza vicino al triangolo con i suoi negozi. Il centro sportivo di cui è parte ha inoltre piscine, muri per arrampicate e attrezzature varie.

Prezzi contenuti anche per l'**Euro Hotel Queens** al 122 Church Road; in bassa stagione i prezzi possono partire da poco più di £ 40 e risultare un buon affare. Stazione Overground **Crystal Palace**.

SHOPPING & BEAUTY

Come si può facilmente intuire il "triangolo" di Crystal Palace è anche un eden dello shopping. **Frankie & Lola** al 16 Westow Street faranno sicuramente impazzire gli amanti di scarpe, borse e accessori, con il loro misto di trendy, vintage e originalità.

All'87 Church Road c'è **Vien**, negozio di abbigliamento, borse, scarpe e accessori fra vintage e moderno, tutti caratterizzati da uno stile nel quale viene trasmesso un certo senso di decadenza chic (www.vienvintage.co.uk).

La Belle Jolie, al 35 Anerley Road, è stato il primo salone di bellezza ispirato al vintage nel Regno Unito. Con il negozio stesso ispirato all'art déco e alla Belle Epoque, è specializzato in acconciature e make up in stile vintage e retro, ispirato alle dive dell'età d'oro del cinema (www.labellejolie.com).

Tesori letterari e libri da collezione alla libreria indipendente **Bookseller Crow**, al 50 Westow Street.

ARTE E ARCHITETTURE A KM 0

Purtroppo, è proprio la grandiosa struttura, che non c'è più, che dà il suo nome fiabesco a questo quartiere. Il **Crystal Palace** fu realizzato in ferro e vetro per l'Esposizione del 1851 sulle tecnologie della Rivoluzione industriale e garantì copertura ai 92.000 metri quadrati di spazio espositivo. Inizialmente realizzata in Hyde Park, fu trasferita nell'odierna Crystal Palace nel 1854. Fra momenti di gloria e di declino andò perduta a seguito di un incendio nel 1936.

A Dulwich invece troviamo la **Dulwich Picture Gallery**. Nota anche per essere la prima galleria d'arte pubblica del Regno Unito, contiene la collezione del Dulwich College, consistente anche di opere di Raffaello, Rubens, Rembrandt, Van Dyck e altri grandi artisti. L'ingresso costa £ 6 ed è gratuito per gli under 18 per la collezione permanente; con £ 11 si può visitare anche l'eventuale mostra corrente. È in Gallery Road, e vi si arriva con la National Rail fermandosi a **West Dulwich** (da Victoria) o a **North Dulwich** (da London Bridge); oppure se si arriva con la metro a Brixton, si può proseguire col bus P4, o con la National Rail scendendo a North Dulwich (www.dulwichpicturegallery.org.uk).

Il bus P4 collega anche la Dulwich Picture Gallery al singolare e interessante **Horniman Museum**. Sito a Forest Hill al 100 London Road, raggiungibile anche con National Rail dalla stazione di Forest Hill. Questo originale museo, sito in una dimora costruita in stile art nouveau, contiene la collezione personale del ricco mercante di tè di età vittoriana Frederick John Horniman, con tanto di mosaici e di torre dell'orologio. Vi si trova di tutto, in un insieme che stimola

STORIE E PERSONE

Emile Zola. Crystal Palace ha offerto rifugio per un breve periodo allo scrittore francese Emile Zola, quando fu costretto a fuggire dalla Francia per evitare il carcere. Fu il suo famoso editoriale "J'Accuse", a metterlo nei guai. Intervenendo appassionatamente su uno scandalo dell'epoca, l'affaire Dreyfuss, la sua fu un'accusa pubblica e diretta ai vertici delle forze armate, che in risposta denunciarono Zola per vilipendio. Da quell'episodio l'espressione "j'accuse" è citata anche nella nostra terminologia, a indicare una pubblica denuncia. Emile Zola fu ospite al Queen's Hotel dall'ottobre del 1898 al giugno del 1899, quando un'amnistia gli permise di ritornare in patria. Quest'area diede ospitalità anche al pittore Camille Pissarro, fra il 1870 e il 1871, divenendone, con Londra, soggetto di alcuni suoi dipinti.

grande curiosità, da animali imbalsamati a scheletri conservati in formaldeide, alla riproduzione di un atollo delle isole Fiji, in sezioni dedicate alla storia naturale (www.horniman.ac.uk).

L'**African Worlds Gallery** invece è una collezione di arte e cultura africana e afro-caraibica, la prima del suo genere. La sezione dedicata alla musica colleziona strumenti di ogni tipo, anche antichissimi e risalenti agli Egizi, strumenti esotici di varie parti del mondo e antichi strumenti a tastiera inglesi ed europei. Nel seminterrato trova posto anche un acquario. Quella che fu la serra è adesso un caffè, e all'esterno un bel giardino permette di ammirare il centro di Londra. L'**ingresso** è **libero**.

A PIEDI NUDI NEL PARCO

Ampi spazi verdi caratterizzano queste zone. **Crystal Palace Park** è un grande parco di realizzazione vittoriana, con la stazione di Crystal Palace proprio accanto. Al suo interno c'è il centro sportivo National Sport Centre, e il parco è stato luogo di eventi d'ogni tipo, dai concerti alle gare automobilistiche. In zona anche i più piccoli **Westow Park**, nel quale la comunità organizza un festival estivo, e **Stambourne Wood**, dall'aspetto di un bosco.

4

SOUTH LONDON

LONDON AT A GLANCE. South London inizia immediatamente a sud del Tamigi, dalla cui riva verso sud si estendono i quartieri di Lambeth, Southwark e Borough; l'origine del nome di Lambeth (registrato già dal 1062) rivela un "approdo paludoso", e Lower Marsh (nome di una strada e del suo mercato) significa "bassa palude". Oggi invece è parte viva e integrante di una megalopoli, in cui South London ha una propria identità, rappresentata in quartieri come **Brixton**, la cui storia di migrazioni e di culture è la linfa stessa della sua vitalità odierna. A Brixton pulsa la vita nel suo colorato mercato, pulsa il beat musicale nei suoi locali e nelle sue sale da concerto, e la sua forza vitale alimenta la visione di una città in transizione, la *transition town* che accompagna la sua comunità verso il futuro.

LAMBETH, SOUTHWARK, BOROUGH, ELEPHANT & CASTLE

FAI LA SPESA GIUSTA

Il **Lower Marsh Market**, l'ex palude del passato, è oggi un'area rigogliosa con i colori e la varietà di un popolare mercato. È certamente il punto di partenza ideale per fare la spesa, poiché vi si trova un po' di tutto, da oggetti di ogni tipo agli alimentari, ed è solo a qualche minuto dalle fermate metro **Waterloo** e **Lambeth North**, oltre che a distanza conveniente anche da South Bank, dal London Eye o dall'Imperial War Museum. È aperto da lunedì a venerdì dalle 10.30 alle 17 e il sabato dalle 10 alle 15 (www.lowermarshmarket.co.uk).

Alle spalle della Tate Modern, lungo Southwark Street e fra le fermate metro **Southwark** e **London Bridge**, il **Bankside Mix** è un insieme di negozi, caffetterie e ristoranti, all'interno del quale è anche possibile acquistare del buon pane fresco presso la **Paul Bakery**, panificio di ispirazione francese.

Se volete completare la vostra spesa, all'interno del Bankside Mix troverete anche una sezione **M&S Simply Food** della catena di supermercati Marks and Spencer, dove trovare tutto il resto (www.banksidemix.co.uk/Shops-Offers).

Assolutamente imperdibile il **Borough Market**, di cui abbiamo accennato in occasione della passeggiata di South Bank, e che è forse il più famoso mercato alimentare di tutta Londra. Posizionato vicino alla fermata metro e stazione ferroviaria **London Bridge** dall'8 Southwark Street, raccoglie specialità alimentari internazionali, prodotti esotici e di nicchia (come la carne di canguro, per esempio), raffinati formaggi francesi e delicatessen italiani, con prodotti nostrani difficilmente reperibili nei supermercati inglesi. E poi ancora birre artigianali, preparazioni mediterranee turche e spagnole, cucina thailandese, conserve, prodotti dedicati a vegetariani e vegani e piatti cucinati sul posto (boroughmarket.org.uk).

Chissà se è questa panetteria francese ad avere confuso le idee a Maria Antonietta sulle abitudini alimentari del suo popolo: **Le Panier a Brioche** al 267 Old Kent Road, fermata metro **Bermondsey**, è molto apprezzata per i suoi prodotti freschi e per la produzione propria di dolci e cibi pronti.

Scelta di frutta fresca e di stagione presso **Elsey & Bent** all'1 Rochester Walk, nei pressi della stazione **London Bridge** (fermata metro e National Rail).

Dalla parte di Vauxhall l'**Embankment Grocery** al 12 Albert Embankment si trova un supermarket di generi alimentari e articoli generici, mentre il **Food Store**, 22 Vauxhall Street, è un piccolo alimentari. Per entrambi fermata metro **Vauxhall**.

Nei pressi del mercato di Lower Marsh il supermercato **Greensmiths** provvede un po' di tutto, specialmente alimentari, al 27 Lower Marsh, fermata metro **Lambeth North**.

Dulcis in fundo, è il caso di dirlo, con la **Konditor & Cook Ltd**, al 22 Cornwall Road nei pressi della fermata metro e stazione ferroviaria di **Waterloo**. È una graziosa (e golosa) bakery specializzata in dolci, brownies, apple pie e cupcake (www.konditorandcook.com).

MANGIA BENE E BEVI MEGLIO

Per qualcosa di pronto e veloce, la cucina spagnola di **José** al 104 Bermondsey Street, non solo è buona ma anche economica. Non è il solito bar che offre le "solite" tapas, è molto di più: potete aspettarvi dei veri e propri piatti forti dal punto di vista culinario, gustose ricette spagnole, con una carta dei vini accessibile. L'ambiente è molto piccolo e affollato, ma con meno di £ 10 mangerete fino a scoppiare. Fermata metro **Borough** (www.josepizarro.com/restaurants/jose).

L'**El Vergel**, 132 Webber Street, fermata metro **Borough**, è un piccolo locale in cui potrete trovare la cucina mediterranea e sudamericana associata a una buona musica di sottofondo. Vengono utilizzati prodotti freschi e di stagione, scelti accuratamente ogni mattina nel mercato della zona. Con poche sterline potrete assaggiare specialità come il brodo di pollo, la zuppa di verdure, le empanadas, i fagioli fritti e le migliori focacce ripiene della zona (www.elvergel.co.uk).

Tanti assaggini da leccarsi le dita al **Tapas Brindisa**, 18-20 Southwark Street, che prepara deliziose tapas elaborate secondo ricetta originale. Un itinerario tra i sapori della cucina spagnola, con antipasti e stuzzichini tutti differenti e preparati in modo diverso. La visita prolunga il piacere, soprattutto in compagnia di nachos e fajitas. Fermata metro **Southwark** (www.brindisa.com/restaurants).

The Table, 83 Southwark Street, si presenta al pubblico con una veste quanto mai chic, moderno e ben curato nei dettagli. Se vi piace la cucina inglese e siete alla ricerca di una bella atmosfera, non potete perderlo; soprattutto perché vanta un'infinita varietà di pudding dolci e salati. Fermata metro **Southwark** (thetablecafe.com).

La fata madrina di Cenerentola si guardò intorno incuriosita e disse: "Su, non piangere adesso". Scelse la zucca più grande e la trasformò in una splendida carrozza. No, non è la "zucca" della fiaba quella che vedrete esposta da **Zucca Italian Restaurant**, bensì una vera cucurbita posizionata sul bancone del locale, unica nota colorata di un arredamento minimal chic. Oltre alle diverse specialità di pasta e la gustosa frittura di verdure miste, leggera e croccante, dell'ottimo pesce alle erbe danzerà felicemente nei vostri piatti, innaffiato magari da un buon bicchiere di vino bianco. Fate comunque attenzione alla carta dei vini, perché il costo è elevato. 184 Bermondsey Street, fermata metro **London Bridge** (www.zuccalondon.com).

Attorno a Waterloo, nell'area del mercato, al 90 Lower Marsh, si può gustare a prezzi convenienti un'ottima cucina thailandese al **Marie's Thai Cafè**, mentre il **Tas** al 33 The Cut offre buone specialità turche (www.tasrestaurants.co.uk).

Sulla via Lower Marsh si trovano diversi ristoranti e caffè di cucina tradizionale o esotica, che vanno dal semplice take away a menù un po' più impegnativi. Percorrerla è un buon modo per lasciarsi guidare dal gusto o dalla tasca, con ampia varietà di scelta.

Sempre in zona, ma per gli amanti del pesce, al 191 Waterloo Road, **Master Super Fish** a Londra è considerato un'istituzione, ed è persino uno dei favoriti fra i guidatori dei famosi taxi londinesi. Piatti assortiti dal fish and chips impanato al (più caro) pesce alla griglia, da immergere nella *tartare sauce* mentre si gusta l'aria marina di questo locale, rafforzata dalla decorazione turchese della sala. Fermata metro **Lambeth North**.

Nell'area di Vauxhall si trova la versatile **Kitfo House**, un ristorantino che serve al mattino le tipiche colazioni inglesi di un *caff* per tramutarsi in ristorante thailandese all'ora di pranzo, fino alla metamorfosi serale in ristorante di cucina eritrea. È in particolare nella veste eritrea che riscuote molto successo, con un menù ricco di 30 specialità, inclusi i tipici piatti serviti sul pane *injera*, che oltre ad accompagnare il sapore serve anche da posata per prendere il cibo. Lo si trova al 49 South Lambeth Road, fermata metro **Vauxhall**.

STORIE E PERSONE

The Bonnington Café. L'area di Bonnington Square fece parlare molto di sé negli anni Ottanta. divenne famosa nel tempo per essersi trasformata da una zona destinata alla demolizione a una vera e propria comunità autonoma, quando gli edifici ottocenteschi costruiti per gli operai ai tempi della realizzazione della vicina ferrovia furono acquistati in blocco e destinati a essere abbattuti. Quegli edifici, già da tempo abbandonati, erano all'epoca occupati da squatters, che risiedendovi formarono una comunità in un'area altrimenti dimessa e desolata. Il piano di sgombero degli anni Ottanta per fare spazio alla costruzione di una scuola li mise davanti alla prospettiva di dovere andare via, ma la strenua resistenza per vie legali di un negoziante locale bloccò le demolizioni, incoraggiando il ritorno degli occupanti. Questi a loro volta si organizzarono in forma di cooperativa, arrivando a negoziare con successo il diritto di utilizzo degli edifici, ceduto dall'autorità locale alla cooperativa South London Family Housing Association. Questa poté autonomamente prendersi cura dell'area, realizzando l'attiguo giardino pubblico e aprendo il **Bonnington Cafè**, un community cafè vegano, all'11 Vauxhall Grove, fermata metro **Vauxhall**. Membri della comunità si alternano giornalmente nella gestione del locale e ai fornelli, offrendo un menù sempre diverso, ispirato dalle inclinazioni e dalla cultura dello chef del giorno. I piatti sono davvero deliziosi e insoliti, con ottime soluzioni alternative alla carne. I sapori sono sempre una sorpresa e una scoperta, non avendo un tipico menù fisso, e i prezzi rispecchiano lo spirito originario di supporto alla comunità più che di impresa commerciale, con antipasti a £ 3 e piatti principali sulle £ 5. Come ulteriore valore aggiunto c'è da considerare l'atmosfera amichevole e accogliente, e la genuinità di un cibo scelto e preparato con cura e dedizione (www.bonningtoncafe.co.uk).

Se si desiderano i sapori della cucina cinese, combinati al dolce gusto del risparmio, basta seguire "la via della seta"... Al ristorante **Silk Road** infatti, al 49 Camberwell Church Street (a sud di Oval, si raggiunge con i bus 12, 36, 68 o 171), due persone possono condividere un abbondante pranzo comprensivo di bevande con £ 30, prezzo decisamente competitivo.

Se però sullo stesso percorso dovesse sorgere un irrefrenabile desiderio di sapori nostrani o di una buona pizza, ci si può fermare al **Bar Lenuccia** al 148 Camberwell New Road. Caratterizzato da un'atmosfera rilassata, amichevole e familiare, il Bar Lenuccia ha anche una sala di intrattenimento con un vero e proprio palcoscenico, nello stile di molte classiche music hall. Questa sala ha ospitato serate culturali, cineforum, eventi di beneficenza, serate danzanti, scuole di ballo, laboratori teatrali e di cabaret. Va dato loro merito di avere supportato con grande disponibilità iniziative di italiani residenti a Londra, offrendo spazio d'espressione ad artisti nostrani emergenti, e alla divulgazione di attività benefiche, di cultura e dibattito. Oltre a essere raggiungibile velocemente con i bus che percorrono la Camberwell New Road è raggiungibile, dipende dal vostro passo, a con una passeggiata di dieci o quindici minuti dalla fermata metro **Oval** (www.barlenuccia.com).

Immancabile anche qui la sempre presente catena di fast food britannica **Pret A Manger**, che potete trovare al 58-60 Stamford Street, fermata metro **Southwark**, con la sua tipica scelta variegata e i suoi prezzi più che accettabili.

HOTEL E OSTELLI

Il **The Bridge Hotel** è situato al 30 Borough Road, a soli 15 minuti a piedi dalla fermata metro **Borough**. Non è un albergo lussuoso, ma le stanze sono comode e pulite e il personale è gentile. Prezzi da £ 59 (www.thebridgehotel.net).

Il **Fresh @ The Steam Engine Waterloo Hostel**, al 41-42 Cosser Street, si trova a dieci minuti di cammino dalla fermata metro **Lambeth North** e offre camere con prezzi a partire da £ 15, inclusa la prima colazione. Connessione wi-fi gratuita (www.freshbackpackers.com/london_waterloo).

Nelle vicinanze, al 73 Lambeth Walk, c'è il **London Eye Hostel**, fermata metro **Lambeth North**, con identica disponibilità di camere e di prezzo (londoneyehostel.com).

I grandi vantaggi del **Dover Castle Hostel**, al 6a Great Dover Street, fermata metro **Borough**, sono il prezzo e la vicinanza alla stazione metro di Borough. L'hotel dall'esterno è bello, ma le camere non sono un granché, docce comprese. Ci sono comunque un cucinino, una sala con pc e connessione wi-fi gratuita. A partire da £ 13 (www.dovercastlehostel.com).

Al 144-152 Walworth Road, presso la fermata metro di **Elephant & Castle**, l'ostello **Safestay** offre la possibilità di alloggiare a breve distanza dal centro a costi contenuti. Decorato in stile moderno e ben tenuto, dotato di connessione internet, ha prezzi a partire da £ 18 per stanze da 4, 6 e 8 persone, che crescono a £ 58 e £ 68 per doppia e singola (www.safestay.co.uk).

SHOPPING & BEAUTY

Alle fashion-victims che vogliono togliersi qualche sfizio suggeriamo il **Radio Days Vintage** all'87 Lower Marsh, fermata metro **Waterloo**. Troverete abbigliamento e accessori vintage per uomo e donna. Non mancano i cimeli d'epoca, i servizi di posate, piatti e bicchieri (www.radiodaysvintage.co.uk).

Più sani e più belli a **Waterloo Station**, dove proprio all'interno della stazione ha un suo spazio **Kiehl's**, specializzato in prodotti per la salute e la bellezza, dai cosmetici ai profumi, a prodotti per la salute e il benessere dei bambini (www.kiehls.co.uk).

Twice The Siren è una graziosa gioielleria indipendente al 28 Lower Marsh, specializzata in accessori e gioielli per donna con prezzi spesso accessibili. Qui troverete anche capi di abbigliamento trendy. Fermata metro **Lambeth North** (www.twicethesiren.co.uk).

Se dopo lo shopping al 131 Lower Marsh il vostro stile viene guardato con sospetto, potete sempre indicare come colpevole

T'AGGIUSTO IO

Soluzioni per lunghe camminate e non solo. Le tante possibilità di lunghe passeggiate a Londra potrebbero compromettere la tenuta delle vostre calzature; se ciò dovesse capitarvi, nella zona di London Bridge può soccorrervi **Kehoe's Of London Bridge** al 21 Borough High Street, che si occupa di riparazioni di scarpe e di lavorazioni in pelle. Fermata metro **London Bridge**. Stesso tipo di servizio all'86 Tower Bridge Road, da **City Cobbler**. Fermata metro **Borough**. Se invece per risparmiare le calzature avete scelto di spostarvi in bici, ma è questa ad abbandonarvi, niente panico! **Bicycle Repairs** al 98 Webber Street, presso la fermata metro **Borough**, la rimetterà in sesto per voi.

il maggiordomo: a questo indirizzo c'è infatti il **What The Butler Wore**, ovvero ciò che ha indossato il maggiordomo. È un negozio di vintage, specializzato soprattutto negli stili anni Sessanta e Settanta, ma anche di altre epoche, che farebbero felici sia i fan di Presley sia dei Duran Duran. Fermata metro **Waterloo** e **Lambeth North** (www.whatthebutlerwore.co.uk).

Libri di seconda mano ma anche testi rari, specializzati soprattutto in fotografia, arte e architettura, presso **Marcus Campbell**, vicino alla Tate Modern al 43 Holland Street, fermate metro **Blackfriars** e **Southwark**.

INDIRIZZI PER DIVERTIRSI

Tra le fermate metro **Waterloo** e **Southwark**, il **Kings Arms**, 25 Roupell Street, è un pub che propone una grande varietà di birre di colore ambrato e stuzzichini sfiziosi. L'ambiente accogliente e familiare, dispone di ampie sale con grandi camini. Imperdibile per chi ama la birra (www.windmilltaverns.com/the-kings-arms).

La super discoteca **Ministry of Sound**, la più grande di Londra e conosciuta a livello internazionale, è situata al 103 Gaunt Street, conta quattro bar, cinque sale e tre piste da ballo ed è in continua espansione. Ricavata in un deposito di autobus è un vecchio e ampio magazzino e in futuro vi saranno altri ampliamenti grazie a nuove e costose ristrutturazioni. Ogni innovazione e ogni sfida musicale devono passare da qui, dove la musica più adrenalinica della fidget house, con i nuovi remix electro-clash, è alla portata di tutti. Il successo globale di Ministry Of Sound l'ha portato a diventare un franchise per prodotti vari dedicati alla musica, dalle produzioni dance con etichetta propria e compilation dedicate a oggettistica di culto con marchio e logo, fino a prodotti audio specifici come cuffie, lettori e apparecchi vari di riproduzione sonora. Fermata metro **Elephant & Castle** (www.ministryofsound.com).

Sempre nella stessa area troviamo il **Coronet**, al 28 New Kent Road, uno spazio multiuso per chi ha voglia di evasione, per fare nuove esperienze supportati dalla musica e da una grande energia che si sprigiona grazie all'atmosfera tipica dei suoi teatri, dove si svolgono grandi concerti e festival. Il Coronet infatti è nato nel 1872, come il Teatro Elephant & Castle, un palazzo di intrattenimento per i londinesi (coronettheatre.co.uk).

STORIE E PERSONE

Ciak, si gira. Nel 1940, subito dopo il grande successo americano di "Via col vento", l'allora giovane attrice **Vivien Leigh**, fresca vincitrice del premio Oscar, venne ingaggiata, insieme all'attore **Robert Taylor**, dal regista Mervyn LeRoy per girare il film di una grande storia d'amore: "Il ponte di Waterloo". Poco prima dell'inizio del secondo conflitto mondiale Myra, ballerina di danza classica, incontra l'ufficiale e nobile inglese Roy Cronin, con il quale inizia una bella storia d'amore. Di lì a poco Roy sarà arruolato e Myra e la sua migliore amica, Kitty, in disaccordo con le misure restrittive di Madame Olga Kirowa, decideranno di abbandonare il corpo di ballo. Sole e con pochi soldi, troveranno rifugio in una pensione malandata, nella speranza di trovare un nuovo lavoro.
Il tempo passa e non riuscendo a tirare avanti Myra si ammala mentre Kitty, per disperazione, comincia a prostituirsi. Una volta guarita Myra scopre la verità, si sente in colpa, e inizia a fare il mestiere dell'amica. Ma un giorno incontra, proprio nella stazione di Waterloo, il suo grande amore Roy di ritorno dalla guerra. Si tratta per entrambi di un incontro inaspettato e Myra, che ha venduto il suo corpo ad altri uomini e non vuole ingannarlo, decide di togliersi la vita gettandosi sotto un camion. Sebbene siano passati ormai tanti anni da quel tragico giorno, un uomo anziano vestito da ufficiale, Roy, si ferma con la macchina sul ponte di Waterloo, proprio nel punto dove è avvenuto l'incidente. Gli sembra di vederla ancora, di sentire la sua voce... Non dimenticherà mai il suo unico e grande amore, Myra.

SPAZIO ALLE CULTURE

Vicino alla stazione di Waterloo c'è **The Old Vic Theatre**, nell'area chiamata "The Cut". È un glorioso teatro aperto nel 1818, con alle spalle una grande storia e tradizione. Il suo nome è associato a quello di un grande attore come Laurence Olivier, ed è attualmente sotto la direzione artistica dell'americano Kevin Spacey (www.oldvictheatre.com).

The **Young Vic Theatre** è un altro teatro, simile al precedente, e sempre a "The Cut". Entrambi sono molto apprezzati per la qualità delle proprie produzioni e del cartellone (www.youngvic.org).

Il **South London Theatre** è un *community theatre*, luogo di produzione e spettacolo pensato per dare espressione e offrire cultura alla comunità locale. Situato in West Norwood al 24 Norwood High Street e quasi attiguo alla stazione National Railway **West Norwood**. Le rappresentazioni messe in scena sono di ogni genere, dalla pantomima al teatro di Shakespeare, con particolare supporto e incoraggiamento a nuove produzioni e a nuove scritture (www.southlondontheatre.co.uk).

Brividi e divertimento presso il **London Dungeon**, che è letteralmente la porta accanto alla fermata metro **London Bridge**. È un'esperienza spettacolare in cui le performance di attori, le atmosfere e gli effetti speciali, accompagnano il visitatore in racconti di orrore e di paura, in un percorso emozionante e visionario. Biglietti a £ 25,20 adulti e £ 19,80 (sotto i 15 anni), che si riducono a £ 17,50 e £ 15,95 se si prenota online (www.thedungeons.com).

STORIE E PERSONE

Elefanti, Castelli o Principesse? Il nome dell'area denominata **Elephant & Castle** ha sempre attratto la curiosità di residenti e visitatori; il nome di per sé si riferisce a una grande rotatoria stradale, ma per tanti identifica anche l'area circostante. Una leggenda metropolitana racconta che il nome derivi da una storpiatura di "La Infanta de Castilla", in riferimento a una principessa spagnola. Nella realtà il nome era quello di una locanda per viaggiatori, l'equivalente di una "stazione di servizio" dei tempi odierni, presso cui sostare per rifocillarsi, riposare e alloggiare per la notte. Gli "alloggi dell'elefante" (Elephant Lodgings) sono nominati persino ne "La Dodicesima Notte" di William Shakespeare, in quella che potrebbe essere una forma di pubblicità occulta, se non sponsorizzazione vera e propria ante litteram. Nonostante l'ambientazione del lavoro teatrale fosse in Illiria (pressappoco l'attuale Albania) Shakespeare soleva utilizzare nomi di località londinesi nelle sue opere. E poiché i teatri erano a Southwark è molto probabile che il riferimento (o lo spot pubblicitario) sia proprio per la locanda dell'Elefante. All'inizio del XX secolo l'area ha vissuto un grande sviluppo, al punto da essere soprannominata la Piccadilly Circus di South London. Fu purtroppo vittima di pesanti bombardamenti durante la Seconda guerra mondiale, e la devastazione di quel periodo tragico pose le basi per la trasformazione nella Elephant & Castle che conosciamo oggi.

ARTE E ARCHITETTURE A KM 0

L'**Imperial War Museum** è un museo dedicato alle azioni militari dell'impero britannico e del Commonwealth, ma è allo stesso tempo un luogo di riflessione sui conflitti e sui tragici costi umani delle guerre. L'ex Bethlehem Royal Hospital ne è oggi la sede in Lambeth Road, servito dalla fermata metro **Lambeth North**. Il museo illustra anche le fasi salienti delle guerre di Vietnam e Corea, i due conflitti mondiali, la vita di trincea e le condizioni dei combattenti; ripercorre la paura e il dramma dei profughi, il terrore delle bombe, la vita nei rifugi antiaerei e l'esperienza, sempre vivida nella memoria collettiva, del blitz che ha incendiato Londra e le terre britanniche. Nel museo trovano posto anche la mostra sull'Olocausto e quella sui diritti umani, così come quelle dei moderni genocidi come quello avvenuto in Ruanda. **Ingresso libero** (www.iwm.org.uk).

Ad Elephant & Castle si trova un **museo del cinema**, che dopo alcune peregrinazioni si è stabilito nella Lambeth Warehouse, l'edificio legato a Charlie Chaplin e ai difficili anni della sua infanzia, trascorsi in parte proprio nei locali della Warehouse. Oggi il museo conserva memorie del cinema, da oggetti a locandine; è al 2 Dugard Way, il tour guidato costa £ 10 per gli adulti e £ 7 per i bambini, ed è a pochi minuti a piedi dalle fermate metro **Elephant & Castle** e **Kennington**.

Il piano di ricostruzione degli anni Sessanta prevedeva un concetto metropolitano e moderno, in cui trovarono spazio le architetture rigorose e pragmatiche di quegli anni. Il famoso architetto di origine ungherese Erno Goldfinger concepì gli imponenti **Metro Central Heights**, in cui l'allora ministero della sanità stabilì alcuni suoi uffici. Nel 1965 fu realizzato quello che divenne il primo centro commerciale coperto in Europa, con 120 negozi su due piani e parcheggio sotterraneo, e presentato come un nuovo e rivoluzionario approccio al commercio e alla vendita. Su principi che effettivamente reggono fino ai giorni nostri, alla base degli shopping centre attuali, nei pregi e nei difetti. Era destinato alla demolizione nel 2012, ma al momento resiste.

L'**Heygate Estate**, colossale blocco di cemento destinato all'edilizia popolare e capace di dare alloggio a tremila persone, diede espressione alla corrente architettonica del Brutalismo, con edifici che richiamavano più i canoni delle fortificazioni piuttosto

STORIE E PERSONE

La prima infermiera inglese. Florence Nightingale è conosciuta per essere stata la promotrice del moderno concetto di assistenza infermieristica, nonché la prima infermiera inglese. Nacque a Firenze nel 1820, dove visse con i genitori un breve periodo della sua vita. Il suo nome deriva proprio dalla città toscana, tanto amata dal padre. Tra il 1853 e il 1856 alla guerra di Crimea parteciparono le potenze alleate di Gran Bretagna, Francia e Turchia decise a contrastare le mire espansionistiche della Russia. La Nightingale fu soprannominata "la dama della lanterna" per via dell'abitudine di passare ogni notte nell'ospedale da campo, accertandosi delle condizioni dei feriti e cercando di dar loro soccorso e conforto. Oggi la città di Londra ospita un museo a lei dedicato al 2 Lambeth Palace Road, con una raccolta di oggetti che evocano emozioni e raccontano i diversi frammenti della sua storia. Biglietti adulti £ 7,80, bambini (sotto i 16 anni) £ 4,80, fermate metro **Waterloo** e **Lambeth Nord** (www.florence-nightingale.co.uk).

che quelli dell'eleganza. All'inizio molto popolare per la reputazione di spazi ampi e di modernità, l'Heygate Estate cominciò un irreversibile declino, che finì per assorciarne il nome a degrado, povertà e criminalità. È destinato anch'esso alla demolizione.

La caratteristica peculiare di Elephant & Castle come tentativo di costruire una sorta di *new town* sulle macerie della guerra, e di dare risposta alle esigenze di edilizia popolare, ne ha reso una zona vissuta spesso come linea di confine e di contraddizione, mescolando problematiche di periferia con l'appetibilità di un posto a due passi da Central London, e facendone una scelta di compromesso per vivere in un'area centrale a prezzi più accessibili rispetto alla media delle altre zone.

Al 5 Lambeth Palace Road si trova il **Museum of Gardening History**, dedicato a chi ha il pollice verde e la passione del giardinaggio, assai diffusa in Gran Bretagna, dove moltissime residenze familiari sono le classiche casette con giardino. Il giardinaggio è così popolare che la BBC gli dedica programmi in orari impensabili per il pubblico italiano, qualche volta addirittura in prima serata, o spesso in orari con grande audience come la tarda mattinata o il primo pomeriggio,

IL MOMENTO MIGLIORE PER...

Mangiare all'aperto. In estate, a luglio, le associazioni di beneficenza dell'area di Waterloo organizzano assieme il **Waterloo Quarter Food Festival**, un evento che include degustazioni, vendite di torte e dolci a scopo benefico, un festival dell'hamburger, un mercatino del cibo, e la possibilità di vincere premi, da casse di champagne a biglietti per il teatro. Viene allestito presso gli **Emma Cons Gardens**, antistanti l'Old Vic Theatre. Nei giorni del festival sono disponibili numerosissime offerte e concorsi. Fermata metro **Waterloo** (www.wearewaterloo.co.uk/foodfestival).

da noi tipicamente occupati da contenitori di attualità.
In questo museo potrete trovare la storia di tecniche e piante, di stili e di giardini, inclusa la riproduzione di un giardino italiano del XVII secolo. **Ingresso libero**, ma una donazione è gradita, anche se chissà quanti avranno tentato di usare come scusa quella di trovarsi... al verde (www.gardenmuseum.org.uk).

BRIXTON

DA NON PERDERE

Brixton è un quartiere dall'identità molto marcata, al punto da essere considerato una città nella città, ma che allo stesso tempo riesce a rappresentare tanto dell'essenza stessa di Londra, dall'insieme di comunità all'evoluzione culturale incessante, dai luoghi della storia a quelli di innovazione e di laboratorio per la società del futuro. Brixton è oggi un esempio preminente di *transition town*, un modello economico e sociale perseguito da una comunità che si organizza in modo da valutare e valorizzare le proprie risorse, promuovendo modelli di vita e di mercato sostenibili socialmente ed ecologicamente. Brixton ha emesso persino una sua moneta locale, il **Brixton Pound**. Questo è una moneta vera e propria, valida a Brixton e scambiata nominalmente 1:1 con la sterlina britannica, e che vuole essere un incentivo verso la valorizzazione dell'economia locale, con promozioni e offerte per chi la adotta, variandone di fatto il valore, in modo che convenga più della sterlina UK. Caratteristica molto particolare è che nelle banconote non figura la Regina come in quelle marcate Bank of England, bensì personaggi di rilievo della storia e della cultura di Brixton. Quella che senz'altro non sfugge all'attenzione è la banconota da 10 Brixton Pound, con l'effige di **David Bowie**.

Popolatasi solo in età vittoriana, Brixton pagò un caro prezzo durante la Seconda guerra mondiale: bombardata pesantemente subì una carenza di alloggi e una veloce decadenza.Durante la ricostruzione fu luogo di nuova edilizia popolare, e dall'immediato dopoguerra cominciò a ricevere migranti afro-caraibici dalle Indie Occidentali. Fu l'inizio della **società multietnica** che conosciamo oggi, seppure il percorso fu costellato di difficoltà, resistenze e tensioni sociali come quelle che esplosero nel 1981 con i Brixton Riots, seguiti da altri episodi di disordini negli anni Ottanta e Novanta. In epoche più recenti si sono succeduti vari piani di rivalutazione dell'area, che hanno contribuito al fiorire di **nuove attività**, seppure alcune voci critiche vedono in questo la perdita di un'identità, con l'arrivo di classi sempre più agiate che vanno sostituendosi alla comunità originaria. A tutt'oggi è ancora una testimonianza di culture che si incontrano e che ne generano insieme di nuove e inedite, in un ambiente culturalmente e artisticamente ricco e attivo, in un **laboratorio permanente di nuova cultura** generata da coesione e trasferimento di sapere e di esperienza fra appartenenze etniche diverse.

STORIE E PERSONE

The Big Guns Of Brixton. Il sempre vivace e talvolta problematico quartiere di Brixton si intreccia molte volte nella cultura popolare, diventandone protagonista come nella celebre canzone "Guns Of Brixton" della punk band The Clash. Scritta dal loro bassista Paul Simonon, cresciuto nel quartiere, racconta di una Brixton di frontiera e del trattamento non proprio delicato della polizia dell'epoca, mostrando allo stesso tempo l'importanza della fusione culturale con le influenze reggae che si sposano allo spirito punk della band. Ispirazione altrettanto importante discograficamente, quanto poco piacevole, per i loro contemporanei **The Damned**, che scrissero "London Dungeon" quando vennero rinchiusi nella prigione di Brixton in seguito a una rissa.
David Bowie, celebrato sulle banconote del Brixton Pound, è nato qui, al 40 Stansfield Road, così come a Brixton sono cresciuti il Ken Livingston che sarebbe poi diventato sindaco di Londra, e l'ex primo ministro John Major.

FAI LA SPESA GIUSTA

Nel fare la spesa a Brixton non si può non partire dal **Brixton Market**. Situato nel cuore del quartiere e a ridosso della fermata metro **Brixton**, si estende per alcune vie e per alcune aree coperte dette *arcades*. Sviluppatosi in Atlantic Road nel 1870 ed estesosi su Brixton Road, divenne presto una popolare destinazione per chi cercava articoli a basso costo, intrattenuti spesso anche da musicisti di strada (brixtonmarket.net). Electric Avenue, che divenne parte del mercato, fu una delle primissime strade a illuminazione elettrica. In questo mercato oggi si trova un po' di tutto, dall'oggettistica agli alimentari, e la sua notorietà si deve anche alla presenza e abbondanza di prodotti africani e caraibici.

Il Brixton Market a sua volta include zone a tema, come il **Food Corner** (l'angolo del cibo) disponibile dal mercoledì al venerdì all'ora di pranzo; il venerdì dalle 10 alle 17 c'è il Friday Market che comprende di tutto, mentre il sabato negli stessi orari c'è un mercato a tema variabile. La domenica è presente il **farmer's market**, dalle 10 alle 14, dedicato alla produzione locale, genuina, ecosostenibile e a km 0. I negozi circostanti sono aperti 7 giorni su 7, dalle 8 alle 19.

In **Electric Avenue** non c'è mercato la domenica, che per il resto della settimana è aperto dalle 8 alle 18, tranne il mercoledì in cui chiude alle 15. Le arcades chiudono ancora più tardi, alle 23.30, ma il lunedì anticipano la chiusura alle 18.

Per chi volesse mangiare una bella bistecca, proveniente da allevamenti dove gli animali sono liberi di pascolare e di varietà bovine più ricercate e meno comuni rispetto ai supermercati, c'è la macelleria **Dugard & Daughters** presso Arch 286, Milkwood Road, a un passo dalla stazione National Railway **Hernie Hill** (dugardanddaughters.com).

MANGIA BENE E BEVI MEGLIO

Iniziamo giocando in casa, partendo subito dalla pizzeria **Franco Manca**, quotatissima dai nostri stessi connazionali come uno dei posti in cui trovare una delle pizze più buone a Londra. Con forno a legna e pizzaioli di grande mestiere, la pizza è davvero ottima e di qualità. I prezzi sono allineati alla media delle pizzerie, fra £ 6 per le pizze più semplici a circa £ 10 per quelle più complesse e condite; bisogna sottolineare che grandi catene anglo-americane di pizza fast food, con forni elettrici e pizze infornate su carrello automatico a cronometro, a parità di dimensioni hanno praticamente lo stesso prezzo delle vere pizze italiane preparate da pizzaioli specializzati e cotte con bravura nel forno a legna. Si può quindi serenamente dire che, in rapporto alla loro qualità, le pizze italiane sono molto convenienti rispetto alla concorrenza. Franco Manca è al 4 Market Row, proprio nell'area dei mercati vicino alla fermata metro **Brixton** (www.francomanca.co.uk).

Se invece ci si vuole attenere al british style ecco il **Lido Café**, che deve il suo nome alla vicinanza a una piscina all'aperto. Dall'hamburger ai pancakes, passando per i fish cake, è un'occasione per scoprire delle ricette meno note. Si parte da circa £ 11,50 per un piatto principale e si può salire fino a £ 18; ma può valerne la pena per ampliare lo sguardo sulla cucina inglese. È presso il Brockwell Lido in Dulwich Road, e dista poco dalla stazione National Rail **Herne Hill** o dalla fermata metro **Brixton** (www.thelidocafe.co.uk).

È vero però anche che in un quartiere così multiculturale e diversificato potrebbe sembrare un'occasione mancata il non gustare pietanze dai vari angoli del globo; dal Giappone con furore ecco **Okan**, che nel mezzo del mercato di Brixton serve piatti saporiti ed eleganti all'Unit 39 nel Brixton Village Market di Coldharbour Lane. Con i suoi piatti forti compresi fra le £ 6,50 e £ 8,50 sembra un'opportunità irrinunciabile per assaporare i sapori del paese del Sol Levante in tutta convenienza (www.okanbrixtonvillage.com).

Sarebbe però veramente scortese ignorare i veri protagonisti dell'area, e quindi possiamo provvedere ad assaggiare pietanze caraibiche a base di pesce presso **Fish, Wins & Tings**, dove nel cuore storico del mercato, in Atlantic Road, si possono gustare specialità giamaicane, di Barbados o di Trinidad. Prezzi fra le £ 7,50 e £ 9,50.

Caraibi e frutti di mare all'**Etta Seafood Kitchen**, anch'esso nel Brixton Village Market, con prezzi fra £ 7 e £ 13: il gusto del mare caraibico senza che il nostro conto in banca debba naufragare (www.ettasseafoodkitchen.com).

Produzione 100% vegan da **Ms Cupcake**, in cui è dolce anche l'atmosfera del grazioso negozio e delle loro preparazioni. Il loro desiderio maggiore è quello di infondere quel senso di buono, genuino e casareccio che solo una torta della nonna può avere, e la qualità e la cura dimostrata lasciano pensare che sia davvero così. Sono aperti tutti i giorni fino alle 19, tranne la domenica in cui chiudono alle 18, e sono anch'essi a un passo dalla fermata metro **Brixton** nell'area dei mercati, al 408 Coldharbour Lane (www.mscupcake.co.uk).

HOTEL E OSTELLI

L'ostello **Hootananny** al 95 Effra Road permette di trovare un alloggio economico, stando proprio sopra uno di quei locali che con le sue serate di reggae e di musica dal vivo è fulcro delle serate musicali di Brixton. Sconsigliato magari a chi non ama la vita notturna e il divertimento, è ideale invece per gli amanti del reggae, che non devono far altro che scendere al piano di sotto per ascoltare gli ottimi artisti che si succedono sul palco. Prezzi da £ 15, e £ 18,50 venerdì e sabato; locali semplici e spartani di 8 e di 10 persone con letti a castello.

Non molto distante da Brixton il **New Dome Hotel** al 51-53 Camberwell Church Street, a una ventina di minuti a piedi dalla fermata metro **Oval**. I prezzi partono da £ 60, ma fanno spesso offerte, quindi se si punta a questa zona è bene controllare se ci sono eventuali promozioni sul loro sito (thenewdome.reserve-easy.com).

SHOPPING & BEAUTY

Ci ripetiamo volentieri citando nuovamente il **Brixton Market**, davvero bello, ricco e variegato, imprevedibile e pieno di sorprese; indubbiamente uno dei punti di partenza per lo shopping a Brixton. Alla stessa maniera si consiglia di esplorare l'insieme di negozi che si concentra nel Brixton Village e le **arcades**.

Un insieme di retro, vintage e design è **Leftovers**, negozio di abbigliamento e accessori all'Unit 71 di **Brixton Village**; vintage e design, ma stavolta per la casa e per gli oggetti, presso **Circus**, che del Village occupa l'Unit 70 (www.circusbrixton.com).

Oggettistica particolare e idee regalo eleganti si trovano presso l'Unit 7 da **Brixi** (www.brixi.co.uk). È molto facile perdersi fra tante cose che possono incuriosire al Village, e vale davvero la pena di percorrerlo tutto, lasciandosi catturare da tutte le possibili sorprese.

INDIRIZZI PER DIVERTIRSI

Sono molti gli indirizzi del divertimento a Brixton. La **Brixton Academy** è uno dei locali più importanti per i concerti musicali. Attiva dagli anni Ottanta quando i Dire Straits e i Police, la utilizzavano per provare i loro show prima di andare in tour, da allora ha ospitato un vasto numero di artisti famosi: dai Sex Pistols ai Clash, dai Kraftwerk ai Massive Attack. Tenete d'occhio il loro calendario quando pensate di venire a Londra, è possibile che qualcuno fra i vostri miti sia in città in quei giorni, e se lo è c'è buona possibilità che si esibisca alla Brixton Academy. Fermata metro **Brixton** (www.o2academybrixton.co.uk).

La scena notturna di Brixton è costellata di club, bar e pub, qualcuno davvero originale. **The Mass** è stato un club che realizzava le serate dance e balli in maschera nei locali della chiesa di St Matthew's Church, Brixton Hill, che di giorno tornava a essere una chiesa con tanto di funzioni religiose. Oggi il **The Brix** ne ha preso il posto, più orientato verso eventi, cultura e arte della comunità locale. Fermata metro **Brixton** (www.thebrix.org).

The Windmill, al 22 Blenheim Gardens, è un pub che ospita musica dal vivo. Calendario con ottimi artisti e figure di culto della scena musicale. È a 10 minuti di cammino dalla fermata metro di **Brixton**.

Anche il **The Jamm**, al 261 di Brixton Road, vede molto spesso musica e artisti di alto livello suonare sul proprio palco, alternando djset di richiamo a concerti di band famose. Fermata metro **Brixton** (www.brixtonjamm.org).

Il pub **The Dogstar** non si limita a essere un semplice pub e bar; al suo interno infatti si svolgono interessanti serate con happening artistici, sperimentazione e spettacoli d'avanguardia. Nella propria storia, che potete trovare sul sito internet, racconta di essere stato il primo dj bar di Londra, a conferma di questa continua ricerca di nuove soluzioni artistiche. Si trova al 389 Coldharbour Lane, molto vicino al **Brixton Village**. Fermata metro **Brixton** (www.dogstarbrixton.com).

The Effra Tavern, al 38 Keller Road e anch'esso vicino al Village, è un locale frequentato e rispettato come luogo di jazz di qualità. Anche per questo fermata metro **Brixton**.

SPAZIO ALLE CULTURE

Brixton vanta anche il **Ritzy Cinema**, aperto nel lontano 1911 e dotato all'epoca di un organo. Rimodernizzato e adeguato alle tecnologie di oggi, conserva ancora il fascino di un cinema la cui apertura al pubblico risale a malapena a una quindicina di anni dopo la prima proiezione dei fratelli Lumière! Brixton Oval, Coldharbour Lane, fermata metro **Brixton** (www.picturehouses.co.uk/cinema/Ritzy_Picturehouse).

L'ECO DEL RISPARMIO

Concerti gratis? Questa parola sì che è musica per le nostre orecchie! E lo è più che mai quando, per quattro mesi, da inizio giugno a fine settembre, al Ruskin Park di Brixton si svolgono concerti gratutiti ogni sabato pomeriggio alle 15. La serie di concerti chiamata **Saturday Afternoons at The Ruskin Park Bandstand** propone soprattutto musica per orchestre di fiati e ottoni e per bande, spaziando però anche con eventi che includono percussioni e danze. Il Ruskin Park si trova molto vicino stazione Overground di **Denmark Hill**, ma vi si può arrivare anche dalla fermata metro di **Brixton** con una passeggiata di circa 10 minuti (friendsruskinpark.org.uk).

IL MOMENTO MIGLIORE PER...

Vita di campagna. Presso il Brockwell Park di Brixton, verso la metà di luglio Lambeth festeggia per un weekend la vita di campagna, con il **Lambeth Country Show**, in cui la dimensione contadina celebra ormai da 40 anni la sua relazione con la natura, i suoi prodotti freschi e genuini, le tecniche sostenibili di produzione. E con tanto intrattenimento a tema, accompagnato da ore di coinvolgenti musiche reggae, pop e folk eseguite dal vivo. L'ingresso è gratuito, ma qualche donazione è gradita. Si può raggiungere direttamente camminando per una ventina di minuti dalla fermata metro e stazione National Rail **Brixton**, oppure da lì prendere un treno che in due minuti arriva alla stazione National Rail **Hernie Hill**, di fronte al parco (lambethcountryshow.co.uk).

ARTE E ARCHITETTURE A KM 0

Dopo le rivolte del 1981 il comune di Lambeth lanciò l'iniziativa di decorare diversi muri di Brixton con l'**arte dei murales**, rappresentando tematiche politiche e sociali che avevano alimentato forti tensioni che erano degenerate in disordini. Alcuni sono andati perduti o si sono consumati, ma altri rimangono a testimonianza di una fase storica, nella lotta di integrazione e inclusione sociale, nella denuncia, nell'espressione di una comunità e nei colori della sua cultura.

Un antico mulino a vento, relizzato nel 1864, è ancora presente a Brixton. Il suo vero nome è **Ashby's Mill**, seppure da tanti è semplicemente conosciuto come "The Brixton windmill". È stato in funzione fino al 1934, quando riforniva di farina gli alberghi e i ristoranti del West End. Restaurato più volte nel tempo è stato definitivamente aperto al pubblico nel 2011. Lo si trova al 2 Blenheim Gardens. Dalla fermata metro **Brixton** uno dei bus 45, 59, 109, 118, 133, 159, 250 e 333, o circa un chilometro e mezzo di passeggiata.

CLAPHAM, BATTERSEA, WANDSWORTH

DA NON PERDERE

La **Battersea Power Station** è uno degli edifici più iconici della città, specialmente per quegli appassionati di musica rock che, nella sua inconfondibile forma di "tavolo rovesciato", vi riconoscono la copertina di *Animals*, storico album dei **Pink Floyd** pubblicato nel 1977. Si tratta di una doppia centrale elettrica a carbone, con due impianti costruiti specularmente, dandole quel tipico aspetto con quattro ciminiere che l'ha resa celebre.

La sua costruzione fu avviata nel 1930, nell'ottimale posizione in cui si trova oggi, strategicamente vicina al fiume sia per il raffreddamento sia per la facilità di approvvigionamento del carbone. Le gru che prelevavano il carbone sono ancora oggi ben visibili sul fiume davanti alla centrale, i cui due impianti restarono attivi fino al 1975 e al 1983.

Una mattina all'alba, nel dicembre 1976, un enorme maiale gonfiabile fu issato sulla Battersea Power Station, retto da un cavo. Mentre la troupe fotografava per ciò che sarebbe diventata la copertina di *Animals* e filmava quello che sarebbe diventato il video per il live di *Pigs On The Wings*, il cavo che teneva ancorato il maiale si spezzò, e il gigantesco animale cominciò a fluttuare fuori controllo sul cielo di Battersea, prendendo quota e causando un certo panico generale, perché quella non è una porzione di cielo qualunque; il gonfiabile si venne a trovare sulla direttrice dei voli in atterraggio all'aeroporto di Heathrow, e fu avvistato da increduli piloti che, trovandosi davanti un enorme maiale volante, devono aver pensato di avere le allucinazioni. Scortato come un nemico pubblico da elicotteri della polizia, finì per scendere spontaneamente, toccando terra in Kent. Quel breve e folle volo fu comunque sufficiente a scattare le foto necessarie per la copertina dell'album e a far passare l'edificio nella leggenda.

Ma c'è qualcosa in più di speciale, che rende la Battersea Power Station se possibile ancora più iconica: colui che la disegnò fu sir **Giles Gilbert Scott**, la stessa mano che disegnò le famosissime cabine telefoniche rosse, ancora oggi oggetto di foto ricordo di ogni turista a Londra. Sono sue anche le progettazioni di quella Bankside Powers Station, che oggi è la Tate Modern, e dell'attuale Waterloo Bridge.

Per ammirare la Battersea Power Station specchiarsi imponente sul fiume, con le originali gru del carbone ancora davanti, come fedeli servitori che non hanno mai abbandonato quella maestosa figura, basta scendere alla fermata metro **Pimlico**, raggiungere il Tamigi, e costeggiarlo in direzione ovest per alcuni di minuti. Potrebbero essere anche gli ultimi anni in cui la si può ammirare nella sua originale bellezza industriale e decadente; secondo i più recenti piani sarà avvolta da nuove costruzioni, forse persino inglobata in un complesso residenziale, da cui si riconosceranno solo le quattro ciminiere.

FAI LA SPESA GIUSTA

La **Northcote Road** si estende per Wandsworth dalla vicina stazione Overground e National Rail **Clapham Junction** verso Battersea, ed è una via ideale per la spesa, dove trovare sia il necessario per ogni giorno sia prodotti unici. Un esempio di questo è l'**Hive Honey Shop**, al civico 93, dove non solo viene venduto miele genuino, ma si può essere iniziati all'arte dell'apicoltura grazie ad appositi corsi qui organizzati (www.thehivehoneyshop.co.uk).

Al numero civico 71, **Dove** è un'eccellente macelleria (www.dovethebutchers.co.uk), mentre al numero 21 **Philgias & Swiggot** vende buoni vini d'ogni provenienza (www.philglas-swiggot.com).

Per i formaggi basta spostarsi al numero 48 da **Hamish Johnson** (www.hamishjohnston.com), mentre **Northcote Fisheries** è la pescheria locale, al civico 14.

Ovviamente con tutte queste cose buone non ci si può fare mancare del buon pane fresco, che si può trovare presso la **Lighthouse Bakery** al numero 64.

MANGIA BENE E BEVI MEGLIO

La stessa Northcote Road è ricca anche di pub e ristoranti. Al civico 59 l'**Holy Drinker** vanta un'ampia scelta di vini e di birre anche inusuali (www.holydrinker.co.uk).

Se si desidera mangiare british ma con un occhio di riguardo al portafoglio al **Tony's Northcote Café** (al 74 Northcote Road) ci si può rifocillare con una super energetica english breakafst ben al di sotto delle £ 10.

Per l'immancabile desiderio di un'ottima pizza italiana, Clapham offre due autentiche pizzerie napoletane, partenopee al 100% dai proprietari ai pizzaioli, dalle tecniche ai sapori. **Donna Margherita** si trova al 183 Lavender Hill, ed è riverita anche dall'esigentissima ed esperta clientela campana (www.donna-margherita.com).

Agli stessi alti livelli di sapore, qualità e fedeltà all'originale è la pizza di **Via Caracciolo**, al 42 Lavender Hill, anch'essa sapientemente lavorata da un pizzaiolo, che può vantare titoli e riconoscimenti, nonché di essere insegnante di un'accademia della pizza. Entrambe si raggiungono dalla stazione Overground **Clapham Junction** (www.viacaracciolo.co.uk).

HOTEL E OSTELLI

A **Clapham Junction** c'è un albergo della catena **Travelodge** vicinissimo alla stazione dell'Overground, 155 Falcon Road; la loro strategia è simile a quella delle compagnie aeree low cost, per cui se pensate di prenotare il viaggio al Londra con un certo anticipo si possono trovare occasioni di risparmio davvero notevoli. L'hotel ha standard più che buoni per le ottime proposte che è in grado di offrire. Tenete sempre d'occhio il loro sito per l'occasione ghiotta (www.travelodge.co.uk).

Il **108 Streathbourne Road**, per l'appunto al 108 Streathbourne Road, vicino alla fermata metro **Tooting Bec** è un'elegante bed and

T'AGGIUSTO IO

Elettronica? Sì, grazie. Potrebbe capitare di avere qualche problema a un dispositivo elettronico audio/video. In tal caso, se si è nell'area di Wandsworth, potrebbe valere la pena di portarlo da **T C Television**, riparatore di televisori e dispositivi elettronici. È al 209 Garratt Lane, Wandsworth, stazione National Rail di **Earlsfield**. Nella stessa area e presso la stessa stazione ferroviaria, al 181 Garratt Lane, **Horizon** è una lavanderia che pratica anche riparazioni e alterazioni, per accorciare abiti e pantaloni, e rammendi.

STORIE E PERSONE

Una Clapham common fin troppo common? Questa volta si tratta proprio di un personaggio al contrario la curiosità sul personaggio; non si tratta di una figura storica o di qualche fama, anzi proprio l'opposto: si tratta dell'uomo comune, che più comune di così non si può... Agli inizi del XX secolo l'area di Clapham era diventata sinonimo e archetipo di una classe media, lavoratrice, pendolare e assolutamente ordinaria. Percezione impressa nell'imaginario collettivo, addirittura al punto che si diffuse nel linguaggio giuridico la figura ipotetica di **The man on the Clapham omnibus** (l'uomo di Clapham sul bus), ovvero di una persona ordinaria e dotata di comune buon senso e ragionevolezza, da contrapporre ai comportamenti di chi era sotto processo per forme di negligenza. E finendo trascritta così anche nelle sentenze. Adesso non solo non la si usa più nei tribunali, e non solo non si usa più il termine omnibus per l'autobus, ma Clapham dal boom degli anni Ottanta in poi ha cominciato a essere meno ordinaria e più di tendenza, attirando artisti, creativi, studenti, professionisti e gente di reddito alto. Adesso sì che viene desiderio di esserne un residente comune...

breakfast di carattere, in una tipica casa vittoriana. Alloggiarvi costa dalle £ 97 per una doppia e può essere una base confortevole per girare il sud di Londra (southwestlondonbandb.co.uk).

Singole a partire anche da £ 50 (e doppie dalle £ 70) per il semplice e ordinato **The Lavender Guest House**, nei pressi della stazione Overground **Clapham Junction** al 18 Lavender Sweep (www.thelavenderguesthouse.com).

Singole a partire da £ 70 e doppie da £ 85 per l'elegante e modernamente decorato **Parklands Beds & Breakfast**, al 10 Parklands Road. Fermata metro **Tooting Bec** (www.parklandsbandb.com).

SHOPPING & BEAUTY

Il **Raspberry Beret**, che nel nome evoca un vecchio successo di Prince degli anni Ottanta, è un bel negozietto di abbigliamento usato e vintage; è al numero 151 di Northcote Road. Fermata metro **Clapham Junction**.

Il **Rio Beach** è un negozio di abbigliamento soprattutto per uomo, al 100 Clapham High Street, con stile casual elegante ma non pretenzioso a prezzi contenuti. Stazione National Rail **Clapham High Street**.

Abbigliamento e accessori per donna invece da **Abbey**, al 27 Abbeville Road, che spazia dagli abiti per ogni giorno a qualcosa di più elegante per la sera; fermata metro **Clapham South**.

Più orientata invece verso le firme della moda la boutique per donna **Galleria Conti** al 22 Battersea Rise, stazione Overground **Clapham Junction**, mentre si orienta a un pubblico femminile molto giovanile la **Wharehouse** al 315 Lavender Hill, sessa stazione Overground (www.warehouse.co.uk).

Promette originalità il negozio di calzature dal nome **Unique Shoes** al 75 St John's Road, pur non avendo design particolarmente azzardato. Sembrano anzi stili ben allineati con le tendenze contemporanee, così come lo sono i prezzi, non troppo cari. Stazione Overground **Clapham Junction** (www.unique-shoes.co.uk).

A PIEDI NUDI NEL PARCO

Battersea Park è un parco che si estende lungo il Tamigi fra Albert Bridge e Chelsea Bridge, e che oltre al verde e alla tranquillità offre l'insolita presenza di sculture di **Henry Moore** e una pagoda buddhista chiamata **The Peace Pagoda** (la Pagoda della Pace), fatta costruire da buddhisti giapponesi nel 1985 in commemorazione delle vittime di Hiroshima. Pace e tranquillità di luoghi e nomi che in realtà nascondono un segreto: quest'area fu nel XIX secolo luogo di duello fra nobili e del tentato assassinio di Carlo II nel 1671. Per fortuna oggi è teatro di belle passeggiate fra i laghetti del parco e il grande fiume a lato, e di eventi artistici e culturali nella **Pump House Gallery** al suo interno. La stazione Overground **Battersea Park** è proprio lì vicino.

Clapham Common è lo spazio verde al centro di Clapham; da qui si può passeggiare verso Clapham High Street con tutti i suoi negozi e ristoranti, oppure si può andare verso l'elegante Clapham Old Town. Nella zona anche la settecentesca chiesa **Holy Trinity Church**, dalla quale fra il 1790 e il 1830 l'attivista William Wilberforce si batteva contro la schiavitù. La setta cristiana

IL MOMENTO MIGLIORE PER...

Fuochi d'artificio. Ogni anno a novembre si svolge a Battersea lo spettacolare **Battersea Park Fireworks Display**, un festival dove i fuochi d'artificio fanno spettacolo, esplodendo in mille colori e forme, sincronizzati con la musica e coreografati. Per questa grande festa ci sono inoltre bancarelle di cibo e bevande. I biglietti d'ingresso, compresi fra le £ 6,50 e le £ 10, sono disponibili dal sito del comune di Wandswort. Stazione Overground **Battersea Park** (www.wandsworth.gov.uk/events).

---

a cui apparteneva si schierò anche contro il lavoro minorile, precorrendo importantissime battaglie moderne per i diritti.

È invece la creatività a esplodere a maggio, in occasione del **Wandsworth Art Festival+Fringe**, durante il quale si succedono performance di teatro, arti figurative, danza e musica, nell'arco di due settimane fittissime di eventi in diversi palchi e luoghi di spettacolo in giro per Wandsworth. Informazioni e programmi presso il sito del festival (wandsworthartsfestival.com).

5

SOUTH WEST LONDON

LONDON AT A GLANCE. Verde, come l'immensa distesa del parco di Richmond; verde, come gli storici campi da tennis in erba di **Wimbledon**; verde, come lo è persino il colore della District Line della metro, che collega il centro di Londra a questo suo elegante giardino. Un verde interrotto solo dai riflessi del Tamigi che lo attraversa, o dai fiori dei grandi giardini di **Hampton Court**. Fra antichi palazzi reali e parchi con splendida vista sulla città, South West London diventa ogni anno una magica festa verde tra giugno e luglio durante il torneo di tennis, seguito su schermi in piazze, parchi e bar, che colora di sé persino i tunnel della metro, fra i tifosi in festa e i pendolari che seguono trepidanti sui giornali le imprese dei campioni.

WIMBLEDON

DA NON PERDERE

Il nome dell'area di Wimbledon risuona familiare a milioni di appassionati di sport in tutto il mondo, in particolare agli appassionati di tennis. È infatti qui che si trova quello che è considerato una sorta di vero e proprio "tempio" del tennis, rispettato e riverito come tale da tutti i più grandi giocatori del mondo: il complesso di campi da tennis in erba su cui svolge il Torneo di Wimbledon, conosciuto a livello internazionale come **The Wimbledon Championship**.
Il complesso dei campi contiene anche un interessante museo con la storia del torneo e del tennis, e nei giorni dei campionati l'atmosfera è magica, sia fra i campi sia al di fuori. Assistere al torneo è più accessibile di ciò che la sua aria esclusiva possa fare sembrare, per assaporare storia e leggenda, che a Wimbledon ha il gusto di fragole e panna.

FAI LA SPESA GIUSTA

Dicono che la **Wimbledon Village Bakery** al 9 High Street, fermata metro **Wimbledon**, sia una delle migliori panetterie della zona, per pane fresco e prodotti da forno. E chi per affrontare un giorno frenetico volesse prendere qualcosa preparato sul posto, serve anche squisite colazioni a base di uova strapazzate e salmone affumicato. Golosa la pasticceria con ampia varietà di assortimento.

Simile e altrettanto gustosa, all'87 della stessa via troviamo la sede di Wimbledon della **Paul Bakery**, panetteria francese e patisserie, con preparazioni anche di torte salate e di dolci (www.paul-uk.com).

Al 60 High Street, c'è **Bayley & Sage**, un negozio e delicatessen presso cui trovare, tra gli altri, prodotti di stagione di produzione locale, pesce dalla Cornovaglia e 130 qualità diverse di formaggio dal Regno Unito e dalla Francia (www.bayley-sage.co.uk).

La macelleria locale **Robert Edwards**, oltre alla consueta possibilità di acquistare carni bovine, suine, ovine e avicole, ha ampia scelta di prodotti che provengono da allevamenti *free range*, cioè in cui gli animali possono pascolare liberamente. Si trova al 19 Leopold Road, e la fermata metro è sempre **Wimbledon** (www.robertandedwards.co.uk).

Da questa stessa fermata si va anche da **The Savanna**, negozio di alimentari molto particolare al 20 Worple Road, specializzato in prodotti dal Sud Africa (www.thesavanna.co.uk).

Un supermercato della catena **Tesco** si trova al 194 Merton Road, fermata metro **South Wimbledon**.

Per chi si trovasse più vicino alla fermata metro **Wimbledon Park**, può trovare il **Best-One** al 145 Arthur Road, che nonostante il nome un po' pretenzioso è in realtà il semplice negozietto locale di alimentari, frutta, verdura e bevande.

I sabati dalle 9 alle 13 c'è il **Wimbledon farmer's market**, con la consueta ampia scelta di prodotti locali e genuini a cui i farmer's market di Londra ci stanno abituando, con frutta e verdura, prodotti caseari, pane, dolci, spezie, carni e uova. Lo si tiene nello spazio della Wimbledon Park First School, Havana Road, fermata metro **Wimbledon Park** (www.lfm.org.uk/markets/wimbledon).

MANGIA BENE E BEVI MEGLIO

Lo **Yummy Lounge**, 159 Arthur Road, fermata metro **Wimbledon Park**, combina con passione ingredienti freschi: sandwich e burgers con patate sono tra i piatti forti, ma anche crêpes, salate o dolci, milkshake e frozen yogurt, che potete consumare in assoluta rilassatezza. Connessione wi-fi gratuita.

Al **Gourmet Burger Kitchen**, 88 The Broadway, fermata metro **Wimbledon**, preparano enormi e ottimi hamburger, che superano alla grande i classici tradizionali. Anche se il ristorante è parte di una catena, vale la pena provarli. I più piccoli saranno coccolati con un menù rivolto a loro, a base di manzo, pollo fresco, pesce, tortini ripieni di verdure, frutta fresca, deliziosi dolci e yogurt. Connessione wi-fi gratuita (www.gbk.co.uk/restaurant/wimbledon).

L'**Henry J Beans** al 153-163 The Broadway, prepara carni alla griglia tenere e gustose, con porzioni abbondanti. Ottima convenienza sui cocktail in orario happy hour, tutti i giorni dalle 17 alle 22; buona anche la selezione di vini, ma questi sono un po' cari. Fermata metro **Wimbledon** (www.henryjbeans.co.uk).

Gradevole e luminoso nel suo arredo, il **Fox & Grapes Restaurant**, 9 Camp Road, ha un menù ricco di prelibatezze tipiche inglesi, come l'ottimo brasato di agnello o cappone cassoulet. Gli antipasti a base di cipolle caramellate, patate con formaggio, costano dalle £ 10 alle £ 20, ma se avete intenzione di fare un pasto completo, compresi i dessert e l'ottimo vino, arriverete anche a spenderne £ 50. Fermata metro **Wimbledon** (foxandgrapeswimbledon.co.uk).

The Rose and Crown (www.roseandcrownwimbledon.co.uk), al 55 High Street, e il **Dog and Fox** (www.dogandfoxwimbledon.co.uk), al 24 High Street, entrambi nel Wimbledon Village, sono due locande risalenti al XVI e XVIII secolo, che fungevano da punti di sosta per i viandanti sulla rotta della diligenza tra Londra e Portsmouth. Oggi sono diventati dei pub/hotel molto raffinati, dall'atmosfera calda e accogliente, e i cui i **piatti di tradizione britannica** hanno grande attenzione per la qualità, con ingredienti genuini ben selezionati. Belle ed eleganti le stanze per alloggiare, ma il prezzo (ben oltre le £ 110 per una doppia) non è per tutte le tasche. Per entrambi fermata metro **Wimbledon**.

Per chi non ha il tempo di fermarsi c'è il **Pret A Manger**, al 4 Wimbledon Hill Road, fermata metro **Wimbledon**.

HOTEL E OSTELLI

La posizione del **The Justin James Hotel** è ottima, al 43 Worple Road, fermata metro **Wimbledon**, vicino a una piazza piena di negozi e servizi, a breve distanza dal Wimbledon Tennis Museum. Le stanze sono pulite e accoglienti con prezzi che partono da £ 57 per una singola senza bagno in camera, e £ 75 con bagno in camera; per la doppia i prezzi partono da da £ 95 con bagno in camera (www.justinjameshotel.com).

A dieci minuti di cammino dalla fermata metro **Wimbledon**, l'**Antoinette Hotel Wimbledon** è situato nel cuore di Wimbledon lungo il viale The Broadway, è una struttura moderna e gradevole, circondata da negozi e locali carini, con a disposizione camere spaziose e connessione wi-fi gratuita. Prezzi a partire da £ 64 e £ 90, per singole e doppie (www.antoinettehotel.com/wimbledon).

Il **Travel Joy Hostels Wimbledon**, 89 Hartfield Road, fermata metro **Wimbledon**, è un ostello con a disposizione camere doppie e dormitori da 4, 6 e 8 posti letto. Offre colazione continentale e uso pc. Connessione wi-fi a costo aggiuntivo. Prezzi da £ 14.

SHOPPING & BEAUTY

Location di campionati di tennis di fama mondiale, Wimbledon è una fiorente città moderna, con eleganti negozi e ristoranti, oltre a conservare un ricco patrimonio di storia medievale, e il carattere del suo **Wimbledon Village**. In esso si concentrano tanti dei negozi per lo shopping, vicini alla fermata metro **Wimbledon**.

La **Caroline Randell Lingerie Boutique** è una boutique di intimo e costumi da bagno al 6 Church Road, che promette un trattamento più personalizzato rispetto alle comuni catene concorrenti, affermando che almeno l'80% delle donne indossa un reggiseno di misura sbagliata, a causa di taglie generiche e approssimative, e offrendo invece di misurare e trovare la taglia personale e ideale di ciascuna cliente (www.carolinerandell.co.uk).

Il negozio di calzature **Kokos**, indipendente e a gestione familiare da 40 anni, offre design e originalità, al 12 High Street.

Molto divertente **Tinc** al 15 Church Road, negozio di cartoleria e di articoli da regalo nel quale si possono trovare originali e coloratissime reinterpretazioni di oggetti di uso quotidiano, di lavoro, o per la scuola; oppure semplicemente per regalare un sorriso con una divertente sorpresa (www.tinc.uk.com).

Abbigliamento di qualità e in stile molto british presso **Jigsaw**, al 79 High Street; qui si trova un ampio assortimento di capi e accessori di ogni genere per donna, uomo, bambini; il loro stile si estende anche a prodotti per la casa come cuscini, coordinati per il letto e tovaglie (www.jigsaw-online.com).

Molto british e prezzi ragionevoli anche presso **Crew Clothing**, al 22 High Street, anche questo con scelta molto variegata per donna, uomo, bambino, e accessori (www.crewclothing.co.uk).

Arredi, articoli e oggetti per la casa in stile svedese... no, aspettate! Non è Ikea! **Nordic Style**, al 7 High Street, ne è semmai l'opposto, l'antitesi, proponendo stile e carattere nordico autentici, in cui alcuni mobili sono dipinti a mano, e di cui anche gli accessori, dai set da tavolo agli ornamenti, denotano cura e qualità. E poi la grande comodità è che il tutto è già assemblato (www.nordicstyle.com).

Per chi cercasse libri e partiture musicali c'è il **Wimbledon Books & Music** al 40 High Street, con più di 3 milioni

T'AGGIUSTO IO

Come nuove. Il negozio di scarpe **Kokos** al 12 High Street, nel Wimbledon Village, offre servizio di riparazione di calzature. La tradizione di questo negozio è molto lunga, e ha potuto annoverare fra i clienti anche delle celebrità, che si sono rivolti a loro per rimettere a nuovo le scarpe preferite. Con la loro esperienza assicurano di riportare qualunque calzatura alle condizioni originarie, permettendo così di avere le scarpe a cui teniamo di più sempre nuove. Fermata metro **Wimbledon**.

di titoli fra pubblicazioni per grandi e piccini... e musicisti (www.wimbledonbooksandmusic.co.uk).

Davvero grazioso il negozio **Cologne & Cotton** al 18 Ridgway, che spazia dai prodotti di profumeria a quelli per la camera da letto e per il bagno; vasta selezione di essenze, saponi, fragranze, sali da bagno; e anche asciugamani, tovaglie, fodere e copriletti. C'è anche profumo di Sicilia, nella linea di prodotti e set da regalo che hanno chiamato Ortigia (www.cologneandcotton.com).

Sentirete che profumo al 39b High Street. **Senti** è un'altra profumeria specializzata particolarmente nei prodotti Dr. Vranjes, ma anche di altre raffinate marche di essenze, profumi, prodotti per il bagno e per il corpo, candele e oli profumati (www.senti.co.uk).

Ispira grande tenerezza lo stile di **Cath Kidston** al 3 High Street, i cui temi ricamati e floreali in vivaci colori sembrano quasi ispirati alle case per le bambole. Abbigliamento, borse e accessori, ma anche gadget come graziose custodie per i telefonini, e la possibilità di trovare quello stile anche su tovaglie e carta da parati, con cui ornare la nostra casa di marzapane (www.cathkidston.com).

Prodotti di bellezza sono anche quelli offerti da **Molton Brown** al 63 High Street, riforniti per curare ogni dettaglio del nostro fascino, e per avere la migliore cura di se stessi (www.moltonbrown.co.uk).

Il **Centre Court Shopping centre** è il centro commerciale a ridosso della stazione metro di **Wimbledon**, con 65 negozi che includono le catene più famose delle high street londinesi (www.centrecourtshopping.co.uk).

Fermarsi a Wimbledon significa anche visitare i suoi negozi dedicati allo **sport**, come il **Racket Centre**, a Wimbledon Park Road, nuovissimo store aperto nel 2013, giusto in tempo per i campionati di tennis. Specialisti del settore, sempre che vogliate comprare una racchetta o un completino firmato, vi potranno consigliare i prodotti delle migliori marche a prezzi e offerte vantaggiose. Maria Sharapova, la prima tennista russa ad aver vinto Wimbledon, dicono sia un'affezionata cliente. Chi lo sa, potrebbe capitarvi di incontrarla, non si sa mai. Fermata metro **Southfields**.

INDIRIZZI PER DIVERTIRSI

Locale frequentato da personalità dello sport, grande e moderno caffè-bar, l'**Eclipse Wimbledon**, al 57 High Street, è un popolare luogo di ritrovo con squisiti drink e cocktails. Nei fine settimana un dj propone un mix di musica e l'atmosfera della festa raggiunge l'apice; il divertimento è assicurato. Fermata metro **Wimbledon**.

Bella atmosfera, ottimi drink e buona musica dal vivo al **Po Na Na**, locale ispirato alle atmosfere del Marocco, all'88 The Broadway. Fermata metro **Wimbledon** (www.wimbledonponana.com).

Serata all'insegna della musica anche presso il **The Terrace**, Unit 601 Centre Court Shopping Centre, Queens Road, in cui si alternano serate di jazz o a tema cubano, oppure serate da ballo con dj. Fermata metro **Wimbledon** (www.theterracewimbledon.co.uk).

IL MOMENTO MIGLIORE PER...

Libri e musica. I cultori della musica da intenditore troveranno a Wimbledon una bella rassegna di concerti ed eventi durante il **Wimbledon Music Festival**, con un programma di alto livello che spazia dalla musica orchestrale al jazz, passando per la chitarra spagnola, i recital di piano, e i nomi illustri della storia della musica. Si tiene a novembre, distribuito in diversi spazi allestiti in varie località di Wimbledon. Informazioni, programmi e biglietti sul sito internet (www.wimbledonmusicfestival.co.uk). In ottobre Wimbledon ospita il **festival del libro**, con letture, poesie, incontri culturali, eventi e performance. Anche in questo caso per informazioni, calendario e biglietti guardate il sito internet (www.wimbledonbookfest.org).

SPAZIO ALLE CULTURE

Fra tutti i titoli e i trofei che si possono vincere in carriera, questo torneo è considerato il traguardo più alto nella carriera di un tennista, i cui vincitori e vincitrici guadagnano direttamente un posto di riguardo nella storia di questo sport. Ad alimentarne la leggenda e l'alone di riverenza contribuiscono la sua lunghissima e prestigiosa **storia**, l'atmosfera unica dei suoi campi, l'immutata superficie in **erba** degli albori del tennis, e persino l'insieme dei suoi rituali e dei suoi regolamenti che ne fanno una "capsula del tempo" in cui questo sport sembra essere assaporato nel suo spirito originario, in cui solo lo stile dei giocatori e le loro racchette ricordano gli anni trascorsi da quei campioni in calzoni lunghi con racchette di legno di qualche generazione fa. Il Torneo di Wimbledon infatti, il **più antico della storia** del tennis con la sua prima edizione svoltasi nel 1877, mantiene la sua unicità e il suo prestigio anche resistendo a certe modernità di altri tornei, mantenendo in vigore l'obbligo agli atleti di indossare una **tenuta bianca**, non consentendo cartelloni pubblicitari nei campi, avvalendosi del patrocinio della **corona britannica** (il campo centrale, sede della finale, ha un palchetto reale sugli spalti, con membri della famiglia reale presenti all'evento e alla premiazione). Quel tocco di tradizione inglese è mantenuta persino nel modo in cui gli arbitri chiamano il punteggio, riferendosi ai giocatori con Mr, Miss e Mrs prima del loro cognome. Altra tradizione è l'**inchino dei giocatori** verso il palco con membri della famiglia reale, che solo dal 2009 è stata limitata all'eventuale presenza della Regina o del Principe del Galles.

La superficie in erba dei campi esalta il gioco veloce e d'attacco, rende le partite più imprevedibile ed emozionanti, con sfide epiche fra campioni rivali come Bjorn Borg e John McEnroe o come Roger Federer e Rafael Nadal, con drammatiche rimonte al quinto set (in cui, resistendo a un'ulteriore esigenza moderna della tv, non c'è tie-break), con l'emozione e lo spettacolo dei tuffi spericolati e acrobatici di Boris Becker e di Pat Cash, e incoronando campioni e campionesse come Pete Sampras, Roger Federer, Bjorn Borg, Martina Navratilova, le sorelle Williams, Steffi Graf, fra i più grandi di sempre.

Un luogo e una manifestazione così importante per la storia di uno sport non può non avere un museo; il **Wimbledon Lawn Tennis Museum**, realizzato all'interno del complesso che ospita il torneo, raccoglie i completi indossati da storici campioni e campionesse, racchette, attrezzi e oggetti vari legati ai campionati, attrezzature dei campi risalenti alla prima edizione. Vengono effettuati tour guidati dei campi centrali, della sala stampa e delle strutture riservate agli atleti. La tecnologia fa capolino con esperienze multimediali in 3D, e persino con il "fantasma" di McEnroe che, comparendo nello spogliatoio da lui utilizzato, racconta di sé e dei suoi avversari. È aperto tutto l'anno, dalle 10 alle 17. Biglietti adulti £ 12; bambini £ 7, che diventano £ 22 e £ 13 se compresivi del tour guidato. Nelle due settimane del torneo, però, il museo è riservato solamente a chi ha il biglietto per la competizione.

Per assistere invece alle **partite** come pubblico, vista l'altissima richiesta di biglietti per i campi centrali, l'organizzazione riserva due possibilità: a) un **sorteggio** che estrae a sorte fra tutti i richiedenti la possibilità di acquistare un biglietto riservato a qualcuno degli incontri b) per chi non avesse partecipato al sorteggio (o non fosse stato fortunato) un determinato numero di biglietti è invece messo in vendita nei giorni della competizione. Come è facile immaginare si crea un ordinato accampamento di persone, in fila anche dalla notte prima dell'apertura dei cancelli, con l'organizzazione che provvede con aree di ristoro, sicurezza, un numero unico che previene la possibilità di scavalcare la fila, e un adesivo che con orgoglio celebra *I've queued for Wimbledon* (Ho fatto la fila a Wimbledon). Un "c'ero anch'io" da attaccare al proprio album dei ricordi, insomma. Una volta raggiunti gli ingressi, il biglietto di ammissione generale garantisce accesso e visione di tutti i campi a esclusione del Centre Court e dei Court 1, 2 e 3, che richiedono un biglietto apposito. Nella seconda settimana il numero di giocatori e di partite è men che dimezzato, concentrandosi via via sui campi centrali, e sempre più esclusiva di chi ha potuto prenotare con il sorteggio. Ad attendere gli eroi che hanno fatto la fila sin dalle prime luci dell'alba ci sono prezzi di £ 48, £ 41 e £ 38 per i campi principali, o di £ 20 per la sola ammissione generale a tutti gli altri campi; i prezzi variano nel corso del torneo, per cui è ben tenersi aggiornati sul sito dei campionati. Nell'eventualità di cancellazioni per pioggia (non così improbabile visto che pur essendo a cavallo fra fine giugno e inizio luglio si è pur sempre a Londra), i biglietti sono rimborsabili solo se si gioca meno di un'ora. Per fortuna ad attendere gli eroi della fila, oltre alle emozioni e allo spettacolo di un torneo unico e indimenticabile e il thriller offerto dalle nubi di passaggio, c'è anche la prospettiva di una gustosa scorpacciata di fragole e panna, mentre si assiste alla scrittura di nuove pagine della storia del tennis. Ingresso al Museo dal Gate 4 in Church Road, fermata metro **Wimbledon Park**. Nei giorni del torneo, invece, per i campi di gioco si scende e si riparte dalla fermata **Southfields** (www.wimbledon.com).

Come si sa, e come già riscontrato più volte in questa stessa guida, Londra è uno straordinario crocevia di culture, non fanno eccezione religioni e luoghi di culto. Il tempio di **Buddhapadipa**, il primo tempio buddhista thailandese realizzato nel Regno Unito, è uno splendido luogo di pace e meditazione, di studio e di cultura, nonché di arte e di bellezza. È decorato con splendidi murales che raffigurano miti e simbologia buddhista, che includono elementi di contemporaneità di personaggi come, fra gli altri, Margaret Thatcher, Madre Teresa e le figure che hanno reso possibile l'esistenza di questo tempio. L'immersione nella cultura e la ricchezza di eventi è tale che un giornale britannico arrivò a scrivere che per comprendere il buddhismo non occorre andare lontano, bastano una visita al British Museum e una al tempio di Buddhapadipa. Per raggiungerlo al 14 Calonne Road, la fermata metro più vicina è **Wimbledon**.

A PIEDI NUDI NEL PARCO

Wimbledon Common è un grande parco che si estende fino a Putney, e che offre oltre al consueto e rilassante spazio verde anche viste insolite e spunti storici. Per gli aspiranti Don Chisciotte vi si trova niente meno che un vero e proprio **mulino a vento**, costruito nel 1817 e che nella sua lunga storia ha visto diverse chiusure e riaperture, fino a venir camuffato durante la Seconda guerra mondiale per evitare di essere un riferimento visivo rilevabile dai bombardieri nemici, vista la vicinanza a una caserma. Ridipinto in colori "civili" e più consoni dopo il conflitto, è stato curato e restaurato negli anni, ed è oggi un **museo** che racconta la storia dei mulini, ne spiega il funzionamento e conserva modelli funzionanti di macchinari. Un piccolo contributo di £ 2 per gli adulti e £ 1 per i bambini è richiesto all'ingresso, ed è visitabile il sabato dalle 14 alle 17. Fermata metro **Wimbledon**.

Nella parte sud del parco c'è invece una collinetta artificiale chiamata **Caesar's Camp** poiché si riteneva che fossero i resti di un accampamento di Giulio Cesare. Studi più accurati hanno accertato che si tratta di un forte risalente all'età del ferro, con reperti che dimostrano un assalto da parte dei Romani durante l'offensiva di Claudio, e con la presa del forte probabilmente da parte della *Legio II Augusta* guidata da Vespasiano. Una passeggiata sulle orme dei nostri antenati, seppure oggi, per fortuna, con intenzioni meno bellicose e molto più rilassanti al parco.

RICHMOND UPON THAMES, KEW GARDENS, HAMPTON COURT, TWICKENHAM

DA NON PERDERE

A Richmond si trova una splendida dimora, la **Ham House**: uno dei migliori esempi di architettura dell'epoca stuartiana, costruita nel 1610 da Sir Thomas Vavasour durante il regno di Giacomo I, che venne ingrandita e abbellita negli anni successivi. Dopo una serie di intrighi di corte, divenne intorno al 1670 dimora dei coniugi Elizabeth e John Maitland (I Duca di Lauderdale) che nel 1672 iniziarono ad apportare alcune modifiche, sia strutturali sia decorative, all'intero edificio. All'ingresso troviamo un'ampia sala con pavimento in marmo a scacchi bianchi e neri, secondo il gusto dell'epoca. I soffitti furono affrescati dall'artista italiano Antonio Verrio, che si era occupato in passato del Castello di Windsor e di Hampton Court.

Ham House ospita una raccolta di opere d'arte inestimabile: splendidi dipinti, porcellane, mobili e tessuti. Inoltre è possibile visitare le stanze da letto e i bagni adiacenti, tra i più antichi costruiti in Inghilterra. Attorno alla villa si può passeggiare nei giardini all'italiana e in un parco che si estende fino al Tamigi. Biglietti adulti £ 5, bambini £ 4. Fermata metro **Richmond** (www.nationaltrust.org.uk).

FAI LA SPESA GIUSTA

Sia a Richmond sia nelle aree circostanti ci sono degli ottimi mercati farmer's market. Nel centro cittadino di Richmond il mercato è ogni sabato, e si materializza nel **Saturday Market** in Market Place, con l'offerta di cibo fresco, frutta e ortaggi, pesce e prodotti di genere vario. Ogni **terzo sabato** del mese a questo si aggiunge il **farmer's market**, con le regole che ormai conosciamo a ulteriore garanzia della qualità dei prodotti. Irregolarmente vi si aggiunge anche un **mercato francese**. È nel centro cittadino di Richmond, a qualche minuto dalla fermata metro **Richmond**.

Il mercato itinerante **Duck Pond Market**, dedicato alle produzioni artigianali e alla produzione locale, si ferma a Richmond in Heron Square ogni domenica dalle 10.30 alle 17, in una festa di sapori e di prodotti unici. Anche in questo caso la fermata metro è **Richmond** (www.duckpondmarket.com/#richmond).

Per la spesa (e la bistecca) di ogni giorno, la macelleria locale vicino alla fermata metro Richmond è **Armstrong's Of Richmond** al 205 Lower Mortlake Road, mentre vicino alla fermata metro **Kew Gardens** si trova **Pether Fine Meat & Poultry**, 16 Station Parade.

Paya Thai Market è un negozio di alimentari specializzato in prodotti thailandesi al 101-103 Kew Road, fermata metro **Richmond**, in cui il cortese staff vi suggerisce anche qualche buona ricetta.

Squire's Food & Wine provvede alla vostra necessità di generi alimentari, frutta e verdura, vini e bevande, al 299 Sandycombe Road presso la fermata metro **Kew Gardens**.

Farmer's market ogni sabato a **Twickenham**, dalle 9 alle 13 nello spazio dell'Holly Road Car Park. Stazione National Rail **Twickenham** (www.lfm.org.uk/markets/twickenham).

Tappa essenziale per il buon pane fresco e prodotti di gran qualità è **The Bread Shop**, 5 The Quadrant, fermata metro **Richmond**. Si tratta di una "panetteria" moderna, dove i prodotti vengono lavorati con varietà di frumento diverse; una scelta realizzata per esaudire le richieste dei consumatori. Tra le specialità Flax Rolls, con semi di lino, mela e cannella, tortine di mele danesi, cheesecake e croissant. La scelta delle ricette per la preparazione dei pani è ampia (www.breadshop.co.uk/stores/richmond).

Segnaliamo inoltre il negozio di alimentari **Waitrose**, al 4 Sheen Road, fermata metro **Richmond**.

MANGIA BENE E BEVI MEGLIO

Insomma insomma, non deve essere molto usuale trovarsi davanti a un **locale** tipico **bavarese** come lo **Stein's**. Sembra quasi di essere in Germania! Ops... no, invece ci troviamo in uno dei posti più belli di Londra, non lontano da Richmond Kew Gardens. Diventato popolarissimo negli ultimi anni, si affaccia sul fiume Tamigi, a pochi metri dal Richmond Bridge, con una vista mozzafiato sulla Richmond Hill. Le specialità di maiale, dalla wiener al bratwurst, innaffiate da ottime birre o vini tedeschi, non vi faranno rimpiangere la sosta. Va detto che una colazione costa intorno alle £ 4 e un pasto completo circa £ 10. Fermata metro **Richmond** (www.stein-s.com/richmond/index.php).

Quasi di fronte ai giardini di Kew Gardens, al 1 Station Parade, avrete la possibilità di trascorrere una piacevole giornata al **Greenhouse**, locale con **menù tradizionale** di cucina inglese, crema e tartine locali, tè e caffè. Fermata metro **Kew Gardens** (www.thekewgreenhousecafe.com).

Al **Chez Lindsay**, 11 Hill Rise, fermata metro **Richmond**, vi aspettano le **specialità francesi**: parliamo quindi di gallette, zuppe di verdure varie e in particolar modo di cipolle, la famosa ratatouille, le insalate, una buona scelta di pesce spalmato di aromi e frutti di mare, per arrivare infine ai dessert come le crêpes o la mousse au chocolat. Veramente buono, si spende tra le £ 10 e le £ 20. C'è anche il menù fisso, da £ 35 a persona (www.chez-lindsay.co.uk).

Gastropub e **cucina inglese** al **The Greyhound**, 82 Kew Green, fermata metro **Kew Green**; è il posto adatto per il caffè e il brunch. L'attività è nata con il preciso scopo di avvicinare più persone possibili al buon cibo, quello realizzato con prodotti freschi, di stagione. Con £ 7 o poco più vi sazierete a volontà (www.thegreyhoundkew.co.uk).

"Ho una forte predilezione per la cucina italiana, per Bacco!" potrebbe esclamare un cliente affezionato di **Bacco**, che porta i sapori delle nostre tradizioni e dei nostri piatti regionali al 39-41 Kew Road, fermata metro **Richmond**. Il menù è delizioso, anche se forse l'unico difetto a comprometterne un po' il gusto è il salato dei suoi prezzi. Ma la qualità è eccellente, considerando anche che la pasta stessa è fatta in casa (www.bacco-restaurant.co.uk).

Nome italianissimo e rassicurante anche per il più incallito mammone in trasferta, il **Caffè Mamma**, al 110 Kew Road, serve prelibatezze italiane, con un menù che rassicura anche il portafoglio, grazie a buoni prezzi che difficilmente raggiungono le £ 10 per i piatti principali, e a offerte speciali con sconti, happy hour e menù per il pranzo a £ 11,95 con due portate principali. Fermata metro **Richmond** (www.caffemamma.co.uk).

HOTEL E OSTELLI

Richmond ha caratteristiche molto diverse rispetto ad aree di Londra incentrate sul turismo di massa, o sul turismo giovanile, o sulla sua collocazione rispetto al centro. È una zona suburbana di grande tranquillità e può costituire un'ottima scelta per chi, al posto della frenesia del centro, preferisce gustarsi passeggiate e ampi spazi verdi, un contatto più diretto con stili di vita più tradizionali e meno metropolitani, scoprire angoli suggestivi presso il fiume e i grandi parchi. Il **Richmond Park Hotel** è al centro di Richmond al 3 Petersham Road, con prezzi fra le £ 90 per le singole e £ 100 per le doppie (www.therichmondparkhotel.co.uk).

Un po' più costoso il **Petersham Hotel** in Nightingale Lane, decorato con gran classe ed eleganza, anch'esso immerso in un'area ricca di verde, con vista sulla natura e sul fiume. Fermata metro **Richmond** (www.petershamhotel.co.uk).

SHOPPING & BEAUTY

Richmond High Street offre molti negozi indipendenti, fra cui **YDUK**, che si trova al 4 The Square con abbigliamento casual e *street wear*, e originali gioiellerie, come la **Toko** al 18 Brewers Lane. Per entrambi la fermata metro è sempre **Richmond**.

Il negozio di abbigliamento **French Connection**, al 59 George Street, vanta prezzi accessibili, fondendo qualità, glamour e originalità. Vi si può trovare qualche buon capo, visto l'enorme assortimento per donna e uomo; per non parlare degli articoli da bagno da donna, occhiali da sole e da vista, orologi e scarpe. Fermata metro **Richmond** (www.frenchconnection.com).

Entrate al **The House of Chocolates**, al 13 The Green, Town Centre: stiamo parlando di un vero gioiello dell'arte del cioccolato. Il negozio è stracarico di cioccolatini colorati e di pareti ricoperte di bontà ripiene alla nocciola, fragola, amarena o semplicemente al latte. Non è la casetta di pan di zenzero della favola di Hansel e Gretel, ma poco ci manca. Un buon modo per farsi un regalo o per fare una sorpresa alla persona alla quale si vuole bene. Fermata metro **Richmond** (www.houseofchocolate.co.uk).

Se qualcuno di voi ha figli piccoli o comunque ama trastullarsi con i giocattoli, il **The Toy Station**, al 6 Eton Street, fa proprio al caso suo. Ci sono giocattoli di ogni tipo, da quelli più tradizionali ai più moderni, che evocano emozioni e divertimento. C'è anche un buon assortimento di prodotti classici o da collezione. Una volta entrati ci si tuffa dentro e si riemerge ringiovaniti. Fermata metro **Richmond** (www.toy-station.co.uk).

IL MOMENTO MIGLIORE PER...

Festa sul fiume. Nel distretto di Richmond chiamato Teddington si svolge a fine luglio un suggestivo festival, il **Teddington River Festival** dedicato al Tamigi, con musica dal vivo, postazioni gastronomiche, attività per bambini di gioco e face painting, e ovviamente attività che coinvolgono il fiume e le barche, come giri in battello, canottaggio e feste a tema marinaro. Stazione National Rail **Teddington**. Programmi e mappe delle aree presso il sito del festival (www.teddingtonriverfestival.com).

Per l'abbigliamento c'è invece **Joules**, 6 King Street, che offre british style, prezzi buoni e un'ampia scelta di abbigliamento per tutte le età. Fermata metro **Richmond** (www.joules.com).

Stile elegante e ancora più british per **Hawes & Curtis**, che nella sua lunga storia ha avuto fra i clienti anche membri della famiglia reale. È al 4 The Quadrant, fermata metro **Richmond** (www.hawesandcurtis.co.uk).

Molto bello, ricco e interessante il mercatino al chiuso nella **Town Hall** di **Richmond**, con varietà di prodotti artigianali, articoli da regalo, oggetti da collezione, vestiti e lavori a maglia fatti a mano, saponi, bigiotteria e accessori e giocattoli. Fermata metro **Richmond**. (www.richmondtowncouncil.org.uk/indoormarketlisttraders.htm).

INDIRIZZI PER DIVERTIRSI

Nonostante la sua fama generale di tranquillità e pace, anche a Richmond ci sono locali per piacevoli serate. Il **Dysart Arms**, al 165 Petersham Road, è un caratteristico pub con una cucina eccellente. Possiede anche un'ampia area all'aperto. È rinomato per le sue serate musicali di alta qualità, spesso a base di jazz e di musica classica. Fermata metro **Richmond** (www.thedysartarms.co.uk).

Dalla stessa stazione si raggiunge il **Cricketers**, situato proprio di fronte a Richmond Green, dove ci si può immergere in un ambiente molto british, visto che il tema del pub è uno degli sport più popolari della nazione, il cricket (www.cricketersrichmond.com).

Suggestivo il **White Cross**, realizzato sui resti di un monastero e in prossimità del Tamigi. A questo si aggiungono una cucina deliziosa e un'ampia selezione di birre ale. Gli ingredienti per una serata di qualità ci sono tutti. Fermata metro **Richmond** (www.thewhitecrossrichmond.com).

Seguendo il Tamigi fino a Isleworth, al 62 Church Street, si trova **London Apprentice**. Risalente al XVI secolo, pare che nella taverna dove risiede l'attuale pub, Enrico VIII abbia avuto un incontro galante con la futura moglie Catherine Howard (www.thelondonapprentice.co.uk). Stazione National Rail **Isleworth**.

Ancora un bellissimo scenario sul fiume in un contesto da vecchia Inghilterra presso il **White Swan** di Twickenham. Atmosfera old England, clientela locale, presso il luogo più importante del rugby inglese nel vicino stadio. *A true english experience!* Stazione National Rail **Twickenham** (www.whiteswantwickenham.co.uk).

SPAZIO ALLE CULTURE

Twickenham Stadium è il più grande stadio al mondo dedicato unicamente al rugby, con una capienza di 80.000 persone. È il secondo stadio più grande in assoluto del Regno Unito dopo Wembley, e il quinto di tutta Europa. È ufficialmente lo stadio

STORIE E PERSONE

Pembroke Lodge. All'interno di Richmond Park c'è una splendida costruzione settecentesca, il **Pembroke Lodge**, che nel 1847 la Regina Vittoria assegnò all'allora Primo Ministro Lord John Russell, che da lì svolse molto del suo lavoro istituzionale ma che ne fece anche luogo di salotto mondano, culturale e letterario, vantando fra gli ospiti oltre alla Regina Vittoria personaggi come Dickens, Tennyson e anche il nostro Garibaldi. Ed è qui che a fine XIX secolo crebbe e trascorse la sua giovinezza il nipote di Lord Russell, il celebre filosofo e matematico Bertrand Russell. Dal secondo dopoguerra la casa divenne una tea room e successivamente, restaurata agli antichi splendori, è oggi una caffetteria e un luogo per rinfreschi, banchetti, conferenze. Dalla terrazza di Pembroke Lodge si apre una vista da cartolina sul centro di Londra (www.pembroke-lodge.co.uk).

della nazionale inglese di rugby (così come Wembley lo è per il calcio), e negli anni della costruzione del nuovo stadio di Wembley ne ha preso il posto per grandi eventi come i concerti, ospitando i tour di U2, Rolling Stones, Police, Genesis, R.E.M e vari altri grandi artisti, con una capacità che per i concerti raggiunge anche fino a 110.000 persone. È qui che si può venire ad ammirare la fortissima nazionale inglese nei suoi match internazionali (www.rfu.com/twickenhamstadium).

ARTE E ARCHITETTURE A KM 0

Il Palazzo di **Hampton Court** è una spettacolare reggia costruita sulla sponda del Tamigi nel 1515. Nonostante la regale sontuosità, questo palazzo non fu costruito inizialmente per il re, ma per il potentissimo cardinale e gran cancelliere Thomas Wolsey. Quando però il cardinale non poté far nulla sul divorzio di Enrico VIII dalla moglie, il sovrano si adirò e i rapporti fra i due uomini di potere diventarono sempre più difficili, fino al punto che il cardinale fu messo sotto accusa e morì prima del processo. Enrico VIII si impossessò del palazzo, avviandone sontuosi **ampliamenti**, per farne la reggia di un sovrano, aggiungendo la grande cucina, la Chapel Royal e la Great Hall. Nel XVIII secolo il re Guglielmo e la regina Maria aggiunsero nuove estensioni, armonizzando il Barocco al precedente stile cinquecentesco. Oggi il palazzo è totalmente visitabile, dalle immense cucine in stile Tudor che potevano provvedere ai pasti di 1200 persone, alla grande cantina con 300 barili di birra e 300 botti di vino; il Clock Court è un cortile che funziona anche da orologio astronomico, che mostra però come fosse il Sole a girare attorno alla Terra.

T'AGGIUSTO IO

Tutto rammendato. Aggirarsi nell'elegante Richmond con qualche scucitura o con un bottone mancante sarebbe decisamente sconveniente. Ecco allora che si può correre ai ripari con **New Stitches** al 7a Paradise Road, per rattoppi, lavori di sartoria, alterazioni di abiti. Ancora più specializzato **The Richmond Hill Tailor**, il negozio di sartoria al 16 Richmond Hill, che oltre alle riparazioni effettua anche personalizzazioni e confezioni su misura. Per entrambi fermata metro **Richmond**.

L'ECO DEL RISPARMIO

Jazz night. Per passare una bella serata con dell'ottima musica jazz, ricca di talentuosi musicisti sempre diversi e contaminazioni musicali, il **The Wharf** offre a Teddington musica live a ingresso gratuito ogni mercoledì e giovedì sera dalle 20 alle 23, con la serata Jazz Piano by the Bar. Buona scelta di drink e snack. The Wharf Restaurant, Manor Road, Teddington. Stazione National Rail **Teddington** (www.thewharfteddington.com/piano.html).

Salendo le scale si accede agli **Henry VIII's State Apartments**, le stanze di rappresentanza del sovrano, che si componevano della Great Hall, della sala dei trofei, detta Horn Room (il corno era lo strumento suonato per la caccia), e la Great Watch Chamber, da cui si accedeva alle stanze del re. Oltrepassata la "stanza dei paggi" appuntamento col brivido nella **Haunted Gallery** (la galleria dei fantasmi): la leggenda racconta che la quinta moglie di Enrico VIII, arrestata per adulterio, fosse sfuggita alle guardie e avesse percorso la galleria urlando in cerca del re, e che questa scena si vada ancora ripetendo con il suo fantasma.

La **Chapel Royal**, a tutt'oggi luogo di culto, è la splendida cappella fatta costruire da Enrico VIII con soffitto in blu e oro; opere d'arte di gran pregio decorano gli spazi e le scalinate degli appartamenti di Guglielmo III e Maria II. Meravigliosi i giardini circostanti, che ospitano un'area dedicata alle rose e un labirinto di 800 metri e un lago/canale artificiale navigabile su cui si rappresentavano anche battaglie navali. Il palazzo è raggiungibile da Waterloo con National Rail, stazione **Hampton Court**, e da aprile a ottobre anche via battello lungo il Tamigi partendo dal Westminster Pier. Biglietti adulti £ 18,20; bambini (sotto i 16 anni) £ 9,10 (www.hrp.org.uk/HamptonCourtPalace).

KINGSTON UPON THAMES, SUTTON

FAI LA SPESA GIUSTA

Kingston è sede di un antico **market place** che si svolge tutti i giorni escluso la domenica, dalle 9 alle 17. A questo mercato variegato e colorito è possibile acquistare frutta, verdura, carne, pesce, pane e dolci a prezzi competitivi (in particolare la frutta e la verdura) e si può contare sulla freschezza dei prodotti. Ha una storia molto antica, essendo riconosciuto come luogo di mercato già dal lontano 1170 (www.kingstonfirst.co.uk/visitkingston/discoverkingston/kingstonsmarkets.aspx).

MANGIA BENE E BEVI MEGLIO

A Surbiton, proprio vicino alla stazione, si trova la sede di **YMCA**, dove è possibile fermarsi per pranzo, cena e pernottare per prezzi modici. YMCA, 49 Victoria Road, stazione National Rail **Surbiton**.

La High Street è ricca di numerosi ristoranti, pub e coffee shop, fra cui spicca il **The Press Room Coffe**, 5 Claremont Road, stazione National Rail **Surbiton**. Qui, oltre alla degustazione di ottime miscele di caffè, tè, vini, dolci e prelibatezze varie, è anche possibile ammirare alcune produzioni di artisti locali che vengono rinnovate ogni tre settimane. Gli artisti locali possono esporre gratuitamente e avere così una vetrina a disposizione per la propria arte (www.thepressroomcoffee.co.uk).

HOTEL E OSTELLI

L'**Antoinette Hotel** ha una sede anche a Kingston, in cui riconferma la buona qualità dei suoi alloggi. Una stanza singola può partire da £ 62, ma con delle promozioni che a volte scendono anche a £ 55. Si trova in Beaufort Road, Kingston upon Thames, stazioni National Rail **Kingston** o **Surbiton** (www.antoinettehotel.com/kingston).

SHOPPING & BEAUTY

A Kingston è possibile trovare molti dei marchi presenti in Oxford Street e nelle high street di Central London, presso i due grandi shopping centre: **John Lewis** (www.johnlewis.com/our-shops/kingston) e **The Bentalls Centre** (www.bentallcentre.co.uk), entrambi nel cuore della cittadina e a breve distanza dalla stazione National Rail **Kingston**.

Alla Rotunda di Clarence Street è possibile fermarsi anche per ristorarsi, andare al cinema, in palestra o per giocare a bowling. Anch'essa è a breve distanza dalla stazione National Rail **Kingston** (www.therotundakingston.co.uk).

L'elegante negozio **Joules** ha un punto vendita anche a Kingston al 32-33 Market Place (www.joules.com).

ARTE E ARCHITETTURE A KM 0

Una vista alquanto singolare a Kingston è una sequenza di tipiche **cabine telefoniche** rosse in disuso, che sono state arrangiate una appoggiata all'altra come una caduta a effetto domino. La composizione è molto fotografata e la si trova spesso su cartoline o su internet, fra le immagini che artisticamente si prendono gioco di alcune icone tradizionali come appunto le classiche cabine rosse. Lo fece anche **Banksy** posizionando in strada una cabina piegata con un piccone infilzato. La scultura *Out Of Order* (Fuori Servizio) di David Mach fu commissionata nel 1988 e fu definita dall'artista anti-minimalista.

Kingston ha anche un museo sulla sua storia e quella della sua comunità: **Kingston upon Thames Museum and Heritage**

IL MOMENTO MIGLIORE PER...

Carnevale. Nonostante la sua fama planetaria, il Carnevale di Notting Hill non è il solo a Londra. Aperto a tutte le minoranze e in loro celebrazione, il **Kingston Carnival** è un'esplosione di colori e di suoni, di costumi e di festa, in cui per un giorno a meravigliare gli spettatori non sarà il placido e sornione Tamigi, ma il fiume multicolore di persone che sfilano con impetuoso e incontenibile divertimento, per le strade del centro di Kingston. Tutti invitati quindi a inizio settembre, alla festa di tutti, in cui nessuno è straniero, ma si è uno dei tanti colori della festa (www.kingstonfirst.co.uk/visitkingston/whatson/kingstoncarnival.aspx).

L'ECO DEL RISPARMIO

Per i fan del bricolage. A Kingston si trova un negozio particolarmente conveniente per i materiali artistici, per l'hobbistica e il bricolage. **Pullingers**, al 25 Fife Road, stazione National Rail **Kingston**, offre a prezzi molto convenienti colori, supporti, materiali, e non solo per la pittura o l'acquarello, ma per qualsiasi attività, dai prodotti come carta speciale per origamio quella per stampante, materiali per attività didattiche e di gioco, strumenti per la ceramica, attrezzature per il disegno tecnico. E con prezzi fra i più convenienti di tutta Londra. Fermandoci qui può darsi che non riusciremo a emulare il miglior Picasso, ma di sicuro avremo realizzato un capolavoro del risparmio (www.pullingers.com).

Service in Wheatfield Way. **Ingresso gratuito** (www.kingston.gov.uk/museum).

Una cittadina con tale tradizione di mercati non poteva non avere un festival del cibo: il **Kingston Food Festival**, a inizio agosto, celebra il meglio delle produzioni e dei ristoratori locali, con appuntamenti sicuramente gustosi e con eventi a tema (www.kingstonfirst.co.uk/visitkingston/whatson/foodfestival.aspx).

A PIEDI NUDI NEL PARCO

Sono molte le occasioni, a Richmond e nelle aree circostanti, per assaporare momenti e celebrazioni uniche, nel ricco programma di festival nei parchi e negli spazi pubblici.

A maggio a Twickenham si svolge lo **Springtime Safari**, presso l'Orleans House Gallery, Riverside, Twickenham, stazione National Rail **Twickenham**. L'**ingresso** al Safari è **gratuito** e all'interno vengono svolte attività e giochi per grandi e piccini, per fare conoscere la fauna e la natura selvatica locale. Bellissima occasione per le famiglie e le aspiranti Giovani Marmotte (www.richmond.gov.uk/springtime_safari).

A giugno nella stessa area si svolge il **Twickenham Carnival**, una festa di colori, sapori, voci e suoni, dalle tante culture che compongono la comunità. Anche questo evento è gratuito (seppure siano gradite donazioni per supportare le attività), e ci si può gustare lo spettacolo di costumi fantasiosi, sfilate, musica, balli e ritmi da cui lasciarsi coinvolgere e trascinare (www.richmond.gov.uk/twickenham_carnival).

Il **Richmond Summer Festival** è costituito da un insieme di attività effettuate negli spazi verdi e nelle aree pubbliche di Richmond, che si svolgono fra luglio e agosto, spaziando dagli artisti di strada a spettacoli per bambini e famiglie (www.richmond.gov.uk/summer_festival).

Da non perdere la due giorni gratuita di musica esotica, danze dal mondo e world music che si tiene sul **Richmond Riverside** verso la metà di agosto. Spettacolo e divertimento assicurati, ritmi coinvolgenti, atmosfere esotiche, e la possibilità di scoprire i suoni del mondo (www.richmond.gov.uk/on_the_edge).

6

WEST LONDON

LONDON AT A GLANCE. La *suburb* è una tipica dimensione abitativa e urbanistica di Londra.
Le aree suburbane si sono sviluppate soprattutto con l'avvento della Rivoluzione industriale, in cui cittadini benestanti cominciarono a rifuggire quel caos moderno primordiale, spostandosi fuori dal centro, e in controtendenza rispetto alle zone rurali che si svuotavano per fornire forza lavoro alle industrie della città.
Tante di queste aree hanno ancora quello spirito da villaggio di campagna e sono caratterizzate da belle casette con giardino. In molte località di West London potrete fare esperienza dell'autentica **english life**, con modi e tempi più autentici rispetto al frenetico e mutevole centro, gustandovi luoghi e sapori in una quiete confortante, sentendovi non ospiti ma parte della comunità.

HAMMERSMITH, SHEPHERD'S BUSH, FULHAM

FAI LA SPESA GIUSTA

Lo **Shepherd Bush Market**, aperto tutti i giorni tranne il lunedì, oltre ai capi di abbigliamento e articoli casalinghi, offre un vasto assortimento di frutta e verdura, banchi che confezionano al momento panini al prezzo di £ 2, con formaggi, salumi e molto altro. I prezzi sono molto convenienti in questo mercato di origine popolare, dai toni fortemente etnici. Fermata metro **Shepherds Bush Market** (www.shepherdsbushmarket.co.uk).

Per tutti i Numi dell'Olimpo! Dev'essere davvero buono il pane dell'**Ambrosia Bakery** al 364 Uxbridge Road, che paragona i suoi prodotti al cibo degli dei. Ed effettivamente buone lo sono le loro preparazioni, oltre che in gran varietà, con una lunga lista di specialità di pane e di dolci. Fermata metro **Shepherd's Bush Market** (www. ambrosiabakery.co.uk).

A questa si aggiunge **Bread Story**, per fare storia e leggenda del pane da queste parti. È raggiungibile al 128 Uxbridge Road, sia dalla fermata metro **Shepherd's Bush Market** sia da **Shepherd's Bush**.

Forrest The Baker, al numero 75 della stessa via, poggia sull'essenzialità e su una semplicità senza fronzoli... pane al pane, proprio. Pur non puntando a prodotti di nicchia o all'eleganza (e proprio per questo) serve del buon pane fresco di giornata a prezzi contenuti. Fermata metro **Shepherd's Bush Market**.

Al 62 Goldhawk Road, fermata metro **Goldhawk Road**, la **Vanni Patisserie** può addolcirvi la giornata con dolcetti con cui accompagnare una colazione, che costano solo una frazione rispetto ai prezzi nelle catene di caffetterie più diffuse.

Per la carne a Shepherd's Bush c'è una macelleria specializzata in prodotti dall'Irlanda, che in Gran Bretagna contano molti estimatori. L'**Irish Meat Market** è al 72 Goldhawk Road, fermata metro **Goldhawk Road**.

La quotatissima **Ginger Pig**, compagnia fra le migliori a Londra e in Gran Bretagna, è invece al 137-139 Askew Road, fermata metro

Stamford Brooke. Se vi va di cucinarvi qualcosa di esotico il **B & Y Tropical Foods** al 56 Goldhawk Road, fermata metro **Goldhawk Road**, ha scelta di prodotti tropicali, africani e caraibici.

Nell'area di Hammersmith e in quelle attigue si è andata stabilendo negli anni una **comunità polacca** sempre più numerosa, che ha portato con sé ricette e ingredienti dalla Polonia e dall'Est Europa più in generale, come i deliziosi (anche se forse non leggerissimi) salumi affumicati o i "tortellini russi" chiamati *pelmeni*, reperibili in negozi come quelli della **Mleczko**, sia al 23-25 sia al 362 Uxbridge Road. Fermate metro **Shepherd's Bush Market** e **Shepherd's Bush** (www.mleczkodelikatesy.com/en).

Sempre ad Hammersmith c'è il piccolo **Save 4 U** di 70 Glenthorne Road, fermata metro **Ravenscourt Park**, il cui nome letteralmente promette "risparmia per te"; per cui se si è nelle sue vicinanze per la spesa vale la pena di verificare se la promessa viene mantenuta!

Pesce fresco in gran quantità e varietà presso **The Fishmongers Kitchen**, al 119 Shepherds Bush Road e vicino alla fermata metro **Hammersmith** (www.fishmongerskitchen.com).

Andando verso Fulham spesa quotidiana reperibile presso il **Fulham Supermarket** al 191 Fulham Palace Road, fermata metro **Barons Court**, e stessa fermata per il **My Shop** al 134a Greyhound Road, dove trovare un po' di tutto.

Il buon pane fresco di Fulham è da **Well Bread**, al 381-383 North End Road, fermata metro **West Brompton**, che serve anche la macelleria **Dickenson Quality Meats** al 365 North End Road, punto di riferimento della comunità locale per buone carni a buoni prezzi (www.dickenson-meat.co.uk).

MANGIA BENE E BEVI MEGLIO

Vicino alla fermata metro **Shepherd's Bush Market**, e all'interno del mercato nelle *units* T4-T5 del Shepherd's Bush Market, 11-13 Uxbridge Road, potete trovare il migliore locale di falafel, **Mr Falafel**. Bisogna ammettere che il ristorante è piuttosto anonimo e un pochino datato, ma lo consigliamo vivamente perché il cibo è ottimo e i prezzi sono contenuti (www.mrfalafel.co.uk).

Al 56 Uxbridge Road il **Chop Chop Noodle Bar** è un tipico ristorante cinese dove è possibile gustare squisiti piatti ricchi e nutrienti con legumi, carne e pesce. Le zuppe sono davvero appaganti. Porzioni abbondanti e ottimi i prezzi.

Sulla stessa via, nelle vicinanze del mercato, si trova anche il **Café 2000**, un locale piccolo ma ben fornito: chips, hamburger di tutti i tipi, gli orientali e buonissimi falafel, panini farciti e ovviamente tutte le bevande calde e fredde; alcune decine di metri più avanti sulla via, al numero 280 c'è il **Café Tuga**, con il suo cappuccino crema bar italiano, i panini e ottimi gelati artigianali (www.letseat.at/cafetuga).

Se amate la cucina orientale, e in questo caso la thailandese, il **Busaba Eathai** nel grande centro commerciale **Westfield Shopping Centre**, è il posto che fa per voi. Il ristorante non è conosciuto solo per le abbondanti porzioni di pollo alla griglia accompagnate da verdure varie e spezie, ma anche per le zuppe saporite, che anche qui vi consigliamo vivamente. Nonostante il locale sia abbastanza affollato il servizio è rapido e ben organizzato. Un particolare e pungente mix di odori, composto tra gli altri da incenso, rende piacevole la sosta. È molto frequentato, soprattutto nella pausa pranzo, ma lo consigliamo lo stesso per la sua superba cucina. Fermata metro **Wood Lane** (www.busaba.com).

Il **222 Veggie Vegan** è indicato da molti come uno dei migliori ristoranti vegani di tutta Londra; al 222 North End Road, e raggiungibile dalla fermata metro e Overground **West Brompton**, promuove gusto ed etica, con la combinazione di ottimi ingredienti vegani in ricette che non faranno rimpiangere la carne. Ottimi anche i prezzi, soprattutto in rapporto alla qualità di chi della genuinità del prodotto fa la sua bandiera. Il pranzo a buffet costa £ 7,50, potendosi riempire a piacimento fino a sazietà. E se invece di consumare sul posto ci si vuole fare una scorta da portare via, il prezzo scende a £ 5,50. Le insalate costano da £ 3,50 a £ 4,40; e a questi prezzi è anche la tasca a mantenersi rigogliosa e in salute (www.222veggievegan.com).

Ideale per vegetariani quanto per previdenti risparmiatori anche il **The Gate Vegetarian**, al 51 Queen Caroline Street, molto vicino alla fermata metro di **Hammersmith**. Nella loro offerta *weekly special lunch* e weekend brunch un piatto principale a base di pasta o tortilla costa £ 7,50, e per l'offerta sunday brunch ricchi piatti fra le £ 6,50 e le £ 8,50. Dispongono anche di un salutare menù per bambini, in cui tutti i prezzi sono compresi fra le £ 4 e £ 4,50 (www.thegaterestaurants.com).

A proposito di buoni affari per il pranzo, la graziosissima **Upsy Daisy**, al 387 King Street, fermata metro **Stamford Brook**, per sole £ 5,95 offre a scelta (ma solo come takeaway) sandwich o zuppa o insalata + sacchetto di patatine o dolcetto con tè o caffè o bibita (www.upsydaisybakery.com).

Parparellu è un negozio di delicatessen maltese, che offre 33 posti a sedere o un servizio di take away. Si trova al 93 Fulham Palace Road, fermata metro **Hammersmith**; le loro ricette maltesi sono davvero appetitose e i prezzi sono contenuti. L'offerta speciale per il pranzo è un piatto del giorno a partire da £ 4,50, e la mattina fino alle 11.30 offrono caffè americano accompagnato da un toast o un croissant a £ 3, caffè americano più muffin con bacon e uova a £ 3,50 (www.parparellu.com).

La numerosa comunità polacca ha il suo ristorante di riferimento nel **Patio Restaurant** al 5 Goldhawk Road, che per molti è il migliore di Londra per questo tipo di cucina. A rendere ancora più irresistibile la tentazione di provarlo, i menù a prezzo fisso da £ 14,90 per due portate principali e £ 16,50 per tre di queste. Fermata metro **Goldhawk Road** (www.patiolondon.com).

Sapori, suoni e suggestioni di Puglia presso il ristorante salentino **La Pizzica** al 764-766 Fulham Road, che con prezzi davvero molto buoni ci fa assaporare il Salento, con piatti di pasta che partono da sole £ 6,75. Fermata metro **Putney Bridge** (www.lapizzica.co.uk).

Per un buon fish and chips dai prezzi molto convenienti c'è **Fisher's**, al 19 Fulham High Street nei pressi della fermata metro **Putney Bridge**. Si pescano anche buon affari qui, poiché il loro fish and chips non arriva mai alle £ 10, e fra le 12 e le 18 si sguazza nella convenienza, con menù fissi a £ 7,95 comprensivi di bibita, tè o caffè. Convenienti anche i loro hamburger, che partono da sole £ 5,95. Fermata metro **Putney Bridge** (www.fishersfishandchips.co.uk).

Nome romantico ed evocativo quello del **Love Walk** che, in questa passeggiata amorosa fra i sapori dei loro english breakfast rielaborati, va dalle £ 2 per un semplice toast alle £ 8 per il piatto più ricco, a base di omelette, bacon e salsicce. Prezzi per cui di certo si innamorerà il vostro portafoglio. È al 12 Jerdan Place, fermata metro **Fulham Broadway** (www.lovewalkcafe.co.uk).

Se Nosh dovesse essere il nome del proprietario, sarebbe difficile immaginare quale scena potrebbe presentarsi al **Naked Nosh**, al 606 Fulham Road, fermata metro **Parsons Green**. Ciò che di sicuro si mette a nudo in questo ristorante è l'importanza della produzione sostenibile, sostenuta con un menù che include solo prodotti a base di ingredienti genuini, con carni provenienti da allevamenti gestiti responsabilmente, con animali liberi di pascolare e alimentati naturalmente, nei loro tempi e modi naturali. Pur con tanta cura degli ingredienti, il Naked Nosh sa risultare anche conveniente, con piatti principali che in media si attestano fra le £ 7 e £ 8 e hamburger a £ 7,50 (www.nakednosh.com).

Unico nel suo genere il **Pottery Café** al 735 Fulham Road, fermata metro **Parsons Green**, che oltre a essere un luogo di ristoro è anche un laboratorio di ceramica, presso il quale sotto la loro guida e con gli strumenti messi a disposizione dai proprietari è possibile decorarsi le proprie tazze o piatti, scegliendo fra decine di forme e misure. Loro provvederanno poi a infornarle e a consegnarle. La guida dell'istruttore costa sulle £ 6 più il prezzo della tazza grezza: con poco più di una decina di sterline si può realizzare qualcosa di unico, divertente e memorabile. Per quanto concerne la parte commestibile invece, la caffetteria prepara buone bevande con caffè equosolidale, accompagnate da dolci fatti in casa, in tazze realizzate a mano. Che dire? Realizzando le proprie tazzine è forse l'unico locale in cui pagando il servizio... te lo porti a casa (www.pottery-cafe.com).

Per chi volesse solo uno spuntino al volo, segnaliamo anche qui l'immancabile catena di fast food britannica **Pret A Manger**, al 367b Fulham Road, fermata metro **Fulham Broadway**.

HOTEL E OSTELLI

A pochi passi dal Shepherd's Bush Empire, al 31 Sheperds Bush Road, si trova l'**Euro Hotel Hammersmith**: camere con bagno dotate di tutti i comfort, inclusa la connessione wi-fi. L'hotel dispone di reception aperta 24 ore e deposito bagagli. Alloggiarvi costa dalle £ 28, colazione inclusa. Fermata metro **Sheperd's Bush** (www.euro-hotel.co.uk).

L'**Abercorn House Hostel**, 28-30 Bute Gardens, è provvisto di 85 camere semplici ma funzionali e wi-fi gratuito. Nei pressi si trova la famosa sala da concerti Hammersmith Apollo. A partire da £ 18. Fermata metro **Hammersmith**.

Sia il **St Christopher's Inn Hammersmith** (www.st-christophers.co.uk/london-hostels/hammersmith) sia il **St Christopher's Inn Shepherd's Bush** (www.st-christophers.co.uk/london-hostels/shepherds-bush), siti rispettivamente al 28 Hammersmith Broadway e al 13-15 Shepherds Bush Green, offrono camere con colazione e wi-fi gratuito a £ 14. Fermate metro **Hammersmith** e **Shepherd's Bush**.

Nelle vicinanze del parco di Shepherd's Bush Common, si trova il **Sapphire Hostel**, al 35 Shepherds Bush Road. L'ostello offre confortevoli sistemazioni con prima colazione inclusa e wi-fi gratuito. Prezzi da £ 22 (www.sapphirehotellondon.co.uk).

Al civico 49 della stessa via, il **Rex Hotel** è un ostello a conduzione familiare. Le camere sono semplici e pulite, adatte anche alle famiglie e ai gruppi. Prezzi molto convenienti, a partire da £ 55 per una doppia con bagno dotato di lavabo e doccia propri ma wc comune, che diventano £ 65 per una stanza con wc proprio (www.rexhotellondon.co.uk).

Un po' più avanti, al numero 53, si presenta il **Plaza Hotel London**, che dispone di camere dislocate su tre livelli. Anche qui la colazione è inclusa nel prezzo, come la connessione wi-fi. La portineria è attiva 24 ore. Le tariffe partono da £ 35. Fermata metro **Shepherd's Bush** (www.plazahotellondon.co.uk).

Anche il **Royal Guest House 2**, al 105 della stessa via, offre camere tutte con bagno privato e colazione inclusa. Prezzi a partire da £ 25. Tra i servizi previsti la reception aperta 24 ore e il deposito bagagli (www.royalguesthouse.co.uk).

SHOPPING & BEAUTY

L'antico quartiere di **Shepherd's Bush** è perlopiù una zona residenziale nel distretto di Hammersmith & Fulham, con ampi spazi verdi. A quanto riportano le fonti storiche, sembra che nei secoli passati sia stata un'area di sosta per gli allevatori che si recavano al mercato di Smithfield, un tempo il mattatoio della città.

Oggi a Shepherd's Bush sorge il **West 12 Shopping Centre**, un grande magazzino con cinema multisala, numerosi negozi e ristoranti, dove potrete immergervi nelle vostre ricerche e nelle vostre spese in tutta tranquillità.

A breve distanza si trova anche l'immenso **Westfield London** in Ariel Way, uno dei più grandi centri commerciali d'Europa. Con il loro aspetto ultramoderno e con la presenza di tutte le più famose catene, i centri commerciali sembrano promuovere una spersonalizzazione del commercio e ubbidire solo alle leggi della grande distribuzione, spesso letali per produttori indipendenti, etici, di nicchia o legati al territorio.

Ma in una Londra che ci abitua anche all'armonica convivenza tra antitesi e opposti, ecco che in un colosso del consumo, come il più grande centro commerciale, si trova un punto vendita di **Lush**, un'azienda etica di cosmetici freschi e fatti a mano, saponi, bagnoschiuma, latte per il corpo, profumeria, make-up e idee regalo, che ha a cuore la sostenibilità ambientale (i prodotti non hanno nemmeno confezione o imballaggio) grazie a pratiche produttive che non comportino alcuna sofferenza animale, con una produzione 100% vegetariana. I loro profumi e le loro essenze sono irresistibili per i clienti, e al suo charme non ha potuto resistere neanche il gigante commerciale, che lo ha voluto includere (www.lush.co.uk).

Interessante pure il negozio di abbigliamento **American Apparel**, una catena di origine canadese, che offre capi e accessori a prezzi vantaggiosi: biancheria intima, body, abiti vintage, magliette, jeans, borse e un po' di tutto (www.store.americanapparel.co.uk). Nonostante la grande distribuzione sia spesso criticata per i dubbi processi di produzione, questa catena afferma con orgoglio di non sfruttare il lavoro sottopagato in paesi poveri, con lavoratori spesso in condizioni di totale insicurezza, se non di schiavitù, garantendo invece condizioni di lavoro e salari dignitosi. E provando con i suoi prezzi che si può essere convenienti senza che siano persone a noi invisibili a pagarne il costo. È forse l'inclusione della sostenibilità a fare di questo Westfield un centro commerciale veramente moderno, ancora più delle sua avveniristica architettura e tecnologia. Westfield Shopping Centre, Ariel Way, White City. Fermate metro **Wood Lane**, **White City** o **Shepherd's Bush** (www.uk.westfield.com/london).

Ad Hammersmith un centro commerciale, l'**Hammersmith Broadway**, coincide con la stessa stazione metro. In esso **HU Design** vende abbigliamento femminile e accessori a prezzi vantaggiosi: potete trovarvi anche jeans e abiti a £ 10. Fermata metro, ovviamente, **Hammersmith**.

Dalla stessa stazione si raggiunge subito il **Kings Mall**, in King Street, altro shopping centre (www.kings-mall.co.uk).

Qui all'Unit 12 si trova **Krisp**, un negozio di moda femminile che, pur essendo un nome alternativo alle solite catene che si vedono un po' ovunque, si mantiene concorrenzialmente a prezzi molto vicini. Si può così rimanere un po' più personali, pur risparmiando (www.krisp.co.uk).

In entrambi gli shopping centre di Hammersmith c'è il **Body Shop**, altra compagnia etica di prodotti di bellezza e profumeria, con prezzi contenuti (www.thebodyshop.co.uk).

Per chi ama sia la lettura sia sostenere una buona causa, **Amnesty International** ha un suo negozio di libri rari e usati, con prezzi fra le £ 1 e le £ 3,50; ottimo modo per trovare qualche testo particolare e allo stesso tempo sostenere l'importante lavoro della ong sui diritti umani. È al 139b King Street, fermata metro **Hammersmith** (www.amnesty.org.uk/books-amnesty-hammersmith).

Nei paraggi, al 65 King Street, il negozio di articoli da regalo **Evolution** offre colorata oggettistica di ogni genere. È stato fondato da un'associazione che si ispira ai valori etici buddhisti. I prezzi sono molto convenienti, specie per qualcosa di così unico; un vero Nirvana della convenienza (www.evolutionstores.co.uk).

Negozio di abbigliamento per bambini a Fulham, 201 New King's Road, fermata metro **Parsons Green**, **Chocolate Wardrobe** ha prezzi più che accettabili e un suo stile originale e gradevole (www.chocolatewardrobe.co.uk).

Dalla stessa stazione metro ci si può portare da **Pollyanna** all'811 Fulham Road, per comprare ai più piccini scarpe, calzini, accessori ed equipaggiamento per la danza classica (www.pollyannaonline.com).

Stessa metro anche per l'interessante **Deuxième**, elegante negozio di abbigliamento che tratta anche firme di rilievo della moda, e occasionalmente del vintage. Il negozio ha di speciale che qui,

T'AGGIUSTO IO

Aggiustatutto. La **Timpson** di Londra è un centro assistenza dove si possono risuolare scarpe, duplicare chiavi e riparare smartphone e cellulari. Lo si trova a Hammersmith Broadway, fermata metro **Hammersmith** (www.timpson.co.uk).

oltre a spendere, si guadagna! Offre infatti ai clienti la possibilità di vendere qualcosa di loro, concedendogli spazio in negozio per 8 settimane, in cambio di una commissione del 50% sul venduto. Chissà... potreste partire con una valigia e tornare con un salvadanaio, 299 New King's Road (www.deuxieme.co.uk).

Il **Cologne and Cotton**, al 791 Fulham Road, è un delizioso punto vendita, molto english, di ottima biancheria intima e per la casa, nonché di oli e profumi, candele e bastoncini in flacone impregnati di fragranze di rosa, gelsomino e dolci note di violetta. Qui andate sul sicuro, la qualità dei prodotti è indiscutibile e a buon prezzo. Fermata metro **Parsons Green** (www.cologneandcotton.com).

INDIRIZZI PER DIVERTIRSI

La zona di Hammersmith concentra molti bar e locali in cui si suona dal vivo. Se si vuole godere della musica di un certo livello c'è l'**Hammersmith Apollo**, uno dei più grandi teatri di Londra, in stile tardo-liberty, inaugurato nel 1932 e sito al Queen Caroline Street, fermata metro **Hammersmith**. L'edificio di due piani è conosciuto anche per aver ospitato artisti di fama mondiale come Louis Armstrong, The Beatles, Johnny Cash, David Gilmour, Alice Cooper, Goo Goo Dolls, Kraftwerk, Pat Metheny, Frank Zappa, David Bowie, Dire Straits, Bob Dylan, Kate Bush, Queen, Paul Weller, Pixies, Russell Brand, Nick Cave & The Bad Seeds e i nostri Vasco Rossi ed Ennio Morricone. Per partecipare ai concerti e comprare i biglietti basta andare sul sito (www.eventimapollo.com).

Non meno importante è lo **02 Shepherd Bush Empire**, al Shepherd's Bush Green, fermata metro **Shepherd's Bush Market**. Locale per concerti costruito nel 1903 che può contenere fino a 2000 persone. Qui si sono esibiti tra gli altri anche i Rolling Stones, gli Who, gli Oasis, Sting e Bon Jovi (www.o2shepherdsbushempire.co.uk).

È imperdibile la **Bush Hall**, 310 Uxbridge Road, fermata metro **Shepherds Bush Market**. La sua costruzione fu avviata nel 1904. In origine era una grande sala da caffè che, negli anni del secondo conflitto mondiale, diventò una mensa. Oggi è un locale molto alla moda e con ottima musica dal vivo. Anche da qui sono passati Amy Winehouse, Alanis Morissette, Boy George, Florence & The Machine, Paolo Nutini, Lisa Marie Presley, These New Puritans, Van Morrison, e tanti altri (www.bushhallmusic.co.uk).

Davvero esilarante la serata di ispirazione australiana **Bogan Bingo**; *Bogan* è un termine che in Australia ha un senso dispregiativo per un certo stile anni Ottanta, che combinava in un cocktail micidiale di kitsch capelli in stile *mullet*, ossigenatura a go go e bandana assortite. La serata si tiene il giovedì al **The Slug At Fulham**, 490 Fulham Road, fermata metro **Fulham Broadway**, e incoraggia il pubblico al kitsch ostentato, al divertimento demenziale, offrendo intrattenimento, spettacoli di cabaret e vere e proprie giocate al bingo. Biglietti a £ 7 per la serata in vendita dal sito (www.boganbingo.co.uk).

SPAZIO ALLE CULTURE

Il **Riverside Studios** è un teatro e un cinema che si occupa anche di film indipendenti e stranieri, con sottotitoli in inglese. Organizza annualmente rassegne cinematografiche e retrospettive, e festival di livello nazionale e internazionale di cortometraggi, documentari e animazione. Il costo del biglietto varia da un minimo di £ 5 a un massimo di £ 10. Riverside Studios, Crisp Road, fermata metro **Hammersmith** (www.riversidestudios.co.uk).

ARTE E ARCHITETTURE A KM 0

L'**Hammersmith Bridge** è il primo ponte sospeso per mezzo di elementi rigidi, costruito tra il 1825 e il 1827 su progetto dell'architetto William Tierney Clark. Collega la sponda di Hammersmith e Fulham col sobborgo di Richmond upon Thames. Nel corso dei decenni ha subìto diversi rifacimenti per la realizzazione di un'efficace struttura di rinforzo, con l'obiettivo di sostenere il peso di una città in espansione. La sua tipologia ricorda i più famosi Golden Gate Bridge di San Francisco, il Primo ponte sul Bosforo di Istanbul e il Ponte 25 de Abril di Lisbona.

Nella parte ovest del fiume, appena prima dell'Hammersmith Bridge, s'incontrano locali e pub degni di nota; uno di questi è il **Dove** (del XVII secolo), sito al 19 Upper Mall, fermata metro **Hammersmith**, conosciuto perché frequentato da Ernest Hemingway e Graham Greene. Diverse aree sono previste esclusivamente per i pedoni ed è molto piacevole farsi una passeggiata lungo il corso del fiume Tamigi e gli spazi aperti (www.dovehammersmith.co.uk).

L'ECO DEL RISPARMIO

City tour. L'efficientissimo servizio di metropolitana londinese arriva a coprire tutte le aree della città fino a raggiungere in un batter d'occhio la periferia estrema. Tuttavia, nonostante il vantaggio della velocità negli spostamenti, si rischia di vedere poco della capitale inglese se non si utilizza la rete di autobus (sì, proprio quelli rossi a due piani). Il **bus** numero **11**, pur non essendo un pullman gran turismo, ha il pregio di scarrozzarvi da una parte all'altra della città, attraversando le principali vie del centro storico, partendo dal capolinea di Fulham Town, attraverso l'elegante Chelsea, Sloane Square, Westminster Cathedral, Victoria Station, Trafalgar Square, Charing Cross, St Paul's Cathedral, fino all'ultima fermata di Liverpool Street, nel cuore dell'East London. Lo stesso tragitto, naturalmente, lo potete percorrere sulla via del ritorno. Se avete la Oyster Card pagherete il biglietto £ 1,40, diversamente il biglietto per una normale corsa costa £ 2,40 (www.tfl.gov.uk).

HOUNSLOW, CHISWICK, PUTNEY

DA NON PERDERE

Gli studenti ed ex studenti ricorderanno Ugo Foscolo per aver studiato sui banchi di scuola *Le ultime lettere di Jacopo Ortis*. Ebbene, proprio al **Chiswick Old Cemetery** fu sepolto il sommo poeta e scrittore, il 10 settembre del 1827. Avendo "incitato i connazionali italiani alla rinascita e alla libertà", difendendo il paese dagli invasori, Foscolo si trovò costretto a lasciare l'Italia, dimorando prima in Svizzera e successivamente a Londra – tra il 1816 e il 1827 – dove, tra mille peripezie, riuscì a sopravvivere. Morì di tubercolosi a soli cinquant'anni. Il cimitero di Chiswick (oggi è rimasta solo una lapide in marmo grigio con caratteri incisi in oro) ospitò le sue spoglie fino al rimpatrio e alla deposizione nella basilica di Santa Croce a Firenze. Il feretro venne accolto in patria con una vera e propria cerimonia pubblica. Oggi il poeta riposa accanto ad altri illustri personaggi quali Niccolò Macchiavelli, Vittorio Alfieri, Michelangelo Buonarroti, Galileo Galilei, Gioacchino Rossini, che hanno animato socialmente e culturalmente il nostro paese.

FAI LA SPESA GIUSTA

Fatevi un giro per la Chiswick High Road, la via commerciale del quartiere e, al numero 296, e incapperete nella buonissima panetteria **The Bread Shop**. Le vetrine dei banconi espongono ogni ben di dio e le torte sono eccellenti. C'è molta cura e professionalità nella lavorazione dei cibi, prodotti con grano e farina selezionati, semi di girasole, semi di miglio e pasta madre, lasciata lievitare per molte ore. Fermata metro **Turnham Green** (www.breadshop.co.uk/stores/chiswick).

Dalla stessa metro, al 282-284 Chiswick High Road c'è **Gail's** che sforna ogni giorno 30 tipi di pane diverso, sempre con ottimi ingredienti (www.gailsbread.co.uk/bakeries/chiswick).

Per la migliore bistecca di Chiswick c'è la macelleria dei **Macken Brothers**, 44 Turnham Green Terrace, fermata metro **Turnham Green**. Ha una clientela affezionata alla sua qualità e alla sua cortesia. A testimonianza della cura nel cercare le migliori carni da loro si riforniscono anche esigenti ristoratori (www.mackenbros.co.uk).

Nome molto rock per il negozio di generi alimentari **Ozzie's**, al 401 Chiswick High Road, dove trovare cibi e bevande per la spesa quotidiana. La sezione ispirata al menù a base di pipistrelli dell'omonimo cantante dei Black Sabbath fortunatamente manca. Fermata metro **Gunnersbury**.

Vi avvisiamo invece che non sarà economico il deli **Mortimer & Bennett**, ma merita senz'altro una visita, poiché vende prodotti artigianali rari se non unici, scovati in giro personalmente dai proprietari durante i loro viaggi, entrando così in contatto con piccoli produttori altrimenti introvabili. 33 Turnham Green Terrace, fermata metro **Turnham Green** (www.mortimerandbennett.com).

Al 4-6 Fauconberg Road, fermata metro **Chiswick**, c'è un punto vendita **Budgens Stores**, catena indipendente di supermercati che supporta la produzione locale e un rapporto più diretto con i loro fornitori (www.budgens.co.uk).

Nell'area di Putney, al 367 Upper Richmond Road, stazione National Rail **Barnes**, la macelleria **Snoggy's** non solo serve una gran varietà di carni, ma anche in versioni preparate e precondite da loro per una facile cottura e un piatto di successo. Forniscono gratuitamente ricette e consigli e offrono anche altri prodotti alimentari (www.snoggys.com).

Frutta e verdura in abbondanza, inclusa quella esotica, presso **Fruit & Salad Bowl**, al 371 Upper Richmond Road e raggiungibile dalla stazione National Rail **Barnes**. Oltre al vasto assortimento già disponibile, si impegnano a ordinare per voi qualunque tipo di frutta e verdura particolare o rara.

MANGIA BENE E BEVI MEGLIO

Ma cos'è l'**Outsider Tart**? Se decidete di andare al 83 Chiswick High Road, conoscerete due ragazzi newyorkesi che hanno aperto un localino niente male. Avendo deciso di lasciare la propria patria per trasferirsi a vivere a Londra, hanno messo su un autentico bar americano, dove la produzione di cupcake e torte fresche supera la fantasia. Ma non si può fare a meno di assaggiare anche la pasta ai gamberetti o il riso rosso, il pudding al formaggio, la patata dolce e il caramel pie. Buonissime le bevande, calde o fresche, dai nomi esotici o americani, come la birra al lampone o il Johns Island Iced Tea. All'uscita un grosso libro vi attenderà per lasciare un commento, sempre che ne abbiate voglia, naturalmente. Fermata metro **Turnham Green** (www.outsidertart.com).

Il **Sam's Brasserie & Pub** è un ottimo locale in stile urban vintage. Sono ottimi tutti gli antipasti e i secondi di carne e pesce, le insalate e i dolci, soprattutto quelli alla frutta; un po' meno i classici hamburger, che non sono il punto forte della cucina. I prezzi si mantengono nella norma. Si trova all'11 Barley Mow Passage, fermata metro **Chiswick Park** (www.samsbrasserie.co.uk).

Cosa c'è di meglio di un buon caffè al **Crêpe Parisienne**, al 132 Chiswick High Road, fermata metro **Turnham Green**. Un posto carino, consigliato per una buona colazione abbondante o un veloce spuntino. Ottime le spremute d'arancia!

Se siete alla ricerca di un pasto esotico e gustoso, al 121 Hounslow High Street, fermata metro **Hounslow East**, vi è il **Shree Krishna Vada Pav**, dove passare il vostro tempo gustando prelibatezze a base di spezie profumate di Mumbai. Provate l'Onion Bhajiya Plate, piatto a base di cipolle, e le focacce aromatiche o i Sandwich Veg, il tutto in un'atmosfera tipica indiana, dai prezzi imbattibili (www.shreekrishnavadapav.com).

Situato invece alla fermata metro **Gunnersbury** di Chiswick, al 56 Wellesley Road, **The Pilot** è un ambiente molto rustico e nell'insieme gradevole. Il menù cambia ogni giorno, tuttavia i gustosi hamburger di carne o di pesce e patatine sono sempre pronti per l'ordine. Nelle giornate calde si può stare seduti nel giardino circostante, gustando una buona pinta di birra (www.pilot-chiswick.co.uk).

Cucina argentina al **Glass Dome**, 283 Putney Bridge, che possiamo definire come una vera e propria "bistecceria". Il cliente può scegliere il prodotto, presentato in tagli interi in una grande vetrina. Gli squisiti contorni di verdure delizieranno la vostra sosta. Fermata metro **East Putney** (www.glassdomerestaurant.co.uk).

Non è da meno il **Rodizio Preto Putney**, situato sul lato opposto al 31-33 Putney High Street, che propone una varietà ampia di carni pregiate e specialità brasiliane di insalate e verdure, frutta e meravigliosi dessert (www.rodiziopreto.co.uk).

Infine, se siete fan del famoso cuoco e personaggio televisivo inglese Gordon Ramsay, potete sempre recarvi all'aeroporto di Heathrow, per essere esatti al Terminal 5. Forse non ci crederete, ma il signor Ramsay ha aperto un suo ristorante anche lì: colazione, brunch o cena, quando vi va, nessun problema. Lo staff del **Plane Food Restaurant** è cortese e ospitale, sempre pronto a consigliare i clienti nella scelta del cibo e del vino più adatto. I prezzi variano dalle £ 14 alle £ 65; in fondo non è un ristorante qualsiasi (www.gordonramsay.com/planefood).

HOTEL E OSTELLI

Non molto distante dall'aeroporto di Heathrow – che è ben collegato per mezzo della metropolitana con la città – il **Master Robert Hotel** dispone di camere ben arredate, colazione e wi-fi incluse, con un buon rapporto qualità/prezzo a partire da £ 66. Si trova al Great West Road, fermata metro **South Ealing** (www.masterrobert.co.uk).

A pochi minuti dalla fermata metro **Northfields**, al 264 Northfield Avenue Acton, si trova il **Northfields Hostel**, struttura ideale per la convenienza del prezzo, £ 15, e per la pulizia e la posizione in cui si trova. La reception è attiva 24 ore su 24 e l'accesso internet si paga pochissimo (www.northfieldshostel.com).

L'ottimo prezzo, la luminosità delle camere e la disponibilità dello staff del **Premier Inn London Putney Bridge**, al 3 Putney Bridge Approach, fanno di questa struttura alberghiera il posto ideale dove alloggiare. Anche la fermata della metro **Putney Bridge** è a soli 5 minuti di cammino (www.premierinn.com/en/hotel/LONPUT/london-putney-bridge).

SHOPPING & BEAUTY

Entrare nella cioccolateria **Philip Neal Luxury Chocolates**, al 43 Turnham Green Terrace, significa non uscirne più. Il vero trionfo della dolcezza è il cioccolato di Philip Neal, un tripudio di colori e sapori di diverse forme... Ci sono tavolette di cioccolato ripiene di ogni tipo di crema fruttata, tartufini, bon bon, biscotti. E, se siete buddisti, la casa dolciaria ha pensato di creare per voi un Buddha di cioccolato, lui se ne sta lì pacifico, a guardare i passanti, e vi aspetta per tornare a casa tutti insieme. Se invece siete amanti delle scarpe, beh, qui ne troverete di elegantissime e golose, come lo stiletto barocco. Le bomboniere sono il pezzo forte

STORIE E PERSONE

Un quartiere di celebrità. Putney è una zona tranquilla, immersa nel verde dei prati e lontana dalla frenesia della città. Grandiosa nei suoi complessi residenziali di nuova costruzione, soprattutto in vetro e acciaio, è riuscita a mantenere fino a oggi una dimensione umana ancora vivibile. I vecchi grandi magazzini dalle cui ceneri hanno tirato su interi palazzi, ospitano mostre di arte nazionale e internazionale di arte contemporanea, nonché numerosi concerti di musica. Proprio a Putney hanno vissuto **Mary Shelley**, conosciuta per lo più come autrice del romanzo gotico "Frankenstein", lo scrittore ed editore **Leonard Sidney Woolf**, noto per essere stato il marito di Virginia Woolf e, tra i contemporanei, un agente 007, **Pierce Brosnan**, che vi ha frequentato le scuole superiori.

della collezione, e forse i prezzi sono un po' altini, ma vale davvero la pena farvi una visita. Fermata metro **Turnham Green** (www.philipnealchocolates.co.uk).

Al 160 Chiswick High Road, vi troverete davanti un palazzo del XIX secolo, un tempo il cinema del quartiere, e oggi grande emporio e laboratorio di oggetti di antiquariato. **The Old Cinema** si sviluppa su più piani, carichi di arredi di diversi stili, che rappresentano ogni decennio degli ultimi sessant'anni. Ci sono vere e proprie chicche per arredare la vostra casa. Ovviamente sarà difficile caricarsi sulle spalle tavoli, armadi e cassettiere, tuttavia l'esposizione degli oggetti è notevole e qualcosa di utile e carino (e non molto pesante) si troverà sempre. Non è da escludere il baratto. Fermata metro **Turnham Green** (www.theoldcinema.co.uk).

Negozio di abbigliamento per donna a costi ragionevoli è **Blink**, al 294 Chiswick High Road, fermata metro **Turnham Green**. Prezzi simili a quelli di catene diffuse, ma con un loro stile più personale (www.lovelinksblink.com).

Eleganza e stile a prezzi ragionevoli anche presso **Noa Noa**, al 229 Chiswick High Road, fermata metro **Turnham Green** (www.noanoa.com).

Al numero 158 della stessa via, e presso la fermata metro **Turnham Green**, c'è **Jigsaw** che ne ha per tutti, uomo, donna e bambino, e anche per la casa. Semplice ed elegante nello stile con prezzi nella media. L'assortimento è molto vario (www.jigsaw-online.com).

La povera Betty deve probabilmente sudare sette camicie, per poter offrire ai suoi buoni prezzi la varietà di colori e modelli di abbigliamento per donna che si trovano da **Sweaty Betty**, al 288 Chiswick High Road. Vi si trovano anche accessori, intimo e costumi da bagno. Fermata metro **Turnham Green** (www.sweatybetty.com).

Wild Swan, al 14 Devonshire Road, è una boutique insolita, trattandosi di moda scandinava. Costa mediamente di più degli altri negozi segnalati, ma si differenza anche per lo stile, ancora più originale ed elegante. Con i vestiti sono in vendita anche scarpe, borse, gioielli, e accessori vari. Fermata metro **Turham Green** (www.wild-swans.com).

Approfittiamo per segnalare che la **Devonshire Road** è caratterizzata proprio dalla presenza di queste boutique indipendenti, quindi vale la pena percorrerla e lasciarsi attrarre dal proprio gusto e dalla propria curiosità.

L'**Exchange Shopping Centre** è il centro commerciale di Putney, High Street Putney, ed è raggiungibile con la National Rail dalla stazione **Putney** e con la metro dalla fermata **East Putney**, Ha il pregio di unire in sé sia i nomi tipici delle grandi catene sia delle realtà indipendenti, fornendo così entrambe le opzioni (www.theexchangesw15.com).

* IL MOMENTO MIGLIORE PER...

Andare in canoa. Resta intatto dal 1926 l'**Heaf of the River Race**, con un programma degno delle migliori tradizioni sportive inglesi, istituito dal vogatore di Cambridge, **Steve Fairbairn**. Si tratta della gara di canottaggio che si svolge sul fiume Tamigi tutti gli anni in primavera, e che vede coinvolte oltre 400 squadre da tutto il mondo. Ogni imbarcazione è composta da otto membri con il compito di percorrere il tratto che va da Mortlake a Putney, su una distanza di 6,8 km.
Per seguire l'evento sportivo più atteso dell'anno, si consiglia di arrivare la mattina presto per trovare posto (www.horr.co.uk).

INDIRIZZI PER DIVERTIRSI

A 150 metri dalla fermata metro **East Putney**, ubicato al 160 Putney High Street, il **Lost & Co.** si presenta come un ristorantino bar, che con il passare delle ore si trasforma in un simpatico locale dance music per trascorrervi una bella serata. Si mangia bene e non è caro, ma fate attenzione ai prezzi delle bevande e dei cocktail. Tutti i giorni, dalle 12 alle 16, potete mangiare una buona pizza al prezzo di £ 6,50 (www.lostputney.co.uk).

Punto di riferimento per la scena jazz, anche oltre i confini di Londra, sono le serate musicali al **The Bull's Head**, 373 Lonsdale Road, stazione National Rail **Barnes**. Con i suoi cinquant'anni di storia, questo locale ha visto passare tanti talenti, e ancora oggi è vivaio e conferma della scena contemporanea. Si paga solitamente dalle £ 8 alle £ 15, anche se dipende dal nome in cartellone (www.geronimo-inns.co.uk/london-the-bulls-head e www.musicglue.com/thebullshead/listings).

ARTE E ARCHITETTURE A KM 0

A Hounslow-Chiswick, si trova l'edificio dell'**Hogarth's House Museum**, tenuta di campagna un tempo appartenuta al pittore e incisore inglese William Hogarth. Costruito sul finire del 1600, è oggi un museo a disposizione del pubblico, con ingresso gratuito. È un palazzo di tre piani in mattoni rossi in tipico stile inglese, con grandi finestre bianche. Tutto intorno un grande giardino privato con un albero di gelso secolare, arbusti e fiori. All'interno della casa

L'ECO DEL RISPARMIO

Imparare l'inglese. Tanta gente viene a Londra da tutto il mondo per migliorare il proprio inglese, pagando anche college o scuole private. Sapere allora di avere la possibilità di frequentare lezioni gratuite di conversazione inglese non è cosa da poco. Nel quartiere di Putney, alla **Putney Library** (la biblioteca comunale di Putney) al 5-7 Disraeli Road, lo staff della biblioteca comunale ha ideato un progetto a favore di coloro che vogliono perfezionare la lingua. Non c'è bisogno di prenotazione, potete andare tutti i giovedì dalle 10 alle 12. Fermata metro **East Putney** (www.better.org.uk/libraries/putney-library/activity/398).

restaurata più volte, anche a seguito di un incendio nel 2009, si possono ammirare le incisioni satiriche di Hogarth, personaggio eclettico, considerato l'anticipatore del fumetto contemporaneo. Le stanze e gli arredamenti hanno conservato ciò che resta della memoria del passato, dando una visione chiara e precisa di quel che resta di quel periodo. Fermata metro **Turnham Green** (www.hounslow.info/arts-culture/historic-houses-museums/hogarth-house).

Nei pressi di Casa Hogarth si trova la settecentesca dimora di **Chiswick House**, primo esempio di edificio neo-palladiano in Inghilterra, costruito su pianta ottagonale con cupola inglobata, ideato dall'architetto Richard Boyle. Ispiratosi all'architetto italiano Adriano Palladio e alle sue magnifiche ville nei pressi di Vicenza, Boyle riuscì a unire gusto e raffinatezza facendo della villa di cui era proprietario, un magnifico esperimento di giochi e simmetrie. Di grande effetto sono i giardini intorno alla villa, dove i panorami e i luoghi più nascosti passano attraverso un mondo colorito di alberi, piante e fiori. Merita una sosta il nuovo **Chiswick House Café**, dove si ha una bella veduta dei giardini e della villa neo-palladiana, gustando una cucina inglese tradizionale (www.chgt.org.uk).

EALING

FAI LA SPESA GIUSTA

As Nature Intended,17-21 High Street, è un negozio di cibo biologico e salutare; organizzato come un mini supermarket con ampi corridoi, è una buona risorsa per mettere del buon cibo genuino nella nostra spesa giornaliera o settimanale. Fermata metro **Ealing Broadway** (www.asnatureintended.uk.com).

Al 31 High Street si trova il **Polish Deli**, specializzato in prodotti polacchi e dell'Est Europa. Davvero buonissimi i loro salumi affumicati, così come le conserve e i prodotti tipici. Fermata metro **Ealing Broadway** (polish-deli.co.uk/Gdzie-jestesmy.html).

Non lascia spazio ad alcun dubbio sul suo ruolo nella comunità **The Bakers of Ealing**, forse la panetteria più popolare di Ealing, stimatissima dai residenti anche per dolci e torte su ordinazione. Si trova al 27 New Broadway, fermata metro **Ealing Broadway**.

CCCP non è la nuova attività a Londra di Giovanni Lindo Ferretti o degli ex componenti della famosa band punk italiana, bensì un supermarket russo in cui potere trovare tanti buoni prodotti e ingredienti russi e dell'Est Europa. È a South Ealing al 150 South Ealing Road, fermata metro **South Ealing**.

Anche Ealing può contare su un **farmer's market**, con vasta scelta di prodotti locali e genuini; viene allestito ogni sabato dalle 9 alle 13 in Leeland Road, non lontano dalla stazione National Rail **West Ealing** o dalla fermata metro **Ealing Broadway**, e procedendo con i bus 607, E8 o E11 verso ovest, o passeggiando per una ventina di minuti.

Un segreto non molto noto ai turisti di Ealing è **Southall**, una particolarissima area di Ealing con la più alta concentrazione al mondo di persone del subcontinente indiano al di fuori dell'Asia. Questo significa una grande abbondanza di **negozi** e di **supermercati asiatici**, di rosticcerie e di fast food a tema, di pasticcerie e di forni per il pane. E i prezzi sono assolutamente popolari, basati unicamente sullo smercio locale e non sul flusso turistico. Con poche sterline si può mangiare a sazietà o riempirsi il carrello della spesa per settimane. Vi si arriva in treno scendendo alla stazione National Rail **Southall**.

STORIE E PERSONE

The Queen of Suburbs. Ealing è una vera e propria città di oltre trecentomila abitanti, con una storia lunga almeno 7000 anni, come documentano le prove di presenza umana nella zona sin da allora.
Nei secoli si sviluppò come zona suburbana della crescente capitale, diventando un punto di passaggio importante per le merci.
Sul percorso verso la capitale sorsero locande, pub e taverne per i viandanti, al punto tale che una di queste, The **Old Hat**, si sdoppiò in due sedi, una al di qua e una al di là della porta di ingresso a pedaggio.
La posizione di Ealing si rafforzò con la ferrovia, diventando città a tutti gli effetti in età vittoriana, mentre lo sviluppo irrefrenabile di Londra la circondava fino a inglobarla. Qui si costruirono fra i primi sistemi fognari e di acqua potabile pubblica di tutta Londra. Con l'aiuto dei trasporti pubblici diventò una zona molto appetibile, a breve distanza dal centro di Londra, ma allo stesso tempo tranquilla e pulita, adottando il nomignolo di regina delle zone suburbane, "**Queen of suburbs**".
Identità che sopravvive ancora ai giorni nostri, e che ne fa un'ottima opzione di soggiorno a Londra.

MANGIA BENE E BEVI MEGLIO

L'area di Ealing è ben nota per l'abbondanza di posti in cui mangiare. Al 33 della High Street si trova il **Café Magnolia**, per veloci snack, fermata metro **Ealing Broadway** (www.cafemagnolia.co.uk).

La pluripremiata pizzeria **Santa Maria**, al 15 St Mary's, è un'autentica pizzeria napoletana, con maestri pizzaioli esperti, e dotata del forno a legna necessario a fare un'ottima e autentica pizza all'italiana. Il locale è piccolo, e c'è rischio di aspettare in piedi, ma l'attesa è più che ricompensata da una pizza preparata ai massimi livelli, anche per i più esigenti palati italiani.
Fermata metro **Ealing Broadway** o **South Ealing** (www.santamariapizzeria.com).

A rappresentare il cibo giapponese invece ci sono l'**Atari-Ya Sushi Bar** (www.atariya.co.uk) e il **Kiraku** (kirakulondon.wordpress.com), entrambi nei paraggi della fermata metro **Ealing Common**.
L'Atari-Ya Sushi Bar è all'1 Station Parade e nel suo menù i prezzi vanno da £ 2 per degli antipasti ai piatti principali compresi fra £ 8,50 e £ 12. All'8 Station Parade si trova invece il Kiraku,

che parte dagli stessi prezzi del concorrente fino a spingersi a piatti raffinati e ricercati da alcune decine di sterline.

Per una buona birra estiva il **Drayton Court**, al 2 The Ave, è un pub accreditato come quello con il più ampio spazio all'aperto di Londra. Fermata metro **West Ealing** (www.draytoncourtlondon.co.uk).

Nell'Ealing Broadway Shopping Centre l'**Yvon's Patisserie** addolcisce la giornata di shopping con ampia selezione di dolciumi sfiziosi, così come il **Maple Moose** lo fa con crêpes, waffles e gelati.

Auntie Anne's offre un ampio assortimento di pretzels preparati a mano, in tutti i gusti e variazioni.

Per qualcosa di velocemente pronto da mettere sotto i denti ma non dispendioso, il **Mamma Mia** offre robuste colazioni inglesi, hamburger, sandwich e snack di vario tipo.

Nella stessa struttura commerciale promette rinfreschi già dal nome **Fressh**, che effettivamente provvede bevande calde e fredde, snack e spuntini; vi si trovano anche il **Chantal Café**, caffetteria indipendente con bibite, insalate e panini, e il **Bonne Café**, che a tè e caffè aggiunge dolci e torte salate. Per lo shopping centre fermata metro **Ealing Broadway** (ww.ealingbroadwayshopping.co.uk).

Buoni piatti indiani in economia al **Tandoori Villa**, al 3 Ranelagh Road, fermata metro **South Ealing**.

Charlotte's Place è considerato quasi il ristorante "ufficiale" della comunità, incarnandone lo spirito e l'atmosfera. Sito al 16 St Matthew's Road, fermata metro **Ealing Common**, propone raffinata cucina britannica a prezzi allineati alla media dei ristoranti. Offerte speciali a pranzo con 2 portate a £ 17,50 e 3 portate a £ 21,95, che per cena diventano £ 27,95 per 2 persone e £ 32,95 per 3 (www.charlottes.co.uk/place).

HOTEL E OSTELLI

Il **Grange Lodge Hotel** è ben collegato al centro di Londra con la fermata metro **Ealing Broadway**. Il rapporto qualità/prezzo è buono, con camere pulite e colazione a prezzi che partono da £ 38. Lo potete trovare al 48-50 Grange Road (www.londonlodgehotels.com).

A un prezzo leggermente superiore, ma comunque contenuto, intorno alle £ 64, l'**Aron Guesthouse**, al 27 South Ealing Road, si trova a pochi minuti dalla fermata metro **South Ealing**. Camere tranquille e pulitissime, dotate di tv, wi-fi gratuito e colazione al sacco. La pensione mette a vostra disposizione un giardino, ideale per riposare e mangiare all'aperto (www.aronguesthouse.com).

SHOPPING & BEAUTY

Per lo shopping a Ealing non si può non partire dall'**Ealing Broadway Shopping Centre** vicino alla fermata metro e stazione National Rail **Ealing Broadway**. Sono qui presenti le catene più famose e diffuse, ma anche negozi più particolari e saloni di bellezza.

Leonidas è un esclusivo negozio di raffinato cioccolato belga, in cui ogni ingrediente è selezionato, come le noci rigorosamente da Grenoble o dal Texas, le mandorle dall'Italia, le nocciole dalla Turchia e le ciliegie sciroppate dal Périgord.

La **Perfume Warehouse** è una profumeria con ampia scelta, anche di make-up, così come **The Fragrance Shop** e **Beauty Base**, e le catene **The Body Shop** e **The Perfume Shop**, quest'ultima orientato a offerte, promozioni e risparmio.

Articoli da regalo e originali cartoline di auguri si trovano da **Rumbles**, come il presente e più famoso concorrente della catena **Clinton's**.

T'AGGIUSTO IO

Negozi di un tempo. Anche nella Londra contemporanea si trova la bottega di un ciabattino, come quelle di un tempo. Una piccola porticina e vetrinetta al 119a Pitshanger Lane sono l'ingresso di **Kamps Heel Bar**, che con maestria e pazienza rimedia ai guai delle vostre calzature. Fermata metro **Ealing Broadway**. Ampia gamma di servizi e riparazioni invece da parte dei tutto fare di **Timpson**, che ad Ealing hanno sede al 34 Ealing Broadway Centre, The Broadway, nei pressi della fermata metro **Ealing Broadway**. Dalla lunga lista di servizi e riparazioni che offrono sembra che non ci sia nulla a cui non possano rimediare, per cui annotateveli per ogni evenienza (www.timpson.co.uk/ealing-broadway-centre).

Boutique di gioielli alla moda è **Blink**, magari da abbinare a borse e accessori di **Charlotte Reid**.

Choice è un outlet in cui si trova abbigliamento di marca scontato fino al 70%; assortimento di marche e stili di abbigliamento maschile da **Baron Jon**, mentre **Fat Face** provvede abbigliamento e accessori più sportivi e dinamici. Prodotti di bellezza presso **Centros Unico**, così come presso **Belle Amie**. Per tutti fermata metro **Ealing Broadway** (www.ealingbroadwayshopping.co.uk).

Bell Living è un curioso negozio giapponese di articoli, oggetti e dispositivi di seconda mano a **North Ealing**. Vi si possono trovare senz'altro ottime occasioni, da televisori e fotocamere a gadget, mobili, strumenti, attrezzi sportivi, cose utili per la casa... o magari un buon dizionario o corso espresso di giapponese, per cercare di carpire le accattivanti offerte sul loro sito, scritto solo in giapponese appunto. È in Queens Parade, 18 Hanger Lane, fermata metro **North Ealing** (se avete amici di Tokyo che possano leggere per voi, www.bell-living.co.uk).

STORIE E PERSONE

Rock around the block. Indirizzo essenziale per la storia del rock britannico il 42a The Broadway, dove era attivo negli anni sessanta l'**Ealing Jazz Club**. Fu il primissimo locale a Londra a proporre serate regolari di rhythm and blues, dal 1962, ponendo di fatto le basi per la nascita della straordinaria scena rock britannica. È in questo locale che dei giovanissimi Mick Jagger e Keith Richard incontrarono Brian Jones, il nucleo di quelli che sarebbero diventati i Rolling Stones. Charlie Watts, loro futuro batterista, era uno degli artisti che regolarmente partecipava alle jam session del sabato, fra cui si cimentava anche uno sconosciuto Rod Stewart. Si esibirono lì anche quelli che poi divennero The Who, ed era frequente vedere esibirsi un promettente Eric Clapton.
E a proposito di storia del rock e di Ealing come "Queen of suburbs", l'**Ealing Art Centre** era frequentato da un talentuoso scolaro di nome Freddie Mercury. Oggi al suo posto c'è il The Red Room club, che è invece un locale di strip tease e che purtroppo non condivide nulla con quel passato così importante nella cultura moderna internazionale. Una targa blu, di quelle poste sui luoghi di rilevanza storica, è stata comunque posta all'esterno, celebrando il 42a The Broadway come il luogo di nascita del british rhythm 'n' blues.

IL MOMENTO MIGLIORE PER...

Sulle note di Händel. Ealing organizza ogni anno nel mese di febbraio l'**Ealing Music and Film Valentine Festival**. È un progetto culturale di spessore internazionale, che vuole coinvolgere non solo gli abitanti locali, ma anche i cittadini provenienti da altri paesi segnando un tracciato che, ed è questa la particolarità, include la partecipazione di giovani artisti emergenti impegnati in performance di danza, musica e cinema (in questa zona sono concentrati diversi studi cinematografici). La manifestazione si svolge nel centro di Ealing, accompagnata dall'orchestra giovanile del quartiere che si esibisce regolarmente sulle note del compositore tedesco G.F. Händel, con fagotti e controfagotti, trombe, tromboni, contrabbassi e timpani, nell'esecuzione del brano "Musica per i reali fuochi d'artificio". **Pete Townshend**, ex chitarrista della band rock inglese The Who, è nato nella vicina Chiswick e ha frequentato le scuole di Ealing. Per questo motivo sono molto frequenti le sue partecipazioni al festival. Ed è sempre qui che **Margot Fonteyn**, una delle ballerine più famose del mondo, nacque e intraprese la sua carriera artistica (www.ealingmusicandfilmfestival.org).

Da segnalare il mercato dell'artigianato **West Ealing Craft Market**, che si tiene il primo sabato del mese presso St James Avenue, stazione National Rail **West Ealing**.

INDIRIZZI PER DIVERTIRSI

Dopo uno spettacolo a The Questors Theatre, passate al vicino **Gravepine Bar**, vibrante ritrovo di artisti.

Al 10 High Street, troverete atmosfera di feste esotiche al **Karma**, club alla moda ambientato in tema marocchino. Fermata metro **Ealing Broadway** (www.karmaealing.com). Ealing è inoltre luogo di festival nei suoi molti spazi, fra i quali festival della birra di inizio luglio, del jazz, dell'opera, del cabaret, del blues.

SPAZIO ALLE CULTURE

Pur non essendo un'area dalla vita notturna frenetica come Central London, a Ealing si trovano locali in cui si suona della buona musica live, così come diversi festival ed eventi culturali ed artistici nell'arco dell'anno. Noi vi segnaliamo **The Questors Theatre**, la compagnia amatoriale più grande d'Europa, con venti spettacoli all'anno e un notevole numero di workshop e iniziative. Fondato nel 1923 da diciassette persone, conta oggi 3000 membri. Spettacoli al 12 Mattock Lane, fermata metro **Ealing Broadway** (www.questors.org.uk).

ARTE E ARCHITETTURE A KM 0

Vicino alla stazione di Ealing Broadway, all'interno di Walpole Park, si trova **Pitzhanger Manor**, un edificio molto bello del 1810 che oggi svolge funzione di museo, di galleria d'arte e di luogo di eventi culturali, conosciuta come **PM Gallery & House**. John Soane, l'architetto che costruì per sé la casa, è autore di importanti edifici a Londra, fra cui la Bank Of England e alcune parti del Palazzo di Westminster. La PM Gallery ne custodisce ed espone disegni originali (www.ealing.gov.uk/info/100009/leisure_and_culture/1753/pitzhanger_manor_house_and_gallery).

A PIEDI NUDI NEL PARCO

Walpole Park è il parco principale di Ealing; il bel parco, oltre a rilassanti distese di verde, ha anche un pittoresco laghetto e un ponte ornamentale disegnato da Soane. È il luogo in cui si svolgono i vari festival che caratterizzano gli eventi all'aperto di Ealing, come il festival della birra, quello dell'opera lirica, quello del cabaret, quelli del jazz e del blues, e il **Global Festival** con musica da tutto il mondo.

WEMBLEY

DA NON PERDERE

Lo stadio di Wembley è indissolubilmente legato alla storia del calcio inglese, essendo lo stadio ufficiale della nazionale di calcio d'Inghilterra. Giocare a Wembley ha sempre il sapore del classico, sfidando sul proprio suolo la nazione che ha inventato il gioco del calcio, davanti al suo pubblico, al cospetto della sua tradizione. Sensazioni rimaste intatte anche dopo il rinnovamento dello stadio, col nuovo **Wembley Stadium** riuscito nell'ardua impresa di sostituire nell'immaginario l'iconica figura di quello vecchio con le due torri, teatro dell'unica vittoria dell'Inghilterra in un mondiale di calcio. I progettisti ci sono riusciti con una nuova immagine iconica e suggestiva, quella dell'enorme arco che sovrasta lo stadio e che si illumina durante gli eventi, tenuto sospeso in diagonale da un complesso di cavi in tensione che sembrano sfidare le leggi di gravità. È un colosso di metallo e vetro che, con i suoi 90.000 posti, è secondo in Europa solo al Camp Nou di Barcellona. Finito nel 2007 e realizzato in cinque anni, ha preso il posto dello stadio precedentemente costruito nel 1923. Le due grandi torri bianche ne caratterizzavano l'aspetto e ne erano l'elemento più riconoscibile. Ai media bastava inquadrare una torre per dire 'Wembley"; sul suo campo pagine e pagine di storia sportiva, culminata per gli inglesi con la vittoria nel Mondiale di calcio del 1966, con la drammatica finale vinta dai padroni di casa ai supplementari per 4-2. Davanti al loro pubblico, sul loro suolo, nel loro tempio, la storia di quello sport sembrava per un attimo essersi compiuta: qui il calcio è nato, e qui le nazioni in cui si è diffuso pagano tributo, con la coppa alzata dall'Inghilterra a Wembley. Quelle alte torri non dominano più il paesaggio, ma adesso lo fa un grande arco bianco, visibile da più parti della città, ed entrato già nell'immaginario di tutti. Fermata metro **Wembley Park** (www.wembleystadium.com).

FAI LA SPESA GIUSTA

Spesa economica a Wembley presso **V B & Sons**, un cash and carry poco pretenzioso ma dagli ottimi prezzi, che ha un po' di tutto ciò che può servire alla spesa di ogni giorno. È al 147 Ealing Road, fermata metro **Alperton**.

Vicinissimo alla fermata metro e stazione Overground **Wembley Central** si trova l'**Anglo Asian Minimart**, al 513 High Road. Il nome lo descrive pienamente, con scelta di prodotti tipici alimentari britannici ma anche asiatici. Percorrendo la stessa High Road troverete decine di altri negozi alimentari, che riflettono anche il carattere multiculturale di Wembley, offrendo sia ingredienti e specialità europee sia asiatiche, africane o caraibiche.

MANGIA BENE E BEVI MEGLIO

La "grande abbuffata", e non ci riferiamo al famoso film di Marco Ferreri del 1973, ma a una grande colazione, la potete consumare al **Golden Café Grill**. Questo è di sicuro il posto giusto: uova e bacon, sandwich farciti, caffè bollente e spremuta d'arancia. I dolci non sono buoni come il salato, del resto un vero breakfast all'inglese non li prevede. Lo trovate al 352 High Road, fermata metro **Wembley Central**.

Il **Peppercorn**, al 14 Empire Way, fermata metro **Wembley Park**, ha un menù ricco di antipasti sfiziosi, zuppe, baguette e dolci. Lo staff è molto gentile e disponibile (www.peppercornuk.com).

Fatevi un giro un po' più lungo dall'uscita della metro Wembley Park all'11 The Broadway, perché c'è **The Coffee Shop** con superbi panini farciti; ma è soprattutto buono per il suo cappuccino, molto italiano.

Il **Sunrise Café**, vicinissimo al The Coffe Shop, sito all'8 The Broadway, prepara gustosi piatti di patate al cartoccio, anche con salsa alla pancetta, e una grande varietà di ricche insalate.

Un ottimo servizio di pizza a domicilio (anche online) è disponibile al **Pizza Delivery London Domino's**, al 418 High Road, fermata metro **Wembley Central** (www.dominos.co.uk).

L'accoglienza è un po' formale ma nel complesso sarete soddisfatti della cucina africana di **Mama Calabar Restaurant**, Dexion House, 2-4 Empire Way. Il menù è ricco e gustoso, propone diversi tipi di carne e pesce innaffiati di salse alle erbe aromatiche con riso Jollof. Forse il servizio si fa un po' desiderare, a volte anche più di 30 minuti, ma è sicuramente un'esperienza culinaria da provare. Prezzi fra le £ 10 e le £ 20. Fermata metro **Wembley Park** (www.mamacalabar.co.uk).

L'ECO DEL RISPARMIO

I designer di Wembley. Wembley è sede del **London Designer Outlet**, un grosso outlet dove si possono trovare le più famose marche e catene delle high street, con riduzioni e sconti anche fino al 70%. L'outlet inoltre propone continuamente offerte speciali e promozioni oppure pasti gratuiti per i bambini in qualcuno dei suoi ristoranti. Un posto certamente da visitare per lo shopping e da tenere d'occhio per qualche ottima occasione di risparmio. È su Wembley Park Boulevard, vicinissimo alla stazione National Rail **Wembley Stadium**, ma facilmente raggiungibile anche dalla fermata metro e stazione Overground **Wembley Central**, e dalla fermata metro **Wembley Park** (www.london-designer-outlet.com).

L'**AllsoThai**, al 15 Empire Parade, Empire Way, è un ristorante dal fascino orientale, molto piccolo ma pulito. Prepara squisite ricette thailandesi e le porzioni sono abbondanti. Fermata metro **Wembley Park** (www.allsothai.co.uk).

E se non siete ancora soddisfatti c'è sempre il **Kebabish**, al 40 Ealing Road, con le sue prelibatezze piccanti: raccomandiamo l'ottimo pollo al curry, anche se un po' caro. Fermata metro **Wembley Central** (www.kebabishoriginal.co.uk).

HOTEL E OSTELLI

Anche qui è presente la catena alberghiera dell'**Hotel Ibis London Wembley**, South Way Wembley, fermata metro **Wembley Park**. È situata in posizione periferica, ma ben servita con i mezzi pubblici. Qualità e prezzo sono imbattibili, a partire da £ 45 (www.ibis.com).

Un po' più centrale l'**Euro Hotel Wembley**, 7 Elm Road, fermata metro **Wembley Central**. Camere pulite e colazione inclusa. Prezzi da £ 54 (www.eurohotelwembley.com).

Due sono gli ostelli che ci hanno convinto, il primo è il **Bridge Park Hotel**, 16 Hillside Wembley, fermata metro **Harlesden**. L'edificio è stato ristrutturato da poco. Servizio di portineria attiva 24 ore al giorno e connessione wi-fi gratuita (www.bridgeparkhotel.co.uk).

L'altro è il **Palmers Lodge Hillspring Hostel**, al 233 Willesden

Lane, fermata metro **Willesden Green**. Prezzi da £ 19 (www.palmerslodges.com/hillspring/hostel).

SHOPPING & BEAUTY

A Wembley, sulla via commerciale di High Road, metro **Wembley Central**, trovate il fornitissimo negozio di prodotti per la bellezza e la salute **Superdrug**, con vasto assortimento di saponi profumatissimi, bagnoschiuma e ottimi trucchi a prezzi molto convenienti. (www.superdrug.com).

Nella stessa via c'è **Wilkinson**, catena di magazzini che offre a prezzi convenientissimi di tutto, dagli oggetti per la casa alla cartoleria, dagli accessori per auto al fai da te, dal cibo ai detersivi, e così via (www.wilko.com).

Anche qui non manca il grande magazzino e outlet **TKMaxx**. Lo trovate a Central Square. Con poche sterline potete trovare un particolare capo di abbigliamento o un accessorio originale, anche di marca. Oppure potreste orientarvi verso un giocattolo o un bell'oggetto per la casa (www.tkmaxx.com).

INDIRIZZI PER DIVERTIRSI

Salotto arredato in stile old english, con poltrone e divani dai toni caldi (in alcuni punti un po' sbiaditi), **The Liquor Station**, al 397a High Road, è specializzato nella preparazione dei drink che hanno fatto la storia dei cocktail. Ovviamente c'è anche la buona cucina, che non è male, ma i cocktail della casa sono veramente imbattibili. Fermata metro **Wembley Central** (www.theliquorstation.co.uk).

SPAZIO ALLE CULTURE

A luglio si celebra il **Brent Dance Month**, un mese totalmente dedicato a tutte le forme del ballo e della danza in tutta l'area del Brent di cui Wembley è parte. Si susseguono decine di eventi con il coinvolgimento gratuito di grandi e piccini, con spettacoli e workshop di street dance, di balli popolari, dance music o danze tradizionali. Divertimento assicurato per tutti, lasciandosi trascinare dai ritmi e coinvolgere nei balli (www.brent.gov.uk/dancemonth).

I grandi eventi. Wembley risuona sempre come un nome che richiama grandi eventi, e non solo in ambito sportivo. Lo stadio di Wembley, in entrambe le sue incarnazioni, è stato teatro di concerti ed eventi musicali epici, talvolta persino storici, diversi dei quali immortalati anche in video e film musicali. Su tutti il più immemorabile è senz'altro il **Live Aid** del 1984, il super concerto e maratona di solidarietà, organizzato da Bob Geldof in supporto della popolazione etiope in preda a una terribile carestia. Con un evento simultaneo anche a Philadelphia negli USA, sul palco di Wembley si esibirono fra gli altri David Bowie, i Queen, gli U2, i Simple Minds, Paul McCartney, Elton John, The Who, i Dire Straits. Phil Collins impressionò la stampa suonando a Londra e poi, salendo a bordo di un Concorde, proiettandosi a suonare anche al concerto di Philadelphia. Il che ne fa non solo un eroe musicale, ma addirittura l'eroe musicale dei due mondi. Il vecchio stadio è protagonista con i Queen del loro video e album **Queen At Wembley**, apoteosi del loro Magic Tour del 1986. Michael Jackson detiene il primato di quindici concerti a Wembley (fra cui 5 sold out di fila); anche Madonna è un'habituée con le sue nove presenze, al pari degli U2. I Pink Floyd, per le due date del 1988, aggiunsero atmosfera drammatica utilizzando i fari della contraerea della Seconda guerra mondiale per accompagnare il cammino dei fan al di fuori dello stadio, e nel 2013 (nel nuovo stadio) il loro ex collega e leader Roger Waters vi ha eretto il suo impressionante muro per la rappresentazione live di "The Wall" (www.wembleystadium.com). Proprio accanto allo stadio c'è la più piccola **Wembley Arena**, ribattezzata da giugno 2014 **SSE Arena**; certo, piccola rispetto al colosso che si ritrova a fianco, ma con i suoi 12.500 posti è pur sempre una delle più grandi arene di Londra al chiuso, dopo l'O2 e l'Earl's Court. Fu concepita come piscina in occasione dei Giochi dell'Impero del 1934, e come piscina fu usata nelle Olimpiadi del 1948. Nelle Olimpiadi del 2012 ospitò invece la pallavolo. I concerti sono gli eventi più ricorrenti, con molti dei più grandi nomi della musica rock e pop passati per l'Arena. Ammodernata durante la rigenerazione dell'area e la costruzione del nuovo stadio, fu riaperta al pubblico nel 2006 con il concerto dei Depeche Mode (www.ssearena.co.uk).

HARROW

DA NON PERDERE

Il quartiere/città di Harrow parte da Ealing e Wembley, estendendosi verso nord e nord-ovest. Appartiene alla fascia più esterna di Londra, ma ha il privilegio di essere ottimamente connessa al centro di Londra da servizi frequenti e veloci e da un discreto numero di stazioni e linee della metropolitana presenti sul suo territorio, invidiabile per una zona non centrale.

Il paesaggio di Harrow è dominato dalla collina di **Harrow On The Hill**, un pittoresco villaggio da cui si gode uno sbalorditivo panorama su Londra che arriva fino ai grattacieli di Canary Wharf, e il cui cuore pulsante è la **Harrow School**, una delle scuole più prestigiose del Regno Unito, che annovera fra i suoi alunni figure diventate di primo piano nella classe dirigente britannica e internazionale, fra cui Winston Churchill, o della cultura, come Lord Byron.

Sulla sommità della collina si erge la **St Mary's Church**. Vicino alla chiesa c'è una piccola terrazza panoramica verso ovest e una panchina, accanto alla quale un'iscrizione recita che quello era il punto preferito di Lord Byron durante la sua permanenza ad Harrow.

Prove storiche evidenziano la presenza di una struttura scolastica già dal 1243, ma la fondazione ufficiale dell'attuale Harrow School è del 1572. Frequentata nel tempo anche da membri della famiglia reale, è una delle quattro rimanenti scuole solo maschili nelle quali studenti e insegnanti vivono, oltre a studiarvi e a lavorarvi, come accade a Eton College, Radley College e Winchester College, con i quali si contende anche il prestigio. Tradizionale in tutto, l'uniforme degli studenti sembra immutata da 100 anni, corredata da un cappello piatto di paglia come quello di Buster Keaton. Aggiornatissimo però il prezzo degli studi: la retta della scuola, che dura cinque anni, ammonta alla bellezza di £ 33.000, circa 40.000 euro all'anno!

FAI LA SPESA GIUSTA

Harrow ha una popolazione molto variegata, con la maggiore varietà di religioni di tutto il Regno Unito. Secondo un sondaggio del comune, infatti, se due persone di Harrow sconosciute fra loro si incontrano, c'è un 62% di probabilità che siano di religione diversa. Questo si riflette anche nei negozi locali: le vie principali, come per esempio Staton Road ad Harrow (fermata metro **Harrow On The Hill**) e Northolt Road a South Harrow (fermata metro **South Harrow**), sono un susseguirsi di negozietti che spaziano dagli alimentari turchi alle pasticcerie e negozi di gastronomia indiani, dai panifici afghani a una miriade di negozi polacchi e dell'Est Europa.

Al 13 Northold Road a South Harrow si affaccia il mercatino al coperto di **South Harrow Market**, dove si trova di tutto per gli oggetti di uso quotidiano, per la casa, accessori, fiorai, cibi etnici, caffè vegetariano e tanto altro. Aperto da lunedì a sabato fino alle 19 (www.southharrowmarket.co.uk).

Natraj Food si trova sia al 359 di Station Road ad Harrow sia al 341 South Harrow; deliziose specialità nord indiane e bengalesi dolci e salate, con prezzi a partire anche da £ 2,99. Fermata metro **South Harrow** (www.natrajfood.co.uk).

MANGIA BENE E BEVI MEGLIO

Jaflong, al 299 di Northolt Road, è un ristorante indiano di ottima qualità: a dimostrarlo è l'assidua e affezionata frequentazione da parte di famiglie delle comunità sud asiatiche, che di quei piatti se ne intendono. I prezzi sono competitivi e i sapori davvero ottimi, corredati da un servizio sempre cortese e accogliente. La domenica fanno inoltre pranzo a buffet, per cui pagando un fisso di £ 10 ci si può riempire il piatto quanto si vuole per tutte le volte che si vuole. Ideale per chi desidera esplorarne i sapori provandoli tutti. E per chi ha molto appetito. Fermata metro **South Harrow** (www.jaflongrestaurant.com).

Kebabland è ad Harrow di fronte alla fermata metro di **Harrow On The Hill**, al 36 College Road. Oltre a essere un take away di kebab, ha accanto una sala ristorante nella quale accomodarsi per gustare piatti più complessi e abbondanti. Buoni prezzi e soprattutto buona qualità: le loro carni alla griglia sono fra le più saporite della zona (www.kebablanduk.co.uk).

Taste Of Lahore, 251 Station Road, è un altro negozio di kebab, che dispone di tavoli per sedersi, ma a differenza dei tipici kebab di tradizione mediterranea questi sono preparati con spezie, marinature e salse asiatiche, che ne arricchiscono e distinguono il sapore. Il pane stesso non è il tipico *pitta bread* dei kebab preconfezionati, ma un pane infornato al momento dell'ordine, morbido e saporitissimo. Prezzi da poche sterline per i kebab più semplici a meno di £ 6 per il super kebab con agnello marinato, pollo in salsa tikka, agnello macinato e speziato, insalata, salse e pane. Fermata metro **Harrow On The Hill** (www.tasteoflahore.co.uk).

Nel graziosissimo ed elegante Pinner Village il ristorante **Friends**, al 11 High Street, offre una bella atmosfera, con il suo aspetto da cottage antico e la sua raffinata cucina. Ottime offerte infrasettimanali a pranzo, come quella che prevede 3 portate a £ 15 o 2 portate a £ 12,50. E che portate! Antipasti con salmone o anatra, piatti a base di trota o pollo con chorizo spagnolo, risotto al forno e dolce. Si trova a un paio di minuti dalla fermata metro **Pinner** (www.friendsrestaurant.co.uk).

Prezzi un po' più alti ma alta scuola di cucina all'**Old Etonian** di Harrow On The Hill; posizionato sull'elegante collina e con tanto di terrazza panoramica nella direzione che anche Lord Byron amava ammirare, questo ristorante serve raffinata cucina francese. Al piano superiore è anche un grazioso alberghetto. Fermata metro **Harrow on The Hill** (www.oldetonian.com).

HOTEL E OSTELLI

Non ci sono ostelli ad Harrow, ma si trovano alberghi e bed and breakfast dai prezzi tutto sommato contenuti e sufficientemente confortevoli. L'**Hindes Hotel** al 6-8 Hindes Road, ricavato nelle tipiche case della zona, ha più l'aria di una casetta che di un hotel.

IL MOMENTO MIGLIORE PER...

Studi aperti degli artisti. Ogni anno ad Harrow si organizza l'**Harrow Open Studios**, una celebrazione dell'arte e della creatività locale in cui gli artisti di Harrow aprono le porte dei loro studi e laboratori, ricevendo al proprio indirizzo visitatori interessati alla loro arte e a impararne le tecniche, i materiali, a farsi raccontare direttamente dagli autori la loro ispirazione, i loro riferimenti. Programmi, studi e itinerari disponibili sul sito (www.harrowopenstudios.com).

Prezzi a partire da £ 39 per una singola senza bagno in camera e £ 49 con bagno; doppia con bagno £ 59 (www.hindeshotel.com).

La **Rhonda House** al 16 Harrow View parte da £ 39 per una singola e £ 55 per una doppia (www.rhonddahouse.com), simile alle £ 38 di partenza del **Kempsford House Hotel**, 21-23 St John's Road. Fermata metro **Harrow On The Hill**.

Graziosissimo il **Crescent Hotel** con la sua aria da casetta con giardino, al 58-62 Welldon Crescent. Tutti questi alberghi sono attorno alla fermata metro **Harrow On The Hill**, e vicini all'area commerciale di Harrow con due shopping centre e vari negozi (www.crescenthotels.co.uk).

SHOPPING & BEAUTY

Il centro di Harrow è caratterizzato da due shopping centre vicini fra loro, con una via pedonale commerciale costellata di negozi. Al **St Ann's Shopping Centre**, situato di fronte alla fermata metro **Harrow On The Hill**, si distingue **Tiger**, che ha prezzi molto bassi e prodotti originalissimi e spesso divertenti. Ricco di idee regalo, ha anche utili reparti di cartoleria, utensili, oggetti da cucina, e anche una piccola sezione alimentare di spezie, biscotti e cioccolata (www.stannsshopping.co.uk).

Al vicino **St George Shopping Centre**, l'outlet **TK Maxx** offre abbigliamento e articoli di marca a prezzi scontatissimi (www.stgeorgesshopping.co.uk).

La cartolibreria **The Works** al 29 St Ann's Road, la via pedonale dello shopping, offre libri, cartoleria, attrezzature per l'arte e per il disegno, prodotti educativi e giocattoli, il tutto in stato di perenne super-sconto. Libroni con prezzi di copertina di £ 15 a £ 4,99, a volte a £ 1,99. E, con sorpresa, i libri in inglese di Andrea Camilleri sul commissario Montalbano offerti a £ 5 (www.theworks.co.uk).

Molto grazioso, **Little Willows**, 9 High Street in Pinner Village; oltre a produrre giocattoli personalizzati invitano a portare tazze che si vorrebbero dipingere; lo staff aiuta nella realizzazione e informa l'oggetto, consegnandolo poi pronto. Questo giocoso e creativo servizio costa £ 7. Fermata metro **Pinner** (www.little-willows.co.uk).

STORIE E PERSONE

Rock around the block. L'insospettabile **Hatch End**, piccola e quieta frazione di Harrow che si immagina lontana dagli stereotipi del rock 'n' roll, è invece legata ad alcuni personaggi significativi della scena musicale britannica. Richard Wright, tastierista dei Pink Floyd, ha trascorso la sua infanzia in quel di Hatch End; Roger Glover, dei Deep Purple, iniziò la sua carriera musicale con una band locale e Rod Stewart ha qualche casa da queste parti. Simon Le Bon dei Duran Duran ed Elton John hanno frequentato (in anni diversi ovviamente) la stessa Pinner Grammar School, sempre qui nei paraggi.

INDIRIZZI PER DIVERTIRSI

Harrow è nota soprattutto per la sua tranquillità, sia intesa come poca frenesia sia nel senso di sicurezza generale, avendo uno dei tassi di criminalità più bassi di tutta Londra, al pari più o meno della ricca e pacifica Richmond. Pur nella sua pacatezza Harrow si concede serate di musica alternativa e indie live, djset rock e club al **Trinity Bar**, che con il suo carattere ribelle, animato e musicale sembra un piccolo angolo allegramente chiassoso di Camden al centro della silenziosa Harrow. È al 378-380 Station Road, a un paio di minuti dalla fermata metro **Harrow On The Hill** (www.trinity-bar.com).

SPAZIO ALLE CULTURE

L'**Usurp Gallery**, al 140 Vaughan Road, si trova nei pressi delle fermate metro **West Harrow** o **Harrow On The Hill**. Si tratta della prima galleria d'arte di Harrow a essere gestita direttamente da artisti ed è nata con lo scopo di promuove il talento e la creatività locale e di superare tramite l'arte barriere e discriminazioni (www.usurp.org.uk).

Il bellissimo edificio dell'**Harrow Art Centre** è uno dei maggiori centri culturali dell'area. Qui si tengono a seconda dei momento eventi, mostre, rappresentazioni, workshop e proiezioni; si trova a Hatch End in Uxbridge Road, stazione Overground **Hatch End** (www.harrowarts.com).

A PIEDI NUDI NEL PARCO

Il vasto territorio di Harrow, che include diversi distretti, ha diversi parchi. Quello principale di Harrow Town vicino al centro cittadino e all'area commerciale è l'**Harrow Recreational Ground**; dotato di ampio spazio verde ha anche un campo di cricket, un campo di basket e dei campi da tennis, L'uso dei campi è assolutamente libero e gratuito (www.ealingmusicandfilmfestival.org).

IN FORMA

Per tutte le ragazze, donne o signore over 16, all'**Harrow Leisure Centre** di Harrow si tiene il **Back 2 Netball**, una campagna nazionale di "gentile reintroduzione" (come lo descrivono gli organizzatori in modo molto anglosassone) allo sport della pallavolo. Ogni sessione costa solo £ 3, ed è certamente una grande occasione di divertimento, di sport e gioco, di socializzazione e, da non sottovalutare, di praticare il nostro inglese interagendo in attività sociali e della comunità. Il sabato invece sessioni di pallavolo per tutti, con i bambini dalle 9.30 alle 10 per £ 1 e gli adulti dalle 10 alle 11 per £ 2. Allo stesso modo avvengono sessioni di basket, ping pong e tante altre attività, incluso il ballo (www.englandnetball.co.uk e www.everyoneactive.com/Centre/Harrow-Leisure-Centre/98/Activities).

7 NORTH LONDON

LONDON AT A GLANCE. Dal nucleo originario a ridosso del Tamigi presso l'odierna City, Londra si è andata nel tempo espandendo sia a nord sia a sud del fiume, e a nord è andata arrampicandosi su aree collinari come quelle che corrispondono oggi a **Muswell Hill**, al parco di **Hampstead Heath** e all'**Alexandra Palace**. Dal Parlamentary Hill Fields nel parco di Hampstead Heath si gode di un panorama straordinario sul centro di Londra, e da un'elevazione di circa 98 metri si vedono i principali *landmarks* della città. Una vista simile è offerta anche dalla terrazza che circonda l'Alexandra Palace; entrambi gli scenari, in direzione della St Paul's Cathedral e di altri edifici rilevanti, sono tutelati dal piano urbanistico come *protected views* da cui Londra offre gratuitamente uno dei suoi spettacoli più belli.

HAMPSTEAD, HIGHGATE, MUSWELL HILL, ALEXANDRA PALACE, FINSBURY PARK, HARRINGAY

DA NON PERDERE

Avete voglia di un po' di romanticismo retrò? La **Hampstead Pergola** è il luogo adatto. Nel 1904 Lord Leverhulme acquistò una proprietà chiamata The Hill (il colle) che con il tempo venne ampliata e, con l'aiuto di Thomas Mawson, noto architetto paesaggista, divenne luogo per stravaganti feste in giardino di stile edoardiano in sintonia con lo spirito dei tempi. Con la morte di Lord Leverhulme questo luogo andò purtroppo in declino, e solo in alcuni punti si poteva riconoscere l'antico splendore. I recenti restauri, anche se non hanno riportato la proprietà agli antichi fasti, le hanno fatto guadagnare un'atmosfera più calda. Il lungo balcone, rialzato rispetto al livello del giardino, con una splendida vista panoramica su Harrow, ci riporta alla old England dei film di James Ivory. Non mancano gli uccelli esotici, caratteristica attrazione del parco. Fermate metro **Golders Green** e **Hampstead** (www.hampsteadheath.net).

FAI LA SPESA GIUSTA

Tutti i sabati mattina dalle 10 alle 15 nel parco di Alexandra Palace prende il via il **farmer's market** con i suoi prodotti biologici: circa il 90% delle specialità alimentari è appena preparato. Ottima è la distribuzione di carni, salsicce e pesce fresco; per completare, contorni di verdure. Si può inoltre acquistare frutta, crêpes dolci o salate, panini appena imburrati, dolci fatti in casa, marmellate e biscotti. La scelta di vini biologici è notevole così come quella di olio di oliva e di diversi tipi di aceto, impreziositi di mosti cotti. Ogni settimana oltre cinquanta produttori vi espongono la propria merce, e tanti sono i clienti entusiasti che frequentano con una certa regolarità lo spazio all'aperto. I prezzi sono convenienti, semplicemente perché si tratta di alimenti venduti direttamente dall'agricoltore o dall'allevatore. Alexandra Palace Way, fermata metro **Wood Green** e poi bus W3, o dalla stazione National Rail **Alexandra Palace** (www.alexandrapalace.com/farmers-market-2).

Per gli amanti del pesce la **Walter Purkis & Sons** è una pescheria indipendente a gestione familiare, aperta più di 45 anni fa, con sedi al 52 Muswell Hill Broadway e a Crouch End, al 17 The Broadway.

IL MOMENTO MIGLIORE PER...

Fiera in piazza. Ogni anno in Pond Square, nel vilaggio di Highgate, si tiene a metà giugno la bella festa dell'**Highgate's Fair In The Square**. È una festa di piazza gratuita, con concerti di musica dal vivo, bancarelle e giochi per bambini, gruppi corali e di danza. Il Country Fair esibisce le professionalità dei produttori locali, come una vera e propria sagra contadina, che vede partecipi persino delle autentiche pecore. Una divertente e colorata sagra paesana a qualche fermata di metro dal centro di una megalopoli... Londra è anche questo, come si fa a non amarla (www.fairinthesquare.co.uk)?

Specializzati in pesce atlantico proveniente dal Devon e dalla Cornovaglia, hanno una preferenza per il pescato in mare aperto, anziché ricorrere al pesce da allevamento. Stazione Overground **Crouch Hill** (www.purkisfishmongers.homestead.com).

The Hampstead Butcher & Providore è una buona bottega di carni di Hampstead, al 56 Rosslyn Hill, che è anche delicatessen, salumeria e negozio di generi alimentari. Fermata metro **Hampstead** (www.hampsteadbutcher.com).

Più da golosoni la **Louis Patisserie**, al 32 Heath Street, sempre ad Hampstead, pasticceria ungherese che propone una varietà di dolci e snack assortiti, sia da consumare sul posto sia da portare via.

MANGIA BENE E BEVI MEGLIO

Situato nella stessa via, al North End Way, **The Old Bull & Bush**, al North End Way, ha una bella e grande terrazza immersa nel verde e vi si mangia bene spendendo poche sterline. Propone menù a prezzo fisso oppure buffet a volontà per £ 12,50. Se avete fame, perché non concedersi e andare per tre portate a sole £ 15,50? Fermate metro **Golders Green** o **Hampstead** (www.thebullandbush.co.uk).

Al numero 101 Myddleton Rd, fermata metro **Bounds Green**, c'è **The Step**, dove potrete gustare dell'ottimo pie inglese – soprattutto di sera – davanti a un concerto live (www.thestep.co.uk).

I piatti tipici della cucina giapponese al ristorante **Jin Kichi**, al 73 Heat Street, fermata metro **Hampstead**, sono veramente deliziosi.

C'è anche il servizio di cibo da asporto. I prezzi variano da £ 7 a £ 15. Fate però attenzione a non incappare nella pagina del menù più caro, dove si arriva a spendere anche £ 50 a portata (www.jinkichi.com).

Da segnalare anche il ristorante **Czechoslovak** al 74 West End Lane, fermata metro **West Heampstead**: vi regala mix di colori e sapori utilizzati per preparare piatti tipici cechi e slovacchi. I prezzi si aggirano attorno dalle £ 8 alle £ 13 (www.czechoslovak-restaurant.co.uk).

Non lontano e sempre ad Hampstead, al 107-111 Heath Street, troviamo il ristorante **La Gaffe**. Ricavato in un cottage settecentesco e con un occhio di riguardo alla cucina italiana, serve ottimi pasti con piatti principali fra le £ 6 e le £ 10. Il locale è inoltre anche hotel, con stanze singole a partire da £ 75 (www.lagaffe.co.uk).

Chi preferisce invece una dieta vegetariana può trovare il **Woodlands** al 102 Heat Street; cucina indiana di qualità con gustose alternative ai piatti a base di carne, e prezzi per i piatti principali che partono da £ 6. Fermata metro **Hampstead** (www.woodlandsrestaurant.co.uk).

Volendosi invece attenere alla tradizione britannica ci si può portare al 30 Well Walk, fermata metro **Hampstead**, dove il **Wells Tavern** è un accogliente gastropub in cui si possono trovare le tipiche specialità inglesi come *sausage and mash* (salsiccia e purè), carni arrostite e il tipico assortimento di pub food. Il locale è molto bello, in un edificio storico, e il cibo è di qualità; durante la settimana è un po' caruccio, ma la domenica offre un delizioso menù di *sunday roast* all'ottimo prezzo di £ 7,50 (www.thewellshampstead.co.uk).

Un locale degno di nota con specialità della cucina turca è il **Gokyuzu Restaurant**, al 26-27 Grand Parad. Tutte le carni del menù, in particolare il pollo e l'agnello, sono buone. Gli antipasti e i contorni, la crema di hummus e le verdure miste, farebbero resuscitare i morti. Si mangia su grandi tavoli di legno. Il servizio è buono e veloce. Consigliato a famiglie con figli. Stazione Overground **Haringey Green Lanes** (www.gokyuzurestaurant.co.uk).

Al 268 The Roundway, il **Mint Leaf Curry House** offre i piatti più noti della cucina indiana, ma solo in versione take away o con consegna a domicilio gratuita. Prezzi molto economici a partire da £ 2. È aperto da domenica a giovedì dalle 17 alle 23.30, e da venerdì a sabato dalle 17 alle 24 (www.mintleaftakeaway.co.uk).

STORIE E PERSONE

Londra da brivido. La vecchia Inghilterra ha una certa reputazione fra gli appassionati di mistero e di storie sul paranormale. Londra non fa eccezione, con la sua storia, con i suoi edifici e i suoi luoghi. Negli anni Settanta esplose un caso mediatico intorno al **Vampiro di Highgate**. Verso la fine degli anni Sessanta si diffuse la voce popolare che qualche strana presenza aleggiasse attorno al cimitero di Highgate; nel dicembre 1969 David Farrant vi volle trascorrere anche la notte, e riportò di avere visto una misteriosa figura grigia. Scrisse al giornale locale chiedendo se altri avessero notato qualcosa, e di lì a poco giunsero segnalazioni di figure sinistre, ciclisti fantasma, forme fluttuanti, dame bianche e pallide. Sean Manchester, che come Farrant investigava sui presunti fenomeni di Highgate, aggiunse una sua ricostruzione storica di un tale nobile (praticante di magia nera) originario della Romania e defunto, portato da parenti londinesi a continuare il suo lungo riposo nell'area che diventò il cimitero di Highgate. La storia riportata da Manchester accese la caccia al **vampiro** degli anni Settanta, che vide pellegrinaggi di appassionati, segnalazioni di ogni tipo, febbri da vampiro, tentativi di esorcismo e alimentò storie fantastiche. Farrant e Manchester divennero persino antagonisti nei loro racconti e nelle loro ricerche; pian piano i riflettori sulla storia si spensero, e alla fine nell'area nessuno sembra mai avere lamentato morsi sul collo. Nel dubbio però, se dovesse capitare di trovarsi da quelle parti la sera, meglio avere con sé dell'aglio.

Qualora si facesse sentire la nostalgia dei sapori di casa, o semplicemente desideraste un'ottima pizza cucinata a dovere in un forno a legna, la pizzeria **Pappagone** a Finsbury Park è un ottimo riferimento gastronomico per i nostri connazionali a nord di Londra, al 131 Stroud Green Road, fermata metro **Finsbury Park** (www.pizzeriapappagone.co.uk).

Per chi invece nella stessa area volesse optare per la cucina giapponese c'è il ristorante **Dotori**, con piatti che partono anche da £ 3,50. È nella stessa Stroud Green Road, al civico 3.

Pur senza forno a legna, pizze molto buone e cucina italiana al ristorante **La Porchetta** di Muswell Hill al 265, fermata metro **Highgate** e poi 10 minuti con il bus 43 (in direzione Muswel Hill); sulla stessa via, al civico 1, si trova **Gelato Mio** per gustare un gelato all'italiana in una grande varietà di gusti (www.gelatomio.co.uk/muswell_hill.shtml).

HOTEL E OSTELLI

Il **Queens Hotel**, al 33 Anson Road, fermata metro **Tufnell Park**, si trova in un'ottima posizione. Le camere sono pulite e in ogni stanza c'è un bollitore con bustine di tè e caffè istantaneo. Connessione wi-fi gratuita. I prezzi partono dalle £ 44 (www.queenshotellondon.co.uk).

Se siete alla ricerca di un albergo a buon prezzo c'è l'**Amhurst Hotel** al 45/47 Amhurst Park, con camere semplici e pulite e prezzi che partono da £ 35. Stazione National Rail **Stamford Hill**, Overground **South Tottenham**, fermata metro **Manor House** (www.amhursthotel.co.uk).

Il **Beaconsfield Hotel**, è una palazzina costruita nel XX secolo sita al 359 Green Lanes, dove ci sono camere climatizzate con connessione wi-fi gratuita. Prezzi a partire da £ 50, stazione Overground **Haringey Green Lanes** (www.beaconsfieldhotel.com).

Poco più avanti, vicino al Finsbury Park, il **Queens Drive Hotel**, al 169 Queens Drive, fermata metro **Finsbury Park**, offre camere luminose e bagni moderni, con tariffe che partono da £ 53 (www.queensdrivehotel.co.uk).

Una valida alternativa è il **Peambury Hotel**, 326/328 Seven Sisters Road, dove la colazione è inclusa nel prezzo e la connessione wi-fi è gratuita. Prezzi da £ 56. Fermate metro **Finsbury Park** o **Manor House** (www.thepemburylondon.com).

A prezzi leggermente superiori, fra £ 54 e £ 137,50, il **Raglan Hotel** al 8-12 Queens Ave, fermata metro **Highate** e poi bus 43, può essere una buona scelta per gustarsi una zona graziosa, tranquilla e piacevole, vicina alle aree panoramiche (www.raglanhall.com).

The Old Crown Inn, bed and breakfast di Highgate al 90 Highgate Hill, presenta tariffe da £ 40 a £ 110, per una qualità generale buona, e una location ottima come la graziosa Highgate. Fermata metro **Highgate** (www.theoldcrownhighgate.co.uk).

I **Crompton Court Apartments**, nei pressi dell'Alexandra Palace al 120-128 Mayes Road, e con prezzi a partire da £ 102, rappresentano una buona soluzione per le famiglie o per gli amanti dell'autonomia; si tratta di piccoli appartamenti con uso di cucina e servizi, a qualche minuto dalla fermata metro **Wood Green** e dalla stazione National Rail **Alexandra Palace** (www.cromptoncourt.co.uk).

SHOPPING & BEAUTY

Anche a nord di Londra ci sono centri commerciali, come è tipico delle zone suburbane. Il **Brent Cross Shopping Centre** è stato il primo edificio nel Regno Unito adibito a shopping centre come lo intendiamo oggi, aperto nel 1976. Al suo interno si possono trovare i negozi dei famosi brand delle high street, un Apple store e le catene della tecnologia, oltre a ristoranti, caffetterie e gastronomia. Fra gli altri troverete **Fenwick**, un grande magazzino che spazia dalla moda per tutti i prezzi agli articoli per la casa.

Gli è simile ed è pure qui presente **John Lewis**, che rispetto a magazzini concorrenti può essere un po' più caro, ma garantisce una maggiore qualità dei prodotti.

Fra i più interessanti **The Body Shop** e **Lush**, per la cura della bellezza sia nostra sia dell'ambiente e il bellissimo e divertente spazio per bambini **Topsy**. È in Prince Charles Drive, Hendon, fermata metro **Brent Cross** (www.brentcross.co.uk).

The Mall Wood Green è l'area commerciale di Wood Green, che si estende dal 159 High Road; anch'essa ospita diverse catene e negozi di vario tipo, oltre a un grande cinema della Vue; ma più che come un singolo Shopping Centre si è andato sviluppando ed evolvendo come un agglomerato commerciale urbano. Disponibili anche qui utili servizi, oltre allo shopping. Fermata metro **Wood Green** (www.themall.co.uk/wood-green).

Per chi volesse spingersi un po' più a nord nella tranquilla e gradevole area di Barnet, troverà al 111 High Street il **The Spires Shopping Centre**, che ha un aspetto del tutto particolare e che prende il suo nome dalla presenza delle due torri di un'ex chiesa metodista; se un centro commerciale vuole essere una sorta di tempio dello shopping, questo intende farsi prendere davvero sul serio. Fra i negozi l'economico **The Works**, per libri, cartoleria, giocattoli, materiali artistici, e il curioso **Famous Memorabilia**, per accaniti cacciatori di autografi o di oggetti associati alle celebrità. Fermata metro **High Barnet** (www.thespiresbarnet.co.uk).

Il mercoledì e il sabato in zona si tiene anche il **Barnet Market**, al 5 St Albans Road. Fermata metro **High Barnet**.

INDIRIZZI PER DIVERTIRSI

The Salisbury Hotel, al civico 1 Grand Parade, è un edificio storico costruito su più livelli, risalente alla fine del XIX secolo. Luogo di ritrovo per molti inglesi, ricco di riferimenti storici e culturali, nonché nota location per film e serie tv. La cucina non è un granché, ma il punto forte è sicuramente la ricca selezione di birre artigianali, sia alla spina sia in bottiglia. Vale comunque la pena di provare. Nel caso non riusciate ad andarvene per la golosità delle birre, sappiate che una pinta di birra corrisponde a poco più di mezzo litro. Se ci tenete alla vostra salute – sappiamo benissimo che la tentazione è forte – non eccedete troppo. Infine, per chi soggiorna nel quartiere, in programma tutti i lunedì e mercoledì sera gioco a quiz o poker. Stazione Overground **Haringey Green Lanes** o National Rail **Haringey**.

Ma la notte può essere ancora lunga, e nell'area di Islington si trova l'**Union Chapel**, all'1 Comtpon Terrace, fermata metro **Highbury & Islington**. La particolarità di questo posto è che si tratta di una chiesa, intesa come luogo dei cristiani "timorati di Dio". E invece no, perché l'Union Chapel (Unione degli anglicani evangelici anticonformisti) è un luogo di preghiera, che però di notte si trasforma in un centro di musica live tra i più apprezzati a Londra. La pianta ottagonale e la struttura architettonica della chiesa sono

L'ECO DEL RISPARMIO

Tutto a £ 1. Un negozio dove tutto, ma proprio tutto, costa £ 1, è **Poundland**, mentre per acquistare qualsiasi oggetto a soli 99 pences c'è il **99p Stores**. La scelta è ampia e ovviamente anche la diversità per qualità dei prodotti: si va dagli articoli per la toilette agli alimentari (per la verità limitati). Accanto a prodotti di seconda scelta ci sono anche marchi famosi, altrimenti difficili da trovare a questi prezzi. Il primo lo trovate a Unit 5 Arena Shopping Park, Haringey, Greater London, fermata metro **Manor House** o **Turnpike Lane** (www.poundland.co.uk), il secondo al 67-83 Seven Sisters Rd, fermata metro **Arsenal** o **Finsbury Park** (www.99pstoresltd.comNorthLondon.doc).

STORIE E PERSONE

Working class boy. Un ragazzo della classe operaia inglese? Così si definisce **John Joseph Lydon** (Johnny Rotten "il marcio"), l'ex leader della punk rock band dei Sex Pistols e del gruppo Public Image Ltd. E proprio vicino a Finsbury Park, tra i quartieri di Haringey e Islington, al 6 Acres Estate, è cresciuto John Lydon, compagno di merende di **John Simon Ritchie** (Sid Vicious), che lo stesso Lydon, qualche anno più tardi, imporrà al gruppo come successore di Glen Matlock, bassista uscente dalla prima formazione nel 1975 insieme a Steve Jones e Paul Cook. I due giovani si conobbero da bambini e diventarono amici da ragazzi. Avendo lasciato la scuola troppo presto, trascorrevano il loro tempo suonando per le vie di Londra, sperando di racimolare qualche soldo e frequentando la King's Road, dove, nel negozio più glamour del momento, **Let it Rock**, si potevano acquistare gli abiti più strani; non a caso la stilista era Vivienne Westwood. Il negozio era di proprietà di Malcolm McLaren e i Sex Pistols nasceranno da una sua intuizione musicale e di costume; Mc Laren ne sarà il manager. La band inglese smise di suonare nel 1979 con Johnny Rotten che aveva già lasciato il gruppo l'anno prima, e Sid Vicious che morì di overdose in un anonimo albergo di New York.

---

vittoriane, con elementi decorativi fortemente gotici. L'enorme complesso ospita mostre temporanee, concerti, show, cabaret, eventi di ogni genere, poiché l'obiettivo iniziale è stato quello di trasformare questo spazio in un centro creativo al servizio del cittadino. Compton Avenue, Islington (www.unionchapel.org.uk).

Vicino alla Union Chapel e quasi di fronte alla stazione metro di **Highbury & Islington** c'è il **The Garage**, luogo di concerti di ottimo livello anche di artisti affermati, e di serate club con dj di richiamo. 20-22 Highbury Crescent (www.mamacolive.com/thegarage).

Un pub dall'atmosfera molto speciale è lo **Spaniard's Inn**, in Spaniard Road, fermata metro **Hampstead**; è una vera e propria capsula del tempo al cui interno, grazie alla particolare atmosfera, ci si trova proiettati all'epoca della sua fondazione nel 1585. È celebre per essere stato rifugio preferito del fuorilegge Dick Turpin fra una razzia e l'altra, nonché frequentato nel tempo anche da ospiti illustri come Dickens, Keats, Byron e Shelley (www.thespaniardshampstead.co.uk).

ARTE E ARCHITETTURE A KM 0

Ad Hampstead si trovano diversi edifici storici, case museo con collezioni d'arte o legate a personaggi illustri. La **Kenwood House** è un edificio settecentesco che si trova nel parco di Hampstead Heath; oltre al bell'esempio di XVIII secolo inglese con la quale è stata rimodellata fra il 1764 e il 1779, è celebre anche per la collezione d'arte che ospita, fra gli altri, dipinti di Turner, Rembrandt, Van Dyck e Gainsborough, oltre a manufatti d'epoca. È visitabile tutti i giorni fra le 10 e le 18 **gratuitamente**. Stazioni Overground **Gospel Oak** o **Hampstead Heat**, fermate metro **Golders Green** o **Archway** e poi il bus 210 (www.english-heritage.org.uk/Kenwood).

Al 10 Keats Grove si trova la **casa** del poeta romantico **John Keats**, che qui vi abitò fra il 1818 e il 1820, e nel cui giardino pare che sia stata composta *Ode To A Nightingale*. Fanny Browne, di cui Keats si innamorò, abitava nella casa accanto. Nel museo allestito nei locali adiacenti alla casa c'è il loro anello di fidanzamento. Fermata Overground **Hampstead Heat**.

2 Willow Road, oltre a esserne l'indirizzo, è il nome della casa museo concepita da Ernő Goldfinger (esponente del Razionalismo strutturale) come abitazione per la sua famiglia, splendido esempio di architettura che rielabora lo stile georgiano e che precorre i tempi. La casa ospita opere di Henry Moore e Max Ernst. Il biglietto è di £ 6. Anche in questo caso la stazione Overground è **Hampstead Heath** (www.nationaltrust.org.uk/2-willow-road).

La **Fenton House** è una delle case più antiche di Hampstead, risalente al XVI secolo. Oltre alla collezione di ritratti, opere d'arte e oggetti d'epoca, la casa ospita una collezione unica di strumenti a tastiera d'epoca. Il biglietto è di £ 6,50, ma è combinabile

IL MOMENTO MIGLIORE PER...

Vedere un fantasma! Se vi piacciono le storie di fantasmi, questa è riferita a sir Francis Bacon: si dice che per i suoi esperimenti di refrigerazione, nel 1626, abbia usato una gallina e che da allora il fantasma di un pollo frequenti **Pond Square**, sito di un antico laghetto, in Highgate Village. Proseguendo tra i filari degli alberi del villaggio a 2 minuti dalla piazza si arriva al **Fask**, il pub più famoso di Highgate, 77 Highgate West Hill, fermata metro **Archway** (www.theflaskhighgate.com).

con quello di 2 Willow Road, offrendo così la possibilità di visitare entrambe le case con un unico biglietto di £ 9. Stazione Overground **Hampstead Heath** (www.nationaltrust.org.uk/fenton-house).

Ingresso libero invece per la **Burgh House** sita in New End Square, edificio del 1704 e sede di Burgh House & Hampstead Museum, che racconta la storia dei luoghi e della comunità. Al pian terreno vi si trova anche il Buttery Garden Café, nel caso che il viaggio nella storia mettesse appetito. Fermata metro **Hampstead** (www.burghhouse.org.uk).

Sigmund Freud, fuggito all'annessione dell'Austria da parte della Germania di Hitler, abitò al 20 Maresfield Gardens, indirizzo che oggi è il **Freud Museum**. L'ingresso costa £ 7, fermata metro **Finchley Road** (www.freud.org.uk).

Ai margini della città nel quartiere di Haringey sorge un edificio vittoriano di rilevante importanza storica: l'**Alexandra Palace**. Progettata dagli architetti John Johnson e Alfred Meeson, l'intera struttura si sviluppa intorno a un grande parco, descritto come uno dei punti più suggestivi da cui si può ammirare la città dall'alto della collina. Costruito nel 1873 in cima all'ingresso principale, un rosone dona molta luce all'interno dell'edificio, che insieme alla Palm Court (sala delle Palme) e al suo padiglione vetrato, ospita un centro di educazione sociale per bambini, giovani e tutti coloro che sono

L'ECO DEL RISPARMIO

Drink, Shop & Do. Nel dicembre 2009 Christie Bishop e Coralie Sleap hanno inaugurato il **Drink, Shop & Do**; questo caffè, nelle ore serali anche piano bar, è ammobiliato con mobili molto particolari e retrò che, curiosamente, si possono anche acquistare insieme con tutto il resto che vi si trova: i tavoli, le sedie e persino le tazzine da caffè e i bicchieri. Per un modico prezzo di £ 3,50, questo caffè offre anche, fino alle ore 12, la prima colazione: toast o sandwich con miele, marmellate, nutella e, a scelta, cereali o porridge con il miele. Il menù è semplice ma la scelta dei tè è molto ampia: viene servito in bellissime tazzine e non manca il "tè del mese". La sera troverete nel locale un'ampia scelta di cocktail e birre inglesi. Frequentando il sito, sarete informati anche delle iniziative dei gestori, dalle serate a tema ai laboratori creativi. Si trova al 9 Caledonian Road, fermata metro **King's Cross** (www.drinkshopdo.com).

T'AGGIUSTO IO

Per tutti i gusti. Si può davvero dire che si unisce l'utile al dilettevole, quando si va ai centri commerciali di North London. Se abbiamo qualcosa da fare aggiustare, possiamo usufruire di utili servizi presenti negli shopping centre. **Altered States**, al Brent Cross Shopping Centre, si occupa di sistemare i vostri abiti, consentendovi per esempio di accorciare seduta stante i vostri pantaloni appena acquistati. **The Watch Lab** si prenderà cura dei vostri orologi o della loro batteria. Al The Mall Wood Green gli orologi li sistema **Tic Tock**, mentre **Wood Green Cobbler** potrà sistemarvi le scarpe. Al The Spires di Barnet, **Shoecare** aggiusta scarpe e un po' di tutto e duplica chiavi.

alla ricerca di divertimento. Qui troverete una pista di pattinaggio e hockey su ghiaccio, una discoteca, oltre al Phoenix Bar e una sala riservata a manifestazioni e concerti. Non meno importanti i mercatini dell'usato e dell'antiquariato che si svolgono all'interno, soprattutto sabato e domenica.
Sempre all'Alexandra Palace nel 1936 nacquero i primi studios della **BBC**, che trasmisero il primo servizio televisivo; e sempre qui, nel 1967, crebbe in maniera esponenziale il successo della band inglese Pink Floyd. Alexandra Palace Way, fermata metro **Wood Green** (www.alexandrapalace.com).

IN FORMA

Che ne direste di passare una giornata diversa dal solito, scalando le mura di un castello? Proprio così, **The Castle Climbing Centre**, in Green Lanes, è un centro per rocciatori, praticanti o aspiranti, che mette a disposizione la struttura del castello e offre corsi, addestramento, attività ed eventi. Fermata metro **Manor House** (www.castle-climbing.co.uk).

INFORMAZIONI PRATICHE

CATENE DEL RISPARMIO

Nel trattare le singole aree di Londra, abbiamo cercato di attingere alle migliori risorse locali disponibili, in termini di negozi e di mercati per la spesa, evitando di ripetere in continuazione le stesse grandi catene diffuse in tutto il territorio. Abbiamo scelto di elencare qui le catene principali per ogni categoria, permettendovi così una facile e veloce ricerca del punto vendita più vicino a voi. I siti internet di queste attività hanno una funzione chiamata *store finder,* in cui vi basterà digitare l'area o stazione presso cui vi trovate (o, meglio ancora, il *postcode*) e il sito vi indicherà cosa c'è vicino a voi. Il *postcode* è sempre il preferito e preferibile per questi sistemi, che non vengono tratti in errore da quel codice unico grazie a omonimie di strade o da indicazioni imprecise.

FAI LA SPESA GIUSTA

SUPERMERCATI

ASDA
Parte del colosso americano Walmart, in continua battaglia con Tesco sui prezzi al ribasso. Anch'esso vende di tutto, dal cibo agli elettrodomestici (www.asda.co.uk).

MORRISONS
Quarto del gruppo, offre una buona qualità generale, ha prezzi competitivi e convenienti e una buona varietà di scelta (www.morrisons.com).

SAINSBURY'S
Dopo Tesco come volume di mercato c'è Sainsbury's. Cerca di differenziarsi con le sue linee di prodotti, prezzi abbastanza allineati ai concorrenti (www.sainsburys.co.uk).

TESCO

Il più conosciuto e diffuso nel Regno Unito, vanta uno sterminato numero di negozi, che spaziano dagli ipermercati aperti 24 ore ai piccoli Tesco Express, sulle vie di maggior passaggio e in prossimità di stazioni e nodi del trasporto pubblico.
È spesso fra i più convenienti, e vi si trova di tutto, dagli alimentari agli elettrodomestici (www.tesco.com).

HARD DISCOUNT

ALDI

Hard discount di una grande catena tedesca; prezzi molto economici e fra i più concorrenziali. Punti vendita essenziali e senza pretese, così come a volte anche i prodotti (www.aldi.co.uk).

LIDL

Colosso dell'hard discount conosciuto anche in Italia (www.lidl.co.uk).

IL BUONO...

CO-OP O THE CO-OPERATIVE FOOD

Si distingue dagli altri, poiché gestito in forma di cooperativa. Aspira ad avere ambizioni etiche insieme a quelle commerciali, rinunciando a competere direttamente con i quattro Big qui sopra, per concentrarsi invece in rapporti più diretti con produttori e consumatori locali e sulla promozione del commercio solidale.
Può costare un po' di più rispetto ai Big Four, ma si può scegliere consapevolmente di sacrificare qualche centesimo per sostenere un modello commerciale alternativo (www.co-operativefood.co.uk).

...E IL FREDDO

ICELAND

Come il nome lascia intuire, Iceland è specializzato in prodotti surgelati. Enormi distese di banchi freezer da cui scegliere, con tutta la convenienza economica dei prodotti surgelati (www.iceland.co.uk).

GLI ARISTOCRATICI

MARKS & SPENCER

È una catena di grandi magazzini, con linee di abbigliamento e prodotti vari. Molti loro magazzini incorporano anche un reparto di alimentari, che ha la fama di perseguire la qualità dei prodotti, con riflessi evidenti sui prezzi. Meno conveniente quindi, ma il suo spazio è quello del cibo di qualità, costi quel che costi (www.marksandspencer.com/c/food-and-wine).

WAITROSE

Sulla stessa linea del "per molti ma non per tutti" è il Waitrose, che vanta prodotti più esclusivi, più di nicchia e di importazioni (anche dall'Italia) difficili da trovare presso gli altri.
Si compra benissimo quindi, ma si paga di più (www.waitrose.com).

IN TUTTI I LUOGHI E A OGNI FERMATA

COSTCUTTER
Negozi e supermarket in franchising, s'è diffuso offrendo tariffe migliori ai negozianti di Spar, sottraendogli punti vendita (www.costcutter.com).

LONDIS
Franchising di piccoli negozi con generi alimentari, bevande, tabacchi, alcolici, giornali. Li troverete su ogni via principale in ogni area, e nei pressi delle stazioni (www.londis.co.uk).

SPAR
Precedentemente conosciuto come Despar (anche da noi), concorrente diretto di Londis, e con una impostazione di negozio simile (www.spar.co.uk).

LUCI DEL VARIETÀ

In Gran Bretagna sono chiamati *variety store* e sono quel tipo di negozi che vendono di tutto a un unico prezzo, spesso l'unità di moneta stessa, come £ 1.

POUNDLAND
Il nome suggerisce la sua chiara ambizione, ovvero di vendere tutto a £ 1. E lo fa davvero. Vi si trovano sia prodotti alimentari sia articoli da cucina o per la casa, cartoleria e giocattoli, saponi e detersivi, e persino qualche gadget sfizioso (www.poundland.co.uk).

99P
A minacciare il primato sui prezzi di Poundland c'è il diretto concorrente 99p, che quindi eliminando dai prezzi 1 centesimo può vantare un 1% di convenienza in più sul concorrente diretto (99pstoresltd.com).

MANGIA BENE E BEVI MEGLIO

Come prevedibile anche per la ristorazione e per i bar ci sono catene diffuse in tutta la città, potendo così trovare in varie zone le loro offerte, i loro menù o le loro serate. Ne elenchiamo alcune fra le più diffuse e popolari, con buona qualità e molto apprezzate da chi vive a Londra.

BAR E RISTORANTI

B@1 (BE AT ONE)
è una catena di cocktail bar, celebra a Londra per i suoi happy hour con drink prendi 2 e paghi 1. Diffusi in tutte le aree centrali di Londra, potete trovare l'happy hour più vicino a voi dal loro sito (www.beatone.co.uk).

BELUSHI'S
Di concezione simile, anche se più vicino al pub che al bar e più variegati nel tipo di serate e di eventi, gli animati Belushi's (www.belushis.com).

NANDO'S
Pressoché immancabile sulle vie principali di qualunque zona un ristorante di questa catena specializzata in pollo alla griglia in tutte le salse, specie quelle super piccanti. Per fortuna i prezzi non lo sono, facendone una buona alternativa per un pranzo o una cena fuori (www.nandos.co.uk).

CAFFETTERIE

CAFFÈ NERO
(www.caffenero.com)

COSTA
(www.costa.co.uk)

STARBUCKS
(www.starbucks.co.uk)

HOTEL E OSTELLI

Nel vasto territorio di Londra sono disseminate diverse catene di hotel che operano con le pratiche commerciali tipiche del low cost: i prezzi non sono fissi e dipendono dal tipo di servizio, quando e dove viene offerto, e sono oggetto di promozione con continue offerte, e con la possibilità di spendere molto poco prenotando con largo anticipo.

COUCH SURFING

Va sicuramente menzionata una soluzione fra le più economiche in assoluto, molto di tendenza fra i giovani desiderosi di girare il mondo anche con limitate risorse, che si fonda su rapporti personali di scambio, di ospitalità e di fiducia: il couch surfing. Consiste in una rete i cui utenti scambiano ospitalità sul proprio divano di casa, offrendosi reciprocamente la possibilità di trovare alloggio senza spese. Oltre ai costi minimi, la bellezza di questo schema è anche la promozione degli scambi culturali, vivendo un'esperienza domestica e familiare, di vita autentica del posto che si va a visitare. Il servizio ha delle regole che bisogna osservare attentamente, per permettere a tutti la più serena esperienza possibile (www.couchsurfing.com).

PREMIER INN

Stanze offerte a partire da £ 29, più sconti e offerte su pasti, promozioni per famiglie, e altro. Tenere d'occhio il loro sito, pronti al click (www.premierinn.com).

TRAVELODGE UK

Possibilità di prezzi davvero minimi, da ostello, per un albergo di standard dignitoso, e in aree di interesse della città. Anche per loro occhio al sito e click rapido (www.travelodge.co.uk).

SHOPPING & BEAUTY

ARGOS
È una catena di negozi diffusa in tutte le principali vie commerciali, caratterizzata dall'avere solo dei cataloghi e dei display elettronici. Su di essi si seleziona ciò che è descritto, lo si paga alla cassa o al terminale elettronico, e si riceve un numero di consegna con cui attendere l'addetto al magazzino. Quando il nostro numero è chiamato, arriva il dipendente con l'oggetto acquistato, e ce lo consegna. I loro prezzi sono imbattibili in ogni settore. Il voluminoso catalogo è gratutito e può essere portato a casa, per scegliere con calma cosa comprare (www.argos.co.uk)

BOOTS
Se vi servono prodotti di bellezza e profumi, ma anche prodotti per la salute, dovete andare da Boots, che è anche farmacia ed è reperibile in tutte le aree commerciali (www.boots.com).

HOLLAND & BARRETT
Questa catena è invece orientata verso i rimedi naturali, i prodotti omeopatici e la medicina alternativa (www.hollandandbarrett.com).

MAPLIN
C'è convenienza anche su elettronica, dispositivi tecnologici e gadget presso questa catena, che dalle batterie all'adattatore di corrente, dai supporti digitali ai componenti elettronici, ha i prezzi tra i più bassi nel suo genere (www.maplin.co.uk).

PRIMARK
Punto di riferimento celebre per fare acquisti con poche sterline, Primark è una catena di negozi di abbigliamento, scarpe, accessori, intimo, con collezioni per tutti, e accessori per la casa. I prezzi sono incredibilmente bassi e vi sembrerà incredibile trovare in piena Londra abbigliamento sotto le £ 5 o scarpe sotto le £ 10. La qualità riflette ciò che si può avere a quei prezzi, ma l'occasione è buona per qualcosa di sfizioso (www.primark.com).

SHOE ZONE
La versione per sole scarpe di Primark è Shoe Zone, con prezzi minuscoli sui quali a volte c'è persino promozione. Anche in questo caso non aspettatevi lusso o qualità strabilianti, ma i prezzi strabiliano, quelli sì (www.shoezone.com).

SUPERDRUGS
Molto simile a Savers è la catena Superdrugs, con prodotti di bellezza, per il corpo e di profumeria. E che si prende cura anche del risparmio, con sconti e offerte fra i più competitivi (www.superdrug.com).

THE PERFUME SHOP
È la catena che spesso offre promozioni e sconti sui profumi, anche di marca. Sono diffusi in molti shopping centre e aree commerciali, e se vi serve un profumo passate prima da loro, magari lo trovate con un notevole sconto (www.theperfumeshop.com).

CHE LA FESTA COMINCI

Ci sembra opportuno fornire, tra le informazioni pratiche, anche quelle relative a feste pubbliche o a celebrazioni che coinvolgono ampie aree della città. Questo sia per evitare di ritrovarsi con esercizi commerciali o uffici all'occasione chiusi, sia per cogliere la possibilità di vivere qualche evento memorabile.

Una nazione tradizionalmente a religione protestante come il Regno Unito condivide con il nostro calendario la festività del Venerdì Santo, qui detto *Good Friday*, del Natale (*Christmas*), del 26 dicembre (*Boxing Day*) e dell'1 gennaio (*New Year's Day*). Quando il 25 o il 26 dicembre cadono di domenica, viene concesso come festivo il 27.

La vigilia di capodanno è chiamata *New Year's Eve*, e per l'occasione si tiene una celebrazione pubblica con spettacolari fuochi d'artificio a Westminster.
È anche l'unico momento dell'anno in cui la metropolitana funziona ininterrottamente per tutte le 24 ore, e in quella notte è gratuita fra le 23 e le 4.

Se questa è la buona notizia, quella cattiva e che per **Natale** invece **si ferma tutto**, metro, bus e pure i taxi. Per cui se il vostro soggiorno londinese include il 25 dicembre mettete in conto un giorno in cui andrete solo a piedi.
Con l'approssimarsi delle festività natalizie il sito di TFL fornirà tutte le informazioni sui mezzi e sulle fasce orarie gratuite di Capodanno (www.tfl.gov.uk)

La festività periodica, tipicamente inglese, che scandisce l'anno è il **Bank Holiday**. Oltre alle festività tradizionali infatti ci sono anche **alcuni lunedì** dell'anno che sono festivi; originata come una giornata di chiusura delle banche nel XIX secolo, è diventata una festività riconosciuta da molte attività e uffici. Se dovesse quindi servirvi sbrigare

una pratica, andare in banca, o andare all'ufficio postale, il *Bank Holiday* non è il giorno per farlo.
Ne occorrono diversi durante l'anno, e alle festività di tradizione religiosa di cui sopra, si aggiungono *Easter Monday* (la nostra Pasquetta), il primo e l'ultimo lunedì di maggio e l'ultimo lunedì di agosto. È durante quest'ultimo che si celebra, per esempio, il **Carnevale di Notting Hill**.

Come festa che coinvolge tutte le aree di Londra lambite dal Tamigi, il **Mayor's Thames Festival** è lo splendido omaggio di Londra al suo fiume, con un fitto festival di attività e spettacoli su chilometri di rive, e sulle acque del Tamigi stesso. C'è una scelta vastissima di eventi gratuiti e spettacolari. Dura più di un mese dal tardo agosto a fine settembre, ed è assolutamente imperdibile (totallythames.org).

Londra fa tesoro e si lascia coinvolgere anche dalle ricorrenze delle comunità che la abitano, e così diventano giorni speciali anche il **Capodanno Cinese**, il festival indiano del **Diwali** e la festa cara agli irlandesi, il **St Patrick Day**, in cui Londra si riempie di cappelli verdi e simboli del quadrifoglio, e insieme al solito Tamigi scorrono anche fiumi di birra irlandese.

Il SALVAGENTE

Esplorare nuovi territori e nuove culture è certamente affascinante, ma a volte basta qualche imprevisto per trasformare una destinazione da sogno in un incubo, specialmente se disorientati da un posto con lingua e riferimenti diversi dai nostri. Ma niente paura, anziché rimedi per l'ansia prendete piuttosto questa sezione del libro, che vi illustrerà come prevenire inconvenienti, o come venirne fuori nel caso che si verificassero; o anche semplicemente sentirsi confortati dalla presenza di utili servizi, di sapere come accedervi e di sentirsi garantiti da istituzioni sia italiane sia britanniche.

ANIMALI DOMESTICI

Per chi volesse viaggiare con i propri amici a quattro zampe, deve considerare al meglio a cosa va incontro. Se l'intenzione è quella di affittare casa, occorre sapere che non è facile trovare proprietari disposti ad accettare animali domestici. Anche le strutture alberghiere possono avere limitazioni. Il consiglio è quello di informarsi. Bisogna essere sicuri di seguire le direttive in termini di **vaccinazioni** e i **requisiti legali**. Su internet trovate le procedure per l'ingresso nel Regno Unito di animali (www.gov.uk/pet-travel-information-for-pet-owners).

ASSISTENZA SANITARIA

Gli Italiani che si trovano nel Regno Unito, anche in semplice visita turistica, hanno pieno diritto a ricevere **assistenza sanitaria gratuita** in ogni pronto soccorso (chiamati "**A&E**", "Accident and Rescue"), presentando il documento di identità che ne attesta la cittadinanza in un paese dell'Unione Europea. Gli italiani che risiedono o sono domiciliati nel Regno Unito (anche senza trasferire la residenza dall'Italia, basta avere un indirizzo UK) hanno, come cittadini UE, gli stessi diritti dei cittadini britannici, potendo così accedere paritariamente al sistema sanitario UK, iscrivendosi gratuitamente presso un GP (*General Practitioner*), l'equivalente del nostro medico di base. Il sistema sanitario britannico fa capo all'NHS, ovvero il National Health Service, equivalente del nostro Sistema Sanitario Nazionale (www.nhs.uk).

BABY SITTER

Durante la permanenza in Gran Bretagna con i propri bambini potrebbe capitare di avere bisogno di un servizio di **baby sitter**. Esistono dei siti specializzati che permettono di trovare nella propria area il servizio richiesto. **Childcare.co.uk** è fra i più conosciuti e offre servizi diversificati con professionisti che spaziano dalla figura di *child minder* a quella di *nanny*, con funzioni anche educative e di governante della casa (www.childcare.co.uk).

Il nome stesso del sito **Findababysitter.com** parla chiaro: database di baby sitter a disposizione per badare ai bimbi quando necessario (www.findababysitter.com).

Simile ai due precedenti, **Sitters.co.uk** presenta nella sua lista un servizio basato negli hotel (www.sitters.co.uk).

COMUNICAZIONI E INTERNET

Essere connessi con il mondo è sempre importante, sia per accedere a informazioni d'interesse generale, sia per ricercare soluzioni a un problema che stiamo affrontando, cercando soluzioni e servizi. E anche per l'orientamento, visto che grazie alle recenti tecnologie possiamo accedere a mappe e sistemi di navigazione.
Nel caso in cui presso il vostro alloggio non riusciste ad accedere a internet, o se dovesse avere un costo eccessivo utilizzando il roaming dal vostro smartphone con numero italiano, a Londra esistono dei network gratuiti di wi-fi hotspot. Il più diffuso è The Cloud, network gratuito a cui basta iscriversi con email e password, per potersi poi collegare gratuitamente ovunque disponibile. I luoghi pubblici coperti da The Cloud sono numerosissimi, da stazioni ferroviarie a centri commerciali (www.thecloud.net/free-wifi)

Torna utile il caro postcode per trovare con massima precisione l'hotspot più vicino a dove ci troviamo, ma il sito fa del suo meglio per rilevarlo anche dal nome della località e dall'indirizzo presso cui ci si trova (www.hotspotfinder.thecloud.net).

Oltre a The Cloud ci sono luoghi pubblici e locali che offrono accesso gratuito a internet.
Uno di questi è la **Royal Festival Hall/Southbank Centre**, a South Bank.

Catene di caffetterie come **Starbucks** mettono a disposizione una loro rete wi-fi gratuita, allo stesso modo di diverse sedi del fast food **KFC**, della caffetteria **Caffe Nero**, e in tutti i pub della catena **Fuller's** (www.fullers.co.uk).

Se il vostro gestore telefonico italiano avesse dei prezzi eccessivi sul data roaming, un'ipotesi da considerare è quella di prendere un numero inglese con una sim *pay as you go* (paghi quanto consumi), senza impegni contrattuali e senza burocrazia.
Le sim telefoniche sono gratuite, e quando vengono offerte a un prezzo è perché includono già l'equivalente in credito.
Molti gestori offrono pacchetti *pay as you go* inclusivi di una quota a disposizione per internet, in alcuni casi anche illimitato per un mese, con una ricarica di £ 15 o meno (illimitato ma solo navigando dal telefono, non in *tethering* usando il telefono come modem per un computer).
I principali negozi di telefonia possono essere utili per paragonare servizi, costi e offerte. **Carphone**

Warehouse è il più diffuso (www.carphonewarehouse.com). **Phones 4 U**, il diretto concorrente (www.phones4u.co.uk/sim-only). La **GiffGaff**, invece, non si avvale della distribuzione nei negozi, ma è disponibile solo online e ha prezzi fra i più competitivi (giffgaff.com).

DISABILI

In Gran Bretagna il tema dell'uguaglianza dei diritti è molto sentito. Esistono guide specializzate online, che permettono di pianificare il miglior soggiorno possibile in UK, tenendo conto dell'accessibilità.
www.tourismforall.org.uk è ottimo per questo scopo.
Una guida molto completa sui servizi disponibili, sia per le visite ai luoghi sia per l'accessibilità è quella pubblicata dal Guardian.

ISTITUZIONI ITALIANE DI RIFERIMENTO

CONSOLATO GENERALE D'ITALIA A LONDRA

La principale istituzione di riferimento per gli italiani che si trovano a Londra è il Consolato Generale d'Italia a Londra. È questo che provvede a tutti gli aspetti burocratici o di assistenza, nel caso che il cittadino italiano a Londra ne avesse bisogno (www.conslondra.esteri.it).

I servizi del Consolato a disposizione del cittadino, residente o in transito, sono vari, fra cui l'anagrafe dei residenti all'estero (AIRE, per chi risiede per un lungo periodo) e un servizio notarile.
È proprio al Consolato che occorre rivolgersi in caso di smarrimento o furto dei documenti di viaggio. Se dovesse succedere, occorre presentarsi in Consolato senza appuntamento dalle 9 alle 12 dal lunedì al venerdì e il sabato dalle 9 alle 13. Il Consolato Generale può quindi rilasciare il documento provvisorio E.T.D. (Emergency Travel Document), con validità di 5 giorni, per il solo rientro in Italia (o nel Paese di residenza in cui si è iscritti all'AIRE; www.conslondra.esteri.it/Consolato_Londra/Menu/I_Servizi/Per_i_cittadini).

Il Consolato fornisce inoltre delle liste di avvocati, medici, notai, traduttori e patronati (www.conslondra.esteri.it/Consolato_Londra/Menu/In_linea_con_utente/Info_utili).

NUMERI DI EMERGENZA

Sempre meglio essere pronti a ogni evenienza, sapendo quali sono i numeri di emergenza nel caso ci si trovasse in situazioni di pericolo, nel caso che un crimine venisse commesso contro di noi, o anche per essere in grado di intervenire, qualora si assistesse a una situazione di emergenza.
Il numero generico di **pronto intervento** è il **999**.
Da questo numero si può richiedere un intervento immediato della polizia (*Police*), di un'ambulanza (*ambulance*), dei vigili del fuoco (*Fire Brigade*).
Il 999 va fatto soprattutto nei casi di pericolo immediato, per chi chiama o trovandosi di fronte una situazione di immediata emergenza.

Per una denuncia di fatti, reati e segnalazioni si può chiamare la **polizia** al **101** (inoltre alcuni dipartimenti specifici hanno dei loro numeri a disposizione; www.police.uk/contact/alternative-non-emergency-numbers).

Contatti alternativi dei vigili del fuoco per comunicazioni non inerenti un'emergenza possono essere rintracciati sul sito internet (www.london-fire.gov.uk/ContactUs.asp).

In caso di problemi di natura sanitaria, non di emergenza, bisogna chiamare il 111 o rintracciare i recapiti dei diversi servizi sul sito internet dell'NHS (www.nhs.uk/NHSEngland/AboutNHSservices/Emergencyandurgentcareservices/Pages/NHS-111.aspx).

PATRONATI

I patronati sono delle organizzazioni che si occupano di tutela, assistenza e consulenza per i cittadini italiani sul territorio britannico, e fanno parte di organizzazioni sindacali. Molto esperti e specializzati per quel che riguarda il mondo del lavoro e gli aspetti contributivi, offrono spesso servizi gratuiti di orientamento e consulenza.

La INCA-CGIL per esempio, alla luce del crescente numero di italiani che approda ogni mese in Gran Bretagna, offre consigli e indicazioni a chi arriva, su cosa fare e su quali trappole evitare, allestendo a tal riguardo anche un team di volontari per l'assistenza.

PATRONATO A.C.L.I.

Associazioni Cristiane Lavoratori Italiani
134 Clerkenwell Road, London EC1R 5DL (fermata metro Farringdon)
Tel. 020-7278 0083/4
Fax. 020-7278 2727
londra@patronato.acli.it

PATRONATO INAS-CISL

Istituto Nazionale di Previdenza Sociale
248 Vauxhall Bridge Road, London SW1V 1JZ (fermata metro Victoria)
Tel. 020-7834 2157
Fax. 020-7630 0169
mail@inasitalianwelfare.co.uk

PATRONATO INCA-CGIL

Istituto Nazionale Confederale di Assistenza
124 Canonbury Road, London N1 2UT (fermata metro Highbury & Islington)
Tel. 020-7359 3701
Fax. 020-7354 4471
inca.cgil@btconnect.com

PATRONATO ITAL-UIL (UIM)

Istituto di Tutela e Assistenza ai Lavoratori della Unione Italiana del Lavoro (U.I.L.)
Collingham House, Gladstone Road, Wimbledon, SW19 1QT (fermata metro Wimbledon)
Tel. 020- 8540 5555
Fax. 020-8307 7601
ital.uil.gb@hotmail.co.uk

MAMMA, HO PERSO L'AEREO

Ovvero: consigli al volo per chi sceglie di rimanere.

Non è da escludere che qualcuno venga a visitare Londra con un piano già in mente, di rimanerci o di effettuare una ricognizione nell'ottica di trasferirsi in un prossimo futuro. O semplicemente, come è successo a tanti, restarne catturati e non volerla più lasciare.

AIRE

Chi vive all'estero, definitivamente o comunque a lungo termine, deve iscriversi all'anagrafe dei residenti all'estero, l'AIRE.
È un obbligo di legge, ma è anche una garanzia di diritti (come quello del voto per i cittadini all'estero per le elezioni politiche italiane), oltre che la semplificazione di non dovere avere a che fare con due burocrazie (www.conslondra.esteri.it/Consolato_Londra/Menu/I_Servizi/Per_i_cittadini/Anagrafe).

CORSI D'INGLESE

Non c'è dubbio che per molti uno dei motivi per venire a Londra è quello di imparare o perfezionare la lingua inglese.

Esistono svariati corsi a tal riguardo, a vari livelli, e diversificati anche nel metodo.
I corsi più diffusi, offerti da molti college e da scuole convenzionate, sono quelli **EFL** (English as a Foreign Language), **ESL** (English as a Second Language) ed **ESOL** (English Speakers of Other Languages), entrambi indirizzati a chi non è madrelingua inglese. Si assomigliano molto nella metodologia, spaziano dalla grammatica all'uso quotidiano dell'inglese.

Di impostazione più accademica è invece l'**IELTS**, che è il corso richiesto quando si vuole entrare nel mondo accademico, frequentare università britanniche, o per lavori in cui il linguaggio accademico è rilevante. È quindi più incentrato su questo tipo di studio di inglese, più formale, più rivolto all'educazione, al professionale o al business.

Un metodo a sé è quello della scuola privata **Callan** (con varie sedi convenzionate), che incentra l'apprendimento della lingua quasi unicamente sull'uso pratico quotidiano, imparando parole, espressioni e frasi per ogni circostanza. Sembra contrario ai principi "ipergrammaticali" della lingua latina, eppure è proprio così che gli inglesi stessi apprendono la loro lingua, per sentito dire, esperienza diretta e uso comune. A voi quindi la scelta, in base allo scopo per cui imparate, o all'approccio che preferite.

GP E ASSISTENZA SANITARIA

Come avevamo precedentemente accennato, chiunque stia a Londra per un certo periodo può registrarsi presso un medico di base.
Questo permette di avere accesso alle prescrizioni mediche, a ulteriori servizi **NHS** a cui il GP fa richiesta per noi, e naturalmente le visite ambulatoriali.

Il sito di NHS vi aiuta a trovare gli ambulatori (*GP surgery*) più vicini a voi (www.nhs.uk/Service-Search/GP/LocationSearch/4).

JOBCENTRE PLUS E AGENZIE

Il Jobcentre Plus è equiparabile al nostro ufficio per il collocamento, anche se probabilmente svolge più funzioni, essendo anche lo sportello che si occupa di previdenza, di sussidi per disoccupazione o malattia, e servizi vari legati al lavoro e alla contribuzione.

Ovviamente è anche e soprattutto l'agenzia governativa per l'inserimento al lavoro, completamente gratuita, con database di lavori disponibili divisi in categorie, accessibili ai terminali elettronici nella sede del Jobcentre di quartiere (ce n'è almeno uno per ciascun quartiere) o consultabili online (jobsearch.direct.gov.uk).

A questo si associano decine di **agenzie private**, a cui i datori di lavoro si rivolgono, pagandole, perché queste selezionino per loro i candidati più adatti.
Può capitare quindi che rispetto al Jobcentre, che copre qualunque posizione lavorativa esistente, alcune agenzie siano più specializzate per settori.
In ogni caso tutte le agenzie oneste, pubbliche o private, sono gratuite per i candidati/aspiranti lavoratori.

Da cui la seguente avvertenza: è assolutamente vietato farsi pagare da chi cerca lavoro e chiedere denaro ai candidati per offrire un lavoro, per offrire un colloquio di lavoro, o anche solo come condizione perché gli si cerchi il lavoro.
È assolutamente vietato porre servizi accessori a pagamento come condizione per un lavoro o per ottenere colloqui.

Purtroppo alcune agenzie senza scrupoli agiscono ai margini della legge o del tutto illegalmente, approfittando del bisogno del lavoro. Vi basti sapere che la ricerca del lavoro o la promessa di contatti o di colloqui, ai candidati non deve **mai** costare nulla.

Di queste ce ne sono molte online che sono ottimo punto di riferimento, con vasti database di offerte a cui attingere.
Inoltre offrono gratuitamente materiale utile per realizzare una buona presentazione, con cv all'altezza e *cover letter* di accompagnamento.
Disponibili gratuitamente decine di ottimi *templates* di cv e *cover letter*.

Assicuratevi inoltre che la paga promessa rispetti il salario minimo di legge, sotto il quale la paga è illegale, £ 6,31 l'ora per gli over 21 (www.gov.uk/national-minimum-wage-rates).

Alcuni tentano di sfruttare l'ambiguità delle internship e del lavoro volontario, facendosi pagare addirittura per poi far lavorare gratuitamente.

Anche le internship hanno delle regolamentazioni e un'etica, per cui consigliamo sempre di evitare chi chiede soldi a chi vuole lavorare.

Monster
www.monster.co.uk

Totaljobs
www.totaljobs.com

LINK UTILI

Ufficio del Turismo di Londra
www.visitlondon.com

Ufficio del Turismo della Gran Bretagna
(www.visitbritain.com)

L'**ufficio** che si occupa di **tasse** e **fisco**, ma anche di importazioni e duty free (www.hmrc.gov.uk).

L'**ufficio** che regola **permessi agli stranieri** (non EU) e **immigrazione** (www.gov.uk/government/organisations/home-office). Il portale istituzionale, fonte di informazione su qualunque argomento burocratico, legale, di diritti, del lavoro (www.gov.uk).

Il sito che si occupa di **turismo** e **disabilità** (www.tourismforall.org.uk).

L'**Ambasciata Italiana a Londra** 14 Three Kings' Yard, London W1K 4EH (fermata metro Bond Street) (www.amblondra.esteri.it).

NATIONAL CAREER SERVICE

Eccezionale la qualità di guide e consigli di **National Career Service**, per trovare il proprio percorso nel mondo del lavoro, per ricevere consulenza anche di persona su appuntamento, per la revisione del proprio cv e del proprio profilo professionale, per scaricare materiale o usare i loro strumenti online su come realizzare cv e lettere di presentazione di livello professionale. È un'organizzazione governativa, quindi con tutta l'autorevolezza che ne deriva, ed è assolutamente gratuita per qualunque servizio, consulenze incluse (nationalcareersservice.direct.gov.uk).

NATIONAL INSURANCE NUMBER

Il National Insurance Number, che vedrete spesso abbreviato in NIN o NINo, è l'equivalente inglese del nostro codice fiscale, forse ancora più utilizzato. Servirà un po' ovunque, dalla previdenza sociale alle tasse. È indispensabile per poter lavorare e avere accesso al sistema contributivo, ma se si è appena arrivati e neoassunti c'è solitamente un periodo di tolleranza sia dai datori di lavoro sia dagli uffici amministrativi per farne richiesta, ottenerne prima uno provvisorio e poi quello definitivo.

Si può fare richiesta chiamando lo 0345.600.0643, da lunedì a venerdì dalle 8 alle 18. Vi sarà poi fissato un appuntamento, per un colloquio presso il Jobcentre locale (www.gov.uk/apply-national-insurance-number).

INDICE DEI LUOGHI PER CATEGORIE

L'IMPORTANZA DEI POSTCODE

Per identificare i luoghi descritti forniamo i loro **postcode** (tra parentesi) che localizzano lo stabile esatto a cui l'indirizzo fa riferimento. Inserendo il postcode di un indirizzo in Google Maps o in un qualunque software/app di navigazione, dai GPS agli smartphone, riusciremo a farci condurre esattamente davanti alla porta del luogo di destinazione. Allo stesso modo sarà utile fornirlo al tassista, qualora si decidesse di prendere un cab o un minicab. Tipicamente i postcode sono formati da 1 o 2 lettere + 1 numero, succeduti da un numero e altre 2 lettere. Fa eccezione Central London, che nei suoi postcode ha una lettera in più dopo il primo numero. La parte iniziale del postcode aiuta già a capire orientativamente di quale area della città si tratti; per esempio aree a nord di Londra avranno postcode che inizieranno (man mano che ci si allontana dal centro) con N1, N2 ... N19, N20. Allo stesso modo capiremo che E sta per East, SE per South East, SW per South West, W per West ecc.
Aree più lontane prenderanno postcode dalla zona, come per esempio TW attorno a Twickenham, HA attorno ad Harrow. Il navigatore ci servirà lo stesso, ma almeno sapremo un po' meglio da che parte cercare.

Fai la spesa giusta

Mangia bene e bevi meglio

Hotel e ostelli

Shopping and beauty

Indirizzi per divertirsi

Spazio alle culture

Arte e architetture a km 0

A piedi nudi nel parco

In forma

Ringraziamenti

*Un ringraziamento speciale a Silvia Levi, che ci ha spinti a intraprendere questa splendida avventura.
Un grazie particolare va a Claudia Vassallo che, con molta pazienza, ci ha sempre sostenuto e aiutato.*

Un grazie anche a Luisa Mortola, Kristina Klembalova e Marco Balducci, per la pazienza e i preziosi consigli e a tutti gli italiani di Londra con le loro storie ed esperienze.

CODICE QR

Che cos'è

Alcune pagine di questa guida contengono dei codici Qr che rimandano a siti internet. Un codice Qr Quick Read (in inglese Qr Code) è un codice a barre bidimensionale, ossia a matrice, composto da moduli neri disposti all'interno di uno schema di forma quadrata. Viene impiegato per memorizzare informazioni generalmente destinate a essere lette tramite uno smartphone.

Come si usa

1) Controlla che il tuo smartphone non abbia già installato un software per la scansione del Qr code altrimenti vai su http://get.qr.gd e scarica l'applicazione, che è gratuita e autoinstallante.
2) Apri l'applicazione scaricata.
3) Inquadra il Codice QR da decodificare.
4) Segui le istruzioni indicate e accedi al sito internet.

MAPPE

Progetto grafico
Cdm associati
Udine

Le informazioni contenute in questo libro sono state aggiornate il più scrupolosamente possibile alla data di stampa. Tuttavia dati come numeri di telefono, indirizzi, orari e prezzi sono suscettibili di cambiamento. L'editore declina ogni responsabilità per qualsiasi conseguenza derivante dall'uso della presente guida. Eventuali osservazioni o suggerimenti da parte dei lettori possono essere inviati all'editore, che ne terrà conto nella stesura delle edizioni future del libro. Le segnalazioni vanno indirizzate a:
Geo Mondadori – Via Luisa Battistotti Sassi 11/a - 20133 Milano
Email: info.geomondadori@mondadori.it

Editoria turistica Mondadori
Prima edizione: 2014
www.librimondadori.it

Finito di stampare nel mese
di agosto 2014 presso Elcograf Spa,
stabilimento di Cles (Trento)
Stampato in italia – Printed in Italy